CB129713

anos, 1911

Edith Bratt com 17 anos, 1906

ary Tolkien,
nio de 1905

Padre Francis Morgan
(Cortesia do Oratório de Birmingham)

J.R.R. Tolkien

UMA BIOGRAFIA

Humphrey Carpenter

Tradução de
Ronald Kyrmse

HarperCollins
Rio de Janeiro, 2023

Título original: *J.R.R. Tolkien: A Biography*
Copyright © The Estate of the late Humphrey Carpenter 1977, 1978, 1982
Edição original por HarperCollins *Publishers*. Todos os direitos reservados.
Copyright de tradução © Casa dos Livros Editora LTDA., 2018.

Os pontos de vista desta obra são de responsabilidade de seus autores, não refletindo necessariamente a posição da HarperCollins Brasil, da HarperCollins *Publishers* ou de suas equipes editoriais.

® é uma marca registrada de J.R.R. Tolkien Estate Limited.

Publisher	*Samuel Coto*
Editora	*Brunna Prado*
Assistente editorial	*Camila Reis*
Preparação de texto	*Sérgio Ramos*
Revisão	*Gabriel Oliva Brum e Wladimir Oliveira*
Diagramação	*Maria Cecilia Lobo*
Capa	*Alexandre Azevedo*

Dados Internacionais de Catalogação na Publicação (CIP)
(BENITEZ Catalogação Ass. Editorial, MS, Brasil)

C298t Carpenter, Humphrey
2. ed. Tolkien: uma biografia / Humphrey
Carpenter; tradução Ronald Kyrmse. – 2. ed. –
Rio de Janeiro: Harper Collins Brasil, 2023.
304 p.; 13,5 × 20,8 cm.

Título original: Tolkien: a biography.
ISBN 978-65-6005-094-5

1. Escritores – Inglaterra- Biografia.
2. Literatura inglesa – Apreciação e crítica
3. Tolkien, J.R.R.(John Ronald Reuel), 1892-
1973. I. Kyrmse, Ronald. II. Título.

09-2023/154 CDD 928

Índice para catálogo sistemático:
1. Escritores ingleses : Biografia 928
Aline Graziele Benitez – Bibliotecária - CRB-1/3129

HarperCollins Brasil é uma marca licenciada à Casa dos Livros Editora LTDA.
Todos os direitos reservados à Casa dos Livros Editora LTDA
Rua da Quitanda, 86, sala 218 – Centro
Rio de Janeiro – RJ – CEP 20091-005
Tel.: (21) 3175-1030
www.harpercollins.com.br

Dedicado à memória

do "T.C.B.S."

Sumário

NOTA DO AUTOR

ESTE LIVRO BASEIA-SE NAS CARTAS, nos diários e em outros escritos do finado professor J.R.R. Tolkien e nas reminiscências de sua família e de seus amigos.

O próprio Tolkien não era inteiramente favorável a biografias, ou, melhor dizendo, não gostava que fossem usadas como forma de crítica literária. "Uma das minhas opiniões mais veementes", escreveu certa vez, "é de que a investigação da biografia de um autor é uma abordagem inteiramente vã e falsa de suas obras." No entanto, ele sem dúvida tinha consciência de que, graças à notável popularidade de suas obras, era muito provável que uma biografia fosse escrita após a sua morte. E, de fato, ele parece ter feito alguns preparativos nesse sentido, pois nos últimos anos de sua vida acrescentou notas explicativas e comentários a várias cartas e documentos antigos, além de escrever também algumas páginas de reminiscências da infância. Assim, espera-se que este livro não seja completamente contrário aos seus desejos.

Ao escrevê-lo, tentei contar a história da vida de Tolkien sem ensaiar quaisquer julgamentos críticos a respeito de suas obras de ficção. Isso ocorreu em parte por respeito às suas opiniões, mas, de qualquer forma, parece-me que a primeira biografia publicada de um escritor não é necessariamente o melhor lugar para emitir juízos literários, que, afinal, hão de refletir o caráter do crítico tanto quanto o do seu objeto. Tentei, no entanto, delinear algumas das influências, literárias e outras, que agiram sobre a imaginação de Tolkien, na esperança de que isso possa lançar alguma luz sobre seus livros.

H.C. Oxford, 1976

PARTE I

UMA VISITA

UMA VISITA

É UMA MANHÃ DE PRIMAVERA em 1967. Vim de carro do centro de Oxford, passei pela ponte Magdalen, pela estrada de Londres e subi uma colina, chegando então ao respeitável e desgracioso subúrbio de Headington. Perto de uma grande escola particular para meninas, viro à esquerda na Sandfield Road, uma rua residencial com sobrados de tijolos, cada um com seu jardim arrumadinho.

O número 76 fica bem próximo ao fim da rua. A casa foi pintada de branco e está parcialmente escondida pela cerca alta, a sebe e os ramos pendentes das árvores. Estaciono meu carro, abro o portão arqueado, subo o curto caminho ladeado por roseiras e toco a campainha da porta da frente.

Durante um bom tempo o silêncio é completo, exceto pelo som grave e distante do tráfego na via principal. Quando começo a pensar em tocar a campainha outra vez, ou em dar meia-volta, a porta é aberta pelo professor Tolkien.

Ele é um pouco mais baixo do que eu esperava. A estatura é uma qualidade tão valorizada em seus livros que fico um tanto surpreso em ver que ele próprio está abaixo da média — não muito, mas apenas o suficiente para que se note. Apresento-me e, já que marquei o encontro com antecedência e, portanto, sou esperado, o olhar interrogativo e um tanto defensivo com que me defrontei inicialmente acaba sendo substituído por um sorriso. Ele me oferece a mão e me cumprimenta com firmeza.

Atrás dele posso ver o hall de entrada, pequeno, bem-arrumado, sem nenhum elemento que se possa considerar inusitado no lar de um casal idoso de classe média. W.H. Auden, em uma observação descuidada citada nos jornais, chamou a casa de "horrorosa", mas isso é absurdo. Ela é simplesmente comum e suburbana.

A Sra. Tolkien aparece por um momento para cumprimentar-me. É mais baixa que o marido, uma velhinha bem-arrumada, cabelos grisalhos atados rente à cabeça, sobrancelhas escuras. Trocam-se amabilidades, e então o professor sai pela porta da frente e leva-me para o seu "escritório", ao lado da casa.

O escritório é na verdade a garagem, há muito destituída de qualquer carro — ele explica que não tem carro desde o começo da Segunda

Guerra Mundial. Desde que se aposentou, a garagem foi tornada habitável e passou a abrigar livros e papéis antes guardados em sua sala na universidade. As prateleiras estão atulhadas de dicionários, obras de etimologia e filologia e edições de textos em muitas línguas, entre as quais predominam o inglês antigo e médio e o norueguês antigo, mas há também uma seção dedicada a traduções de *O Senhor dos Anéis* em polonês, holandês, dinamarquês, sueco e japonês. O mapa da "Terra-média" inventada por ele está preso por alfinetes ao peitoril da janela. No chão há uma arca antiquíssima cheia de cartas e sobre a escrivaninha há tinteiros, penas e canetas e duas máquinas de escrever. A sala recende a livros e fumaça de tabaco.

Não é muito confortável, e o professor pede desculpas por receber-me ali, explicando que não há espaço no estúdio-dormitório que tem na casa, o lugar onde efetivamente escreve. De qualquer forma, ele me diz que tal arranjo é temporário, pois dentro em breve espera conseguir terminar pelo menos a maior parte do trabalho prometido aos editores, e então ele e a Sra. Tolkien poderão mudar-se para alojamentos mais confortáveis, em um ambiente mais adequado, longe de visitantes e intrusos. Ele parece levemente embaraçado após este último comentário.

Passo pela lareira elétrica e a pedido dele sento-me em uma cadeira com encosto reclinável, ele tira o cachimbo do bolso do paletó de *tweed* e começa a explicar que não poderá me dispensar mais do que uns poucos minutos. O tique-taque barulhento de um despertador azul brilhante na outra ponta da sala parece enfatizar a explanação. Ele diz que tem de esclarecer uma evidente contradição em um trecho de *O Senhor dos Anéis* que um leitor apontou por carta e o assunto requer sua consideração urgente, visto que uma edição revista do livro está prestes a ir para o prelo. Ele explica tudo com riqueza de detalhes, falando sobre o livro não como uma obra de ficção, mas como uma crônica de fatos reais. Parece ver-se não como um autor que cometeu um pequeno erro, que agora precisa ser corrigido ou justificado, mas sim como um historiador que precisa lançar luz sobre um trecho obscuro de um documento histórico.

É desconcertante, mas parece acreditar que conheço o livro tão bem quanto ele. Li-o muitas vezes, mas ele fala sobre detalhes que pouco ou nada significam para mim. Começo a temer que ele fará alguma pergunta sutil que revelará minha ignorância — e, de fato, ele me questiona. Felizmente é uma pergunta retórica que, obviamente, não exige mais do que um "sim" como resposta.

Continuo nervoso, na expectativa de perguntas mais difíceis, e duplamente preocupado porque não consigo ouvir tudo o que diz.

Ele tem uma voz estranha, profunda mas sem ressonância, inteiramente inglesa mas contendo certa qualidade que não consigo definir, algo como se ele viesse de uma outra era ou civilização. No entanto, durante a maior parte do tempo, ele não fala com clareza. As palavras saem aos borbotões. Frases inteiras são engolidas ou comprimidas na pressa da ênfase. Volta e meia ele coloca a mão sobre a boca, o que torna ainda mais difícil entendê-lo. Fala em sentenças complexas, quase que sem hesitação — mas aí vem uma longa pausa durante a qual ele certamente espera que eu responda. Responder a quê? Se houve pergunta, não a entendi. Subitamente ele recomeça (não havia terminado o que dizia) até chegar a uma conclusão enfática. Ao fazê-lo, aperta o cachimbo entre os dentes, continua falando por entre as mandíbulas comprimidas e risca um fósforo, justamente quando alcança o ponto final.

Outra vez luto para pensar em um comentário inteligente, e outra vez ele recomeça antes que eu o consiga. Perseguindo algum tênue fio condutor, começa a falar sobre um comentário que leu em um jornal e que o deixou furioso. Agora acho que posso contribuir um pouco e digo algo que, espero, possa soar inteligente. Ele escuta com interesse cortês e responde com vagar, fazendo excelente uso de minha observação (na verdade, bem trivial), de modo que eu sinto que disse algo que valia a pena dizer. Ele então foge para algum tópico tangencial, e mais uma vez sinto-me perdido, incapaz de oferecer mais do que um monossílabo de concordância aqui e ali. Ocorre-me, no entanto, que aos seus olhos eu, como ouvinte, talvez seja tão importante quanto um interlocutor.

Ao falar, ele se move sem parar, andando pela salinha escura com uma energia que faz supor um espírito irrequieto. Agita o cachimbo no ar, esvazia-o no cinzeiro, enche-o, risca um fósforo, mas raramente fuma mais que algumas poucas baforadas. Tem mãos pequenas, cheias de rugas, bem-arrumadas, com uma aliança simples na mão esquerda. Tem roupas um pouco amassadas, mas elas lhe assentam bem, e, apesar dos 76 anos, há apenas uma suspeita de barriga por detrás dos botões do colete colorido. Não consigo desviar minha atenção do seu olhar por muito tempo. Seus olhos perambulam pela sala, espreitam pela janela, mas acabam por se voltar outra vez para mim, ou então, por assumir uma expressão firme durante a exposição de algum argumento fundamental. São circundados por rugas e dobras que mudam com o humor, dando ênfase a cada estado de espírito.

A enxurrada de palavras secou por um momento, e, mais uma vez, ele acende o cachimbo. Percebo minha oportunidade e declaro minhas intenções, que a essa altura não parecem mais ter importância. No entanto, conquisto imediatamente o seu interesse, e ele me escuta atentamente. Aí, terminada essa parte da conversa, levanto-me para partir. No momento, porém, é evidente que ele não espera nem deseja que eu vá embora, pois começa a falar de novo. Mais uma vez, faz referência à sua própria mitologia. Seus olhos fixam algum objeto distante e ele parece ter esquecido minha presença, agarrando seu cachimbo e falando através da boquilha. Ocorre-me que em todo o seu exterior ele se assemelha ao arquétipo do professor de Oxford, às vezes até mesmo à *caricatura* de algum deles no palco. Mas isso é exatamente o que ele não é. É antes como se algum estranho espírito tivesse assumido o aspecto de um idoso professor. O corpo pode estar caminhando pela surrada salinha suburbana, mas a mente está longe, percorrendo as planícies e montanhas da Terra-média.

Aí tudo acaba. Ele me conduz para fora da garagem, leva-me até o portão do jardim — o portão menor, defronte à porta principal—, explica que tem de manter os portões da garagem fechados a cadeado para impedir que os espectadores do futebol estacionem os carros na entrada quando vão ver jogos no estádio local. Para minha considerável surpresa, convida-me para uma nova visita. Não para breve, pois ele e a Sra. Tolkien não têm passado bem e vão tirar férias em Bournemouth. Além disso, o trabalho está atrasado em muitos anos e há uma pilha de cartas esperando resposta. Mas em alguma ocasião, em um futuro não muito distante. Ele aperta minha mão e, meio cabisbaixo, volta para dentro de casa.

PARTE II
1892–1916:

OS PRIMEIROS ANOS

1. BLOEMFONTEIN

EM UM DIA DE MARÇO de 1891, o vapor *Roslin Castle* deixou o cais na Inglaterra com destino ao Cabo. De pé no convés de popa, acenando para a família que não voltaria a ver por um longo tempo, estava uma jovem esbelta e bonita de 21 anos. Mabel Suffield ia para a África do Sul casar-se com Arthur Tolkien.

Sob todos os aspectos, aquele era um divisor de águas em sua vida. Atrás de si estava deixando Birmingham, dias de neblina, chás de família. À sua frente tinha um país desconhecido, onde o sol brilhava sempre, e um casamento com um homem treze anos mais velho.

Apesar de Mabel ser tão jovem, o noivado fora longo — Arthur Tolkien propusera-lhe casamento e ela aceitara três anos antes, logo após ela completar 18 anos. No entanto, durante dois anos, o pai não permitiu um noivado formal em virtude de sua pouca idade, e, assim, ela e Arthur só podiam trocar cartas em segredo e encontrar-se em festas vespertinas sob o olhar atento da família. As cartas eram confiadas por Mabel à sua irmã mais moça, Jane, que as entregava a Arthur na plataforma da estação de New Street, em Birmingham, quando ela, depois da escola, apanhava o trem para o subúrbio onde moravam os Suffield. As festas eram geralmente reuniões musicais onde Arthur e Mabel só conseguiam trocar olhares furtivos ou, no máximo, um toque na manga enquanto as irmãs dele tocavam piano.

Tratava-se de um piano Tolkien, naturalmente, um dos modelos verticais fabricados pela empresa da família, origem de todo o dinheiro que os Tolkien haviam possuído. Na tampa havia a inscrição: "Piano-Forte Irresistível: fabricado expressamente para climas extremos", mas a empresa de pianos estava agora em outras mãos, e o pai de Arthur estava falido, sem um negócio de família que desse emprego a seus filhos. Arthur tentara fazer carreira no Lloyds Bank, mas as promoções no escritório de Birmingham eram lentas, e ele sabia que se tivesse de sustentar mulher e família teria de procurar recursos em outra parte. Voltou seu olhar para a África do Sul, onde a descoberta de ouro e diamantes estava fazendo das transações bancárias um negócio em expansão, com boas perspectivas para os funcionários. Menos de um ano depois de propor casamento a Mabel, ele obtivera um cargo no Bank of Africa e viajou para o Cabo.

A iniciativa de Arthur logo se justificara. Durante o primeiro ano, nomeado para cargos temporários em muitas das principais cidades entre o Cabo e Johannesburgo, foi obrigado a viajar muito. Saiu-se bem e no fim de 1890 foi promovido a gerente da importante filial de Bloemfontein, capital do Estado Livre de Orange. Ofereceram-lhe uma casa, sua renda era adequada e, assim, o casamento finalmente tornou-se possível. Mabel celebrou seu vigésimo primeiro aniversário no fim de janeiro de 1891 e poucas semanas depois estava a bordo do *Roslin Castle*, a caminho da África do Sul e de Arthur; o noivado agora abençoado pela aprovação do pai.

Ou talvez fosse melhor dizer "tolerância", pois John Suffield era um homem orgulhoso, especialmente em se tratando de antepassados, que no seu caso, sob vários aspectos, eram o único motivo de orgulho que lhe restava. Outrora fora proprietário de um próspero negócio de fazendas em Birmingham, mas agora, assim como o pai de Arthur Tolkien, estava falido. Tinha de ganhar a vida como caixeiro-viajante, vendendo o desinfetante Jeyes. A má fortuna, porém, havia apenas fortalecido o seu orgulho pela antiga e respeitável família das Midlands[1]. O que eram os Tolkien em comparação? Meros imigrantes alemães, ingleses durante umas poucas gerações apenas — não era uma linhagem aceitável para o marido de sua filha.

Se tais reflexões ocuparam Mabel durante a viagem de três semanas, com certeza haviam se dissipado no início de abril, no dia em que o navio adentrou o porto da Cidade do Cabo e ela finalmente vislumbrou a figura vistosa de terno branco e bigode luxuriante, mal aparentando os seus 34 anos, perscrutando ansiosamente a multidão no cais em busca da sua querida "Mab".

Arthur Reuel Tolkien e Mabel Suffield casaram-se na catedral da Cidade do Cabo em 16 de abril de 1891 e passaram a lua-de-mel em um hotel na vizinha Sea Point. Veio depois uma exaustiva viagem de trem, de mais de mil quilômetros, até a capital do Estado Livre de Orange, onde ficava a casa que seria o primeiro e único lar de Mabel e Arthur.

Bloemfontein iniciara sua vida quarenta e cinco anos antes como um mero vilarejo. Mesmo em 1891 não era grande. Certamente não se revelou impressionante a Mabel quando ela e Arthur desembarcaram do trem na estação recém construída. No centro da cidade ficava a praça do mercado onde os fazendeiros da savana, de fala holandesa, chegavam em grandes carros de boi para descarregar e vender

1 Os condados do centro da Inglaterra. [N. T.]

fardos de algodão, a espinha dorsal da economia do Estado. Em volta da praça aglomeravam-se sólidos indícios de civilização: a Casa do Parlamento com sua colunata, o templo de duas torres da Igreja Reformada Holandesa, a catedral anglicana, o hospital, a biblioteca pública e a Presidência. Havia um clube para residentes europeus (alemães, holandeses e ingleses), um clube de tênis, um tribunal de justiça e um número razoável de lojas. Mas as árvores plantadas pelos primeiros colonos ainda eram esparsas e o parque da cidade, como observou Mabel, compunha-se apenas de uns dez salgueiros e um olho-d'água. Algumas centenas de metros além das casas estendia-se a savana aberta, onde lobos, cães selvagens e chacais rondavam, ameaçando os rebanhos, e onde, após o cair da noite, um postilhão podia ser atacado por um leão faminto. O vento dessas planícies sem árvores varria Bloemfontein, levantando a poeira das largas ruas de terra. Mabel, escrevendo à família, resumiu a cidade como um "enorme deserto! Ermo, horrível!".

Não obstante, tinha de aprender a gostar dela por deferência a Arthur, e, entrementes, a vida que levava não era, de forma alguma, desconfortável. As instalações do Bank of Africa, na rua Maitland, logo ao lado da praça do mercado, incluíam uma residência sólida com um grande jardim. Havia criados na casa, alguns negros ou mestiços, outros imigrantes brancos, e era possível escolher companhia dentre os vários outros residentes de língua inglesa que organizavam uma ronda regular, ainda que previsível, de bailes e jantares. Mabel tinha muito tempo à sua disposição, pois, quando Arthur não estava ocupado no banco, assistia a aulas de holandês, a língua em que todos os documentos jurídicos e governamentais eram redigidos, ou então frequentava o clube, conhecendo as pessoas certas. Ele não podia se dar ao luxo de gozar a vida, pois, embora houvesse só um outro banco em Bloemfontein, o National, este era um banco do próprio Estado Livre de Orange. Por outro lado, o Bank of Africa, gerenciado por Arthur, era um forasteiro, um *uitlander*, tolerado apenas por decreto parlamentar especial. Para piorar as coisas, o gerente anterior do Bank of Africa havia se bandeado para o National, e Arthur teve de dar duro para garantir que valiosas contas não o seguissem. Ademais, havia projetos locais que poderiam representar vantagens para o seu banco, planos relacionados aos diamantes de Kimberley a oeste ou ao ouro de Witwatersrand ao norte. Tratava-se de uma etapa crucial na carreira de Arthur, e, além disso, Mabel podia perceber que ele estava imensamente feliz. A saúde de Arthur não fora invariavelmente boa desde a chegada à África do Sul, mas o clima parecia adequar-se ao seu temperamento. Na verdade, Mabel notava com um traço de apreensão, parecia até mesmo agradar-lhe. Ela, por sua vez, passados apenas alguns meses, começou a detestar o clima de todo o coração. O verão opressivamente quente e o inverno frio, seco e poeirento sobrecarregavam seus nervos muito mais do que ela seria capaz de confessar a Arthur, e as "férias em casa" pareciam muito distantes, já que não teriam direito a visitar a Inglaterra enquanto não houvessem passado mais três anos em Bloemfontein.

No entanto, ela adorava Arthur e sempre ficava feliz quando conseguia atraí-lo para longe da escrivaninha e iam passear a pé ou de carro, jogar uma partida de tênis ou uma rodada de golfe, ou ler em voz alta. Logo surgiu algo mais para ocupar sua mente: a descoberta de que havia engravidado.

Em 4 de janeiro de 1892, Arthur Tolkien escreveu para sua casa em Birmingham:

> Querida Mãe,
>
> Tenho boas notícias para a senhora esta semana. Mabel deu me um lindo filhinho ontem à noite (3 de janeiro). Foi um tanto precoce, mas o bebê está forte e passa bem, e Mabel suportou tudo maravilhosamente. O bebê é (naturalmente) adorável. Tem belas mãos e orelhas (dedos bem longos), cabelos bastante claros, olhos "Tolkien" e uma boca indubitavelmente "Suffield". No efeito geral, assemelha-se imensamente a uma edição muito bonita da tia, Mabel Mitton. Ontem, quando buscamos o dr. Stollreither pela primeira vez, ele disse que era um alarme falso e mandou a babá para casa por uma quinzena, mas estava enganado, e busquei-o de novo por volta das oito, e então ele ficou até as 12:40, quando tomamos um uísque desejando boa sorte ao menino. O primeiro nome do menino será "John", como seu avô, provavelmente John Ronald Reuel no total. Mab quer chamá-lo Ronald e eu quero manter John e Reuel...

"Reuel" era o segundo prenome do próprio Arthur, mas não havia nenhum precedente para "Ronald" na família. Foi o nome que Arthur e Mabel escolheriam para se dirigir ao filho, o nome que seria usado pelos parentes e, mais tarde, pela sua esposa. No entanto, Ronald às vezes dizia que não o sentia como seu nome verdadeiro. De fato, as pessoas pareciam sentir-se levemente embaraçadas quando tinham de escolher o modo de se dirigir a ele. Alguns colegas de escola mais íntimos chamavam-no "John Ronald", que soava grandiloquente e eufônico. Na vida adulta seus amigos próximos referiam-se a ele (como era costume na época) pelo sobrenome, ou chamavam-no de "Tollers", um apelido cordial típico daquele tempo. Os que não eram tão íntimos, especialmente nos últimos anos de sua vida, conheciam-no por "J.R.R.T.". Por fim, essas quatro iniciais talvez tenham vindo a ser a melhor representação do homem.

John Ronald Reuel Tolkien foi batizado em 31 de janeiro de 1892 na catedral de Bloemfontein. Alguns meses mais tarde foi fotografado no jardim da Casa do Banco, nos braços da babá contratada para cuidar dele. Sua mãe evidentemente gozava de excelente saúde, enquanto seu pai, de certo modo sempre um janota, posava de forma positivamente garbosa, de terno tropical branco e palheta. Atrás deles estavam de pé dois criados negros, uma empregada e um valete chamado Isaak, aparentemente satisfeitos e um pouco espantados por serem incluídos na fotografia. Mabel reprovava a postura dos boêres frente aos nativos. Na Casa do Banco reinava a tolerância, manifestada de maneira especialmente notável por ocasião da extraordinária atitude de Isaak, que um dia raptou o pequeno John Ronald Reuel e levou-o à sua aldeia, onde orgulhosamente exibiu a novidade de um bebê branco. Todos ficaram perturbados, houve um grande rebuliço, mas Isaak não foi despedido e, em sinal de gratidão ao patrão, chamou o próprio filho "Isaak Mister Tolkien Victor", sendo o último nome uma homenagem à rainha Vitória.

Ocorreram outros distúrbios na casa dos Tolkien. Um dia o macaco de estimação do vizinho pulou o muro e mascou três bibes do menino. Cobras esgueiravam-se no galpão de madeira e tinham de ser evitadas. E muitos meses mais tarde, quando começara a andar, Ronald topou com uma tarântula. Ela o mordeu, e ele correu aterrorizado pelo jardim até que a babá o agarrasse e sugasse o veneno. Já adulto, podia lembrar-se de um dia quente, de uma fuga amedrontada por entre o capim longo, ressequido. Contudo, a lembrança da tarântula desapareceu, e ele afirmava que o incidente não lhe deixara nenhuma ojeriza especial às aranhas. Não obstante, em suas histórias escreveu mais de uma vez sobre aranhas monstruosas de mordidas peçonhentas.

A vida na Casa do Banco geralmente seguia um padrão ordeiro. De manhãzinha e no fim da tarde o garoto era levado ao jardim, onde podia observar o pai cuidando das parreiras ou plantando mudas em um terreno baldio murado. Durante o primeiro ano de vida do menino, Arthur Tolkien criou um pequeno bosque de ciprestes, abetos e cedros, fato que talvez explique o profundo amor que Ronald viria a sentir pelas árvores.

Das nove e meia às quatro e meia o garoto tinha de permanecer em casa, longe do furor do sol. Mesmo lá dentro o calor podia ser intenso, e era preciso vesti-lo todo de branco. "O bebê parece um duende quando está *todo* vestido de babados brancos e sapatos brancos", escreveu Mabel à mãe do marido. "Quando está quase *sem* roupa, acho que parece ainda mais um elfo."

Mabel agora tinha mais companhia: logo após o primeiro aniversário do bebê, a irmã e o cunhado, May e Walter Incledon, chegaram da Inglaterra. Walter, um comerciante de Birmingham de 30 e poucos anos, tinha interesses comerciais nas minas de ouro e diamantes sul-africanas e deixou May e sua filhinha Marjorie na Casa do Banco para viajar até as áreas de mineração. May Incledon chegara a tempo de manter a irmã animada durante o amargor de outro verão gelado em Bloemfontein, uma estação que seria mais difícil de suportar porque Arthur também viajara a trabalho por algumas semanas. O frio era intenso, e as duas irmãs ficavam juntas perto da estufa da sala de jantar, conversando sobre os dias em Birmingham enquanto Mabel tricotava roupinhas para o bebê. Mabel mal escondia sua irritação com a vida em Bloemfontein, seu clima, as intermináveis visitas sociais e os tediosos jantares. As férias em casa estavam próximas, coisa de um ano — apesar de Arthur sempre sugerir razões para adiar a visita à Inglaterra. "Não o deixarei adiá-la muito", escreveu Mabel. "Não gosto da maneira como este clima lhe agrada cada vez mais. Oxalá agradasse a mim, pois tenho certeza de que ele nunca mais se estabelecerá na Inglaterra."

Finalmente a viagem *teve* de ser adiada. Mabel descobriu que engravidara novamente e em 17 de fevereiro de 1894 deu à luz outro filho, que foi batizado Hilary Arthur Reuel.

Hilary era um garoto saudável, que se desenvolveu muito bem no clima de Bloemfontein. Seu irmão mais velho, porém, não ia tão bem assim. Ronald era robusto e bonito, tinha cabelos claros e olhos azuis — "realmente um jovem saxão", dizia o pai. Já falava com desembaraço e divertia os funcionários do banco em suas visitas diárias ao escritório do pai, no andar inferior, onde pedia lápis e papel e rabiscava desenhos grosseiros. Mas o nascimento dos dentes deixava-o indisposto e febril, o médico tinha de ser chamado toda hora. Mabel logo estava exausta. O tempo não podia ser pior: uma seca intensa arruinou o comércio, azedou os humores e trouxe uma praga de gafanhotos que se abateu sobre a savana e destruiu uma excelente colheita. Mas, a despeito de tudo, Arthur escreveu ao pai as palavras que Mabel temia ouvir: "Creio que vou dar-me bem nesta terra e acho que não conseguiria voltar a me estabelecer na Inglaterra em caráter permanente."

Ficassem ou não, estava claro que o calor prejudicava imensamente a saúde de Ronald. Algo tinha de ser feito para levá-lo para ares mais frescos. Assim, em novembro de 1894, Mabel levou os dois meninos à costa, perto da Cidade do Cabo, uma viagem de muitas centenas de quilômetros. Ronald tinha quase 3 anos, idade suficiente para que guardasse uma tênue lembrança da longa viagem de trem e de quando voltou correndo do mar para uma cabana de praia, em uma costa ampla, plana e arenosa. Após essas férias, Mabel e as crianças voltaram a Bloemfontein, quando então tiveram início os preparativos para a visita à Inglaterra. Arthur reservara passagens e contratara uma babá que viajaria com eles. Queria muito acompanhá-los, mas não podia dar-se ao luxo de afastar-se de sua escrivaninha, pois havia iminentes planos ferroviários que diziam respeito ao banco e, como escreveu ao pai: "Nestes dias de concorrência não gostamos de deixar nossos negócios em mãos alheias." Além disso, o tempo que passasse longe seria mediante meio salário, e isso, mais as despesas da viagem, não podia ser facilmente custeado. Assim, decidiu ficar em Bloemfontein durante algum tempo e juntar-se à esposa e aos filhos na Inglaterra um pouco mais tarde. Ronald observou o pai pintando *A.R. Tolkien* na tampa de um baú da família. Foi a única lembrança nítida que o menino guardou dele.

O *S.S. Guelph* zarpou da África do Sul com Mabel e os garotos no começo de abril de 1895. Na mente de Ronald, além de algumas palavras de africâner e a tênue memória de uma paisagem seca, poeirenta e estéril, nada mais ficaria em sua lembrança. Hilary era jovem demais até para se lembrar disso. Três semanas depois, Jane, a irmã mais moça de Mabel, agora mulher feita, recebeu-os em Southampton, e, algumas horas depois, estavam todos em Birmingham, apertados na minúscula casa da família em King's Heath. O pai de Mabel estava alegre como sempre, contando piadas e fazendo trocadilhos abomináveis, e a mãe mostrava-se gentil e compreensiva. Foram ficando, a primavera e o verão passaram com notáveis melhoras na saúde de Ronald e, embora Arthur escrevesse dizendo que sentia saudades da mulher e dos filhos e que ansiava por ir encontrá-los, sempre surgia algo que o detinha.

Então, em novembro, veio a notícia de que ele contraíra febre reumática. Já se recuperara parcialmente, mas não podia enfrentar o inverno inglês e teria de recuperar a saúde antes de empreender a viagem. Mabel passou um Natal de terrível ansiedade. Ronald, porém, divertiu-se e ficou fascinado pela visão de sua primeira árvore de Natal, muito diferente do eucalipto murcho que enfeitara a Casa do Banco em dezembro do ano anterior.

Quando janeiro chegou, soube-se que Arthur ainda estava com a saúde abalada, e Mabel decidiu que teria de voltar a Bloemfontein para tomar conta dele. Fizeram-se os preparativos, e um agitado Ronald ditou à babá uma carta para o pai.

Ashfield Road 9, King's Heath, 14 de fevereiro de 1896.

Querido Papai,

Estou tão contente de voltar para vê-lo faz tanto tempo que nos afastamos do senhor espero que o navio nos leve todos de volta para o senhor Mamãe e o Bebê e eu. Sei que vai ficar muito contente de receber uma carta de seu pequeno Ronald faz tanto tempo que lhe escrevi fiquei um homem grande agora porque tenho um casaco de homem e um colete de homem Mamãe diz que o senhor não vai reconhecer o Bebê ou a mim ficamos homens grandes temos tantos presentes de Natal para lhe mostrar a tia Gracie veio visitar-nos passeio todos os dias e só ando um pouquinho em meu carrinho de correio. Hilary manda muitas lembranças e beijos e também seu carinho

RONALD.

A carta não foi enviada, pois chegou um telegrama dizendo que Arthur sofrera uma hemorragia séria e que Mabel deveria esperar pelo pior. No dia seguinte, 15 de fevereiro de 1896, ele estava morto. Quando um relato completo de suas últimas horas chegou à viúva, seu corpo já havia sido sepultado no cemitério anglicano de Bloemfontein, a oito mil quilômetros de Birmingham.

2. BIRMINGHAM

PASSADO O PRIMEIRO CHOQUE, MABEL Tolkien se deu conta de que tinha de tomar decisões. Ela e os dois meninos não poderiam ficar morando para sempre na pequena e apertada casa de subúrbio de seus pais; no entanto, ela não tinha recursos para estabelecer um lar independente. Mesmo com todo o trabalho duro e a poupança conscienciosa, Arthur juntara apenas um modesto capital, investido principalmente nas Minas Bonanza e, embora razoáveis, os dividendos não ultrapassavam 30 xelins por semana, o que mal bastava para sustentá-la e as duas crianças, mesmo no mais baixo padrão de vida. Havia também a questão da educação dos meninos. Provavelmente ela mesma poderia cuidar disso durante alguns anos, pois sabia latim, francês e alemão, além de pintura, desenho e piano. Mais tarde, quando Ronald e Hilary tivessem idade suficiente, teriam de fazer o exame de admissão da King Edward's School, em Birmingham, que Arthur frequentara e era a melhor escola primária da cidade. Nesse meio tempo, ela precisava alugar acomodações baratas. Havia muitas residências disponíveis em Birmingham, mas os meninos precisavam do ar fresco do campo, de um lar onde pudessem ser felizes apesar da pobreza. Mabel começou a procurar nos anúncios.

Ronald, agora com 5 anos, ajustava-se pouco a pouco à vida sob o teto dos avós. Quase se esquecera do pai, a quem logo consideraria como parte de um passado quase lendário. A mudança de Bloemfontein para Birmingham o deixara confuso, e às vezes ele esperava encontrar a varanda da Casa do Banco no lar dos avós, em Ashfield Road, mas, à medida que passavam as semanas e as lembranças da África do Sul começavam a desaparecer, ele passou a prestar mais atenção aos adultos que o rodeavam. O tio Willie e a tia Jane ainda moravam na casa, e havia também um inquilino, um securitário ruivo que se sentava na escadaria cantando "Polly-Wolly-Doodle" acompanhado de um banjo e lançando olhares a Jane. A família o considerava vulgar e se horrorizou quando os dois ficaram noivos. Ronald desejava secretamente um banjo.

À tardinha o avô voltava para casa, depois de passar o dia percorrendo as ruas de Birmingham, persuadindo os lojistas e gerentes de fábricas a fazerem pedidos de Fluido Jeyes. John Suffield tinha uma barba longa e parecia muito velho. Tinha 63 anos e afirmava que viveria até os 100. Era um homem muito alegre, que não parecia importar-se em ganhar a vida como caixeiro-viajante depois de ter gerenciado sua própria loja de tecidos no centro da cidade. Às vezes ele pegava uma folha de papel e uma pena de ponta extrafina e desenhava um círculo com uma moeda de seis pence; nesse espaço reduzido escrevia com uma bela caligrafia o texto do Pai-Nosso inteiro. Seus ancestrais haviam sido gravadores de placas, o que talvez explicasse essa sua habilidade; contava com orgulho que o Rei Guilherme IV dera à família um brasão pelos serviços excelentes que haviam lhe prestado e que Lord Suffield era seu parente distante (o que não era verdade).

Foi assim que Ronald começou a acostumar-se com o modo de ser da família Suffield. Chegou a sentir-se muito mais próximo deles do que da família do falecido pai. O avô Tolkien morava na mesma rua e algumas vezes levavam Ronald para vê-lo, mas John Benjamin Tolkien tinha 89 anos e ficara gravemente abalado com a morte do filho. Seis meses depois de Arthur morrer, o velho estava em sua própria sepultura, e mais um elo do menino com a família Tolkien foi rompido.

No entanto, havia a tia Grace, irmã mais nova do pai de Ronald, que lhe contava histórias dos ancestrais dos Tolkien, histórias que pareciam improváveis, mas que estavam, como dizia tia Grace, firmemente embasadas em fatos. Alegava que o antigo nome da família era "von Hohenzollern", derivado do distrito de Hohenzollern do Sacro Império Romano, lar original da família. Um certo Georg von Hohenzollern, dizia, lutara ao lado do arquiduque Ferdinando da Áustria no Cerco de Viena em 1529 e mostrara grande audácia ao liderar um ataque extraoficial contra os turcos e capturar o estandarte do Sultão. Foi por isso, segundo tia Grace, que lhe deram o apelido de *Tollkühn*, "temerário", e o nome pegou. Dizia-se também que a família tinha ligações com a França e que houvera casamentos com a nobreza daquele país, onde adquirira uma versão francesa do apelido, *du Téméraire*. Os Tolkien tinham opiniões divergentes quanto ao motivo e à época em que os ancestrais haviam chegado à Inglaterra. Os mais prosaicos diziam que a família possuía terras na Saxônia e havia fugido em 1756 para escapar da invasão prussiana. Tia Grace preferia a história mais romântica e implausível: um dos du Téméraires atravessara o Canal em 1794 para escapar da guilhotina e aparentemente havia adotado uma forma do antigo nome, "Tolkien". O cavalheiro tinha a reputação de ter sido um habilidoso cravista e consertador de relógios. Essa versão das origens da família — típica entre a classe média — certamente parece confirmar que os Tolkien estavam em Londres no início do século XIX, ganhando a vida como fabricantes de relógios e de pianos. E seria na condição de fabricante de pianos e vendedor de partituras que John Benjamin Tolkien, pai de Arthur, viria para Birmingham e montaria um negócio alguns anos depois.

Os Tolkien sempre gostaram de contar histórias que dessem um tom romântico às suas origens, mas, qualquer que fosse a verdade contida nelas, a família era, à época da infância de Ronald, inteiramente inglesa no caráter e na aparência, indistinguível das milhares de famílias de comerciantes de classe média que habitavam os subúrbios de Birmingham. De qualquer modo, Ronald estava mais interessado na família da mãe. Não demorou para desenvolver uma forte afeição pelos Suffield e pelo que eles representavam. Descobriu que, embora a maior parte da família estivesse naquela época em Birmingham, suas origens se encontravam no tranquilo vilarejo de Evesham, em Worcestershire, onde os Suffield viveram por muitas gerações. Visto que de certa forma era uma criança sem lar — pois a partida da África do Sul e as peregrinações que então começaram incutiram nele um sentimento de falta de raízes — agarrou-se ao conceito de Evesham em particular e das West Midlands em geral como o seu verdadeiro lar. Certa vez ele escreveu: "Embora um Tolkien de nome, sou um Suffield pelos gostos, pelos talentos e pela educação." E sobre Worcestershire disse: "Qualquer canto daquele condado (por mais belo ou esquálido que seja) está para mim em um indefinível caminho para 'casa' como nenhuma outra parte do mundo."

Por volta do verão de 1896, Mabel Tolkien encontrou um local barato o bastante para que ela e as crianças levassem uma vida independente. Mudaram-se para o vilarejo de Sarehole, cerca de um quilômetro e meio ao sul de Birmingham. O efeito desta mudança sobre Ronald foi profundo e permanente. Ele se viu na região rural da Inglaterra justamente na idade em que a sua imaginação aflorava.

O novo endereço era 5 Gracewell, a última de uma fileira de casas geminadas de tijolos alugada de um proprietário de terras local. Diante do portão a estrada subia pela colina até a vila de Moseley e de lá continuava em direção a Birmingham. Na outra direção levava a Stratford-upon-Avon. Mas o tráfego limitava-se às carroças de um ou outro fazendeiro ou negociante e era fácil esquecer que a cidade ficava tão perto.

Do outro lado da estrada, depois do prado, estava o Rio Cole, pouco mais que um riacho largo e, à margem deste, o moinho de Sarehole, uma antiga construção de tijolos com uma chaminé alta. Durante três séculos havia se moído trigo ali, mas os tempos estavam mudando. Uma máquina a vapor fora instalada para fornecer energia quando o rio estivesse baixo e agora o principal serviço do moinho era moer ossos para produzir adubo. Mesmo assim, a água ainda se precipitava pelo dique e corria por baixo da grande roda, enquanto o interior da construção era coberto por um pó fino e branco. Hilary Tolkien tinha apenas 2 anos e meio, mas logo estava acompanhando o irmão mais velho em expedições pelo prado até o moinho, onde observavam a roda-d'água através da cerca, girando em sua caverna escura, ou corriam para o outro lado até o pátio, onde os sacos eram atirados na carroça que os aguardava. Às vezes se aventuravam pelo portão e olhavam por uma porta aberta, onde podiam ver as grandes correias de couro, as polias, os eixos e os homens trabalhando. Havia dois moleiros, pai e filho. O velho tinha uma barba negra, mas era o filho, com as suas roupas brancas e empoeiradas e o rosto de olhar penetrante, que assustava os meninos. Ronald o chamava de "o Ogro Branco". Quando gritava para que fossem embora, eles saíam do pátio em disparada e davam a volta correndo para trás do moinho até o lago silencioso onde cisnes nadavam. Ao pé do lago as águas escuras vertiam de repente por sobre a comporta até a grande roda abaixo — um local perigoso e excitante.

Não longe do moinho de Sarehole, subindo um pouco a colina em direção a Moseley, havia uma cava de areia profunda ladeada de árvores, outro ponto predileto dos meninos. De fato, era possível fazer explorações em muitas direções, apesar de haver riscos. Um velho fazendeiro que certa vez perseguiu Ronald por apanhar cogumelos foi apelidado de "o Ogro Negro" pelos meninos. Tais terrores deliciosos eram a essência daqueles dias em Sarehole, que Hilary Tolkien, quase 80 anos depois, relembrou deste modo: "Passamos verões adoráveis apenas colhendo flores e invadindo propriedades alheias. O Ogro Negro costumava pegar os sapatos e as meias do pessoal que ia brincar na água e saía correndo com eles. Quando iam pedi-los, ele lhes dava uma surra! O Ogro Branco não era tão mau assim. Mas para chegar ao lugar onde costumávamos colher amoras pretas (o Valezinho) tínhamos de atravessar as terras do Branco, e ele não gostava muito de nós porque o caminho através do seu campo era estreito, e nós saíamos dele atrás de nigelas-dos-trigos e outras coisas bonitas. Minha mãe preparou um almoço para comermos nesse lugar adorável, mas ao chegar fez uma voz grossa e nós dois saímos correndo!"

Havia poucas casas em Sarehole além da fileira de chalés onde moravam os Tolkien, mas o vilarejo de Hall Green ficava perto dali, depois de uma alameda e um vau. Ronald e Hilary às vezes compravam doces de uma velha senhora desdentada que tinha uma barraquinha lá. Pouco a pouco se tornaram amigos das crianças locais. Não foi fácil, pois seus sotaques de classe média, os cabelos longos e os bibes eram objetos de chacota. Eles, por sua vez, não estavam acostumados com o dialeto de

Warwickshire e os modos rudes dos meninos do campo. Mas começaram a adotar parte do vocabulário local, incorporando palavras de dialeto à sua própria fala: *chawl* para bochecha de porco, *miskin* para lata de lixo, *pikelet* para pão-de-minuto e *gamgee* para algodão cru. Esta última devia sua origem a um certo Dr. Gamgee de Birmingham, que inventara o "tecido gamgee", uma atadura cirúrgica feita de algodão cru. Seu nome tornara-se um termo cotidiano no distrito.

Mabel logo começou a educar os filhos, que não poderiam ter melhor professora — nem ela poderia ter um aluno mais apto que Ronald, que já sabia ler aos 4 anos e logo aprenderia a escrever com perfeição. A caligrafia de Mabel era encantadoramente anticonvencional. Dona da mesma habilidade do pai, ela optou por um estilo vertical e elaborado, ornamentando suas maiúsculas com voltas delicadas. Ronald logo começou a praticar uma letra que, apesar de diferente da mãe, viria a se tornar igualmente elegante e idiossincrática. Contudo, suas lições favoritas eram as de línguas. Nos primeiros dias em Sarehole a mãe começou a lhe ensinar os fundamentos do latim, e isso o entusiasmou. Estava tão interessado nos sons e nas formas das palavras quanto em seus significados, e ela percebeu que ele tinha uma aptidão especial para línguas. Mabel começou a lhe ensinar francês. Dessa língua ele não gostou tanto — não havia nenhum motivo especial, mas os sons não lhe agradavam tanto quanto os do latim e do inglês. Ela também tentou despertar seu interesse pelo piano, mas sem sucesso. Para ele, aparentemente, as palavras tomavam o lugar da música: gostava de escutá-las, lê-las e recitá-las, quase sem se importar com o que significavam.

Era também um bom desenhista, principalmente quando o tema era uma paisagem ou árvore. A mãe lhe ensinou um bocado de botânica, ele foi receptivo e logo ficou bastante versado no assunto. Mas, também nesse caso, ele estava mais interessado na forma e na textura das plantas que em seus detalhes botânicos, especialmente no que dizia respeito a árvores. E, apesar de gostar de desenhar árvores, gostava mais ainda de estar *com* árvores. Subia nelas, encostava-se nelas e até falava com elas. Ficou triste ao descobrir que nem todos compartilhavam esse sentimento. Um incidente em particular permaneceu em sua memória: "Havia um salgueiro na margem do lago do moinho cujos galhos pendiam sobre a água, e aprendi a subir nele. Pertencia a um açougueiro da Stratford Road, acho. Um dia cortaram-no. Não fizeram nada com ele: o tronco simplesmente ficou jogado lá. Nunca me esqueci disso."

Fora dos horários de aula a mãe dava-lhe uma porção de livros de histórias. Ele se divertiu com *Alice no País das Maravilhas*, embora não desejasse ter aventuras como as de Alice. Não gostou da *Ilha do Tesouro*, nem das histórias de Hans Andersen, nem do *Flautista de Hamelin*. Mas gostava de histórias de índios e tinha muita vontade de atirar com arco e flecha. Agradaram-lhe ainda mais os livros de "Curdie", de George Macdonald, que se passavam num reino remoto onde gobelins deformados e malévolos espreitavam sob as montanhas. As lendas arthurianas também o deixaram entusiasmado. Mas, acima de tudo, o que mais o deleitava eram os livros de fadas de Andrew Lang, especialmente o *Red Fairy Book*, pois, nas suas últimas páginas, estava a melhor história que já lera. Era a história de Sigurd, que matou o dragão Fáfnir — uma narrativa estranha e vigorosa que se passava em um Norte inominado. Sempre que a lia, Ronald ficava fascinado. "Eu desejava dragões com um desejo profundo", disse muito tempo depois. "É claro que, com meu corpo tímido, não queria tê-los nas proximidades. Mas o mundo que continha até mesmo a imaginação de Fáfnir era mais rico e mais belo, fosse qual fosse o custo do perigo."

Ele não se contentou meramente em *ler* histórias de dragões. Quando tinha uns 7 anos, Ronald começou a compor a sua própria história. "Não me recordo de coisa alguma sobre ela, exceto um fato filológico", relembrou. "Minha mãe nada disse sobre o dragão, mas observou que não se podia dizer 'um verde dragão grande', mas que se devia dizer 'um grande dragão verde'. Perguntei-me por que, e ainda o faço. O fato de que me lembro disso possivelmente é significativo, já que acho que não tentei mais escrever uma história por muitos anos e me ocupei com idiomas."

O tempo ia passando em Sarehole. O Jubileu de Diamante da Rainha Vitória foi comemorado, o colégio no topo da colina em Moseley iluminado com luzes coloridas. De alguma forma, Mabel conseguiu alimentar e vestir os meninos com a pequena renda que tinha, complementada de vez em quando por contribuições das famílias Tolkien ou Suffield. Hilary ficou cada vez mais parecido com o pai, ao passo que Ronald logo desenvolveu o rosto comprido e estreito dos Suffield. Ocasionalmente um sonho estranho o perturbava: uma grande onda que se erguia e avançava implacavelmente por sobre as árvores e os campos verdes, prestes a tragá-lo e tudo que o cercava. O sonho iria se repetir por muitos anos. Mais tarde chegou a pensar nele como "o meu complexo de Atlântida". Mas normalmente seu sono era tranquilo e, em meio às preocupações diárias da existência marcada pela pobreza da família, brilhava seu amor pela mãe e pela região rural de Sarehole, um local de aventura e refúgio, onde se divertia com um prazer desesperado, talvez pressentindo que um dia esse paraíso se perderia. E assim foi, cedo demais.

Desde a morte de seu marido, o cristianismo desempenhava um papel cada vez mais importante na vida de Mabel Tolkien e todos os domingos ela levava os meninos para uma longa caminhada até um templo da High Church[2]. Então, certo domingo, Ronald e Hilary perceberam que percorriam ruas estranhas e que o local de culto era outro: a igreja de Sant'Ana, na Alcester Street, no bairro pobre próximo ao centro de Birmingham. Era uma igreja católica romana.

Mabel vinha pensando há algum tempo em tornar-se católica. Foi um passo que não deu sozinha. A irmã, May Incledon, voltara da África do Sul com dois filhos. Seu marido, Walter, iria juntar-se a ela quando terminasse seus negócios. Sem que ele soubesse, ela também decidira tornar-se católica. Durante a primavera de 1900, May e Mabel receberam instrução na igreja de Sant'Ana e, em junho do mesmo ano, foram recebidas na Igreja de Roma.

Imediatamente a ira da família abateu-se sobre elas. O pai, John Suffield, fora educado em uma escola metodista e era agora um unitário[3]. Para ele era um ultraje inacreditável que as filhas se tornassem papistas. O marido de May, Walter Incledon, considerava-se um dos esteios da igreja anglicana local e estava simplesmente fora de cogitação permitir que May se associasse à Igreja de Roma. Quando voltou a Birmingham, ele a proibiu de entrar de novo em uma igreja católica e ela teve de obedecer. No entanto, por consolo — ou por vingança? — voltou-se para o espiritualismo.

Walter Incledon proporcionara uma pequena ajuda financeira a Mabel Tolkien desde a morte de Arthur. Mas agora não haveria mais dinheiro dessa fonte. Em vez disso, Mabel teria de enfrentar a hostilidade de Walter e outros membros da sua família, sem falar nos Tolkien, muitos dos quais eram batistas e se opunham vigorosamente ao catolicismo. A tensão resultante de sua conversão, aliada às dificuldades financeiras adicionais, não fez bem algum à sua saúde, mas nada abalaria sua lealdade à nova fé e, apesar de toda a oposição, começou a instruir Ronald e Hilary na religião católica.

Nesse meio tempo, chegara o momento de mandar Ronald à escola. No outono de 1899, aos 7 anos, ele prestou o exame de admissão na King Edward's, a antiga escola de seu pai. Não conseguiu obter uma vaga, pois a mãe provavelmente fora muito complacente em seus ensinamentos. Mas, um ano depois, voltou a prestar o exame

---

2 "Igreja alta", grupo anglicano que, ao contrário da "Igreja baixa" (Low Church), enfatiza o ritual elaborado, os dogmas tradicionais e a hierarquia eclesiástica. [N. T.]

3 Os unitários rejeitam o dogma da Santíssima Trindade. [N. T.]

e passou, ingressando na King Edward's em setembro de 1900. Um tio Tolkien, com uma boa vontade atípica para com Mabel, pagou a anuidade de 12 libras. A escola ficava no centro de Birmingham, a seis quilômetros e meio de Sarehole, e nas primeiras semanas Ronald teve de fazer grande parte do caminho a pé, pois a mãe não podia pagar a passagem de trem e os bondes não passavam perto de onde moravam. Estava claro que essa situação não podia continuar e, com pesar, Mabel decidiu que seus dias no campo haviam chegado ao fim. Encontrou uma casa para alugar em Moseley, próxima do centro da cidade e do trajeto do bonde, e no fim de 1900 ela e os meninos juntaram seus pertences e deixaram o chalé onde haviam sido tão felizes durante quatro anos. "Quatro anos", como escreveu Ronald Tolkien, já velho, "mas que me pareceram os mais longos da minha vida e que foram os mais importantes na minha formação."

A King Edward's School não podia passar despercebida a um viajante que chegasse a Birmingham pela ferrovia London & North Western; ela se erguia majestosamente sobre a fumaça e o vapor subterrâneos da estação de New Street. Semelhante ao salão de jantar de um rico colégio de Oxford, era um pesado e fuliginoso ensaio de gótico vitoriano projetado por Barry, arquiteto que reconstruíra as Casas do Parlamento[4]. A escola, fundada por Eduardo VI, teve uma dotação generosa, e os reitores conseguiram abrir outras escolas em muitas das partes mais pobres da cidade. Porém, o nível educacional da King Edward's, a "Escola Alta", ainda não tinha rival em Birmingham, e muitos das centenas de meninos que se sentaram nas suas carteiras gastas, destrinchando César enquanto as locomotivas apitavam lá embaixo, vieram a ganhar prêmios nas grandes universidades.

Por volta de 1900, a King Edward's quase não cabia mais em seus prédios; estava apertada, superlotada e barulhenta. Apresentava um aspecto ameaçador a um menino criado em um tranquilo vilarejo rural e não é de surpreender que Ronald Tolkien tenha passado grande parte do primeiro período ausente da escola por causa de problemas de saúde. Mas gradativamente ele se acostumou com o tumulto e o barulho e, de fato, logo passou a gostar deles, encaixando-se alegremente na rotina da escola, apesar de ainda não demonstrar nenhuma aptidão extraordinária nos trabalhos de classe.

Enquanto isso, a vida em casa era muito diferente da que conhecera em Sarehole. A mãe alugara uma pequena casa na rua principal

4 O edifício de Barry foi demolido depois que a escola se mudou para uma nova propriedade na década de 1930.

do subúrbio de Moseley, e a vista das janelas contrastava tristemente com a zona rural de Warwickshire: bondes resfolegando morro acima, as faces sem brilho dos transeuntes e, ao longe, as chaminés fumegantes das fábricas de Sparkbrook e Small Heath. A casa de Moseley ficaria na lembrança de Ronald como "medonha". E, nem bem haviam se instalado, tiveram de se mudar: a casa seria demolida para dar lugar a um quartel de bombeiros. Mabel encontrou uma *villa* a um quilômetro e meio de distância, atrás da estação de King's Heath. Agora não estavam mais longe da casa de seus pais, mas o que determinou a escolha foi a presença, na mesma via, da nova igreja católica romana de S. Dunstan, com a sua fachada ondulada e o revestimento de pinho no interior.

Ronald ainda se sentia profundamente infeliz por ter saído de Sarehole, mas encontrou certo consolo no novo lar. Os fundos da casa de King's Heath davam para uma linha ferroviária e a vida era pontuada pelo rugido dos trens e o desvio de vagões na carvoaria mais próxima. Mas o corte da ferrovia tinha encostas gramadas e ali ele descobriu flores e plantas. E algo mais atraiu sua atenção: os nomes estranhos nos caminhões de carvão que via nos desvios, nomes esquisitos que ele não sabia pronunciar, mas que exerciam sobre ele uma estranha atração. Foi assim que, refletindo sobre *Nantyglo*, *Senghenydd*, *Blaen-Rhondda*, *Penrhiwceiber* e *Tredegar*, descobriu a existência da língua galesa.

Mais tarde, ainda criança, foi a Gales de trem e, enquanto os nomes das estações passavam num lampejo, deu-se conta de que ali estavam palavras mais atraentes do que quaisquer outras que jamais encontrara, uma língua antiga e, no entanto, viva. Saiu à procura de informações sobre ela, mas os únicos livros galeses que conseguiu obter eram incompreensíveis. No entanto, apesar de breve e frustrante, esse primeiro contato lhe permitiu vislumbrar um outro mundo linguístico.

Nesse ínterim, sua mãe começava a ficar inquieta. Não gostava da casa de King's Heath e descobrira que não gostava da igreja de S. Dunstan. Assim, reiniciou a procura e, mais uma vez, retomou as longas caminhadas dominicais com os meninos em busca de um local de culto que fosse do seu agrado. Logo descobriu o Oratório de Birmingham, uma grande igreja no subúrbio de Edgbaston, administrada por uma comunidade de sacerdotes. Com certeza encontraria um amigo e um confessor compreensivo entre eles. Além disso, ligada ao Oratório e sob a direção do mesmo clero, havia a Grammar School of St Philip, com anuidades mais baixas que em King Edward's, onde os filhos poderiam receber uma educação católica. E (fator decisivo) havia uma casa para alugar vizinha à escola. Assim, no começo de

1902, ela e os meninos se mudaram de King's Heath para Edgbaston, e Ronald e Hilary, com 10 e 8 anos respectivamente, foram matriculados na St Philip's School.

O Oratório de Birmingham fora fundado em 1849 por John Henry Newman, então recém-convertido à fé católica, que passaria quatro décadas de sua vida entre seus muros e lá morreria em 1890. O espírito de Newman ainda dominava as salas altas da Casa do Oratório em Hagley Road, e em 1902 a comunidade ainda abrigava muitos sacerdotes que haviam sido seus amigos e servido sob o seu comando. Entre eles estava o padre Francis Xavier Morgan, com 43 anos, que, logo após a mudança dos Tolkien, assumiu o cargo de pároco e foi visitá-los. Mabel encontrou nele não apenas um sacerdote compreensivo, mas também um amigo valioso. Meio galês e meio anglo-espanhol (a família de sua mãe era proeminente no comércio de xerez), Francis Morgan não era um homem de grande intelecto, mas possuía um estoque imenso de bondade e humor e uma personalidade exuberante, muitas vezes atribuída ao seu sangue espanhol. De fato, era um homem muito barulhento, espalhafatoso e afetuoso, de início constrangedor para crianças pequenas, as quais, porém, o adoravam quando vinham a conhecê-lo melhor. Logo se tornou presença indispensável na casa dos Tolkien.

Sem a sua amizade, a vida de Mabel e de seus filhos teria melhorado pouco em relação aos dois anos anteriores. Moravam em 26 Oliver Road, em uma casa pouco melhor que um pardieiro. Ao redor deles havia becos desprezíveis. A St Philip's School ficava apenas a um passo da porta da frente, mas os tijolos à vista das suas salas de aula não estavam à altura dos esplendores góticos de King Edward's e seu padrão acadêmico era correspondentemente mais baixo. Não demorou muito para que Ronald passasse à frente dos seus colegas de classe e Mabel percebesse que St Philip's não poderia lhe oferecer a educação de que ele necessitava. Tirou o filho da escola e, mais uma vez, se encarregou pessoalmente da sua instrução — com muito sucesso, já que, alguns meses depois, ele ganhou uma bolsa de estudos e voltou para King Edward's no outono de 1903. Hilary também havia sido tirado de St Philip's, mas até então não havia conseguido passar no exame de admissão para King Edward's. "Não por culpa minha", escreveu a mãe a um parente, "ou por que ele não soubesse as coisas, mas ele é tão sonhador e escreve tão devagar". Ela continuou a ensinar o caçula em casa de maneira provisória.

Ao voltar a King Edward's, Ronald foi colocado na sexta classe. Começou a aprender grego. Mais tarde, escreveria sobre o seu primeiro contato com essa língua: "A fluidez do grego, pontuada por sua dureza e com seu brilho superficial, cativou-me. Mas parte da atração era a antiguidade e a remota estranheza (para mim): não me tocou profundamente." O responsável pela sexta classe era um homem enérgico chamado George Brewerton, um dos poucos professores assistentes da escola especializado no ensino de Literatura Inglesa. A matéria dificilmente aparecia no currículo, e quando era ensinada resumia-se principalmente a um estudo das peças de Shakespeare, das quais Ronald logo descobriu que "cordialmente não gostava". Anos depois, relembraria especialmente o "amargo desapontamento e desgosto dos dias de colégio com o pobre uso feito em Shakespeare da chegada da 'Grande Floresta de Birnam à alta colina de Dunsinane'[5]: eu ansiava por desenvolver uma ambientação na qual as árvores pudessem realmente marchar para a guerra". Mas se Shakespeare não conseguiu agradá-lo, havia outros pratos mais adequados ao seu gosto. Por inclinação, o mestre Brewerton era um medievalista. Sempre um professor ardoroso, exigia que seus alunos empregassem as palavras antigas e simples da língua inglesa. Se um menino usasse o termo *manure* [estrume], Brewerton rugia: "*Manure*? Chame-o *muck*! Repita três vezes: *muck*, *muck*, *muck*!" Brewerton encorajava os alunos a ler Chaucer e recitava os "Contos da Cantuária" no inglês médio original. Aos ouvidos de Ronald Tolkien, isso foi uma revelação, e ele resolveu aprender mais sobre a história da língua.

No Natal de 1903, Mabel Tolkien escreveu à sua sogra:

> Minha cara Sra. Tolkien,
>
> A senhora disse que preferia um desenho dos meninos a qualquer coisa que eles pudessem comprar com o seu dinheiro; assim, eles fizeram estes para a senhora. Ronald na verdade fez o seu esplendidamente este ano — acaba de fazer uma exposição e tanto na sala do padre Francis. Ele tem trabalhado bastante desde o encerramento das aulas em 16 de dezembro, e eu também, para achar novos assuntos. Não saio de casa há quase um *mês* — nem ao Oratório tenho ido! — o tempo ruim, úmido e abafado tem me feito bem e, desde que terminaram as aulas de Ronald, tenho conseguido descansar pela manhã. Continuo tendo *semanas* de absoluta insônia.

5 *Macbeth*, Ato IV, cena I, Ato V, cena V. [N. T.]

> Isso, o frio que me corrói por dentro e a doença tornam quase impossível seguir em frente.
>
> Encontrei um vale postal de 2 xelins e 6 pence que a senhora mandou aos meninos há algum tempo — há um ano pelo menos — e que havia se perdido. Os dois estiveram na cidade a tarde toda, gastando esse dinheiro e um pouco mais em presentes; eles fizeram todas as minhas compras de Natal. Ronald consegue combinar forros de seda ou qualquer tom artístico com a habilidade de uma "modista parisiense" — qual será o lado da sua ascendência que está se manifestando: o artista ou o negociante de tecidos? Ele está progredindo rapidamente na escola — sabe muito mais grego do que sei latim — e diz que vai aprender alemão comigo nessas férias. Contudo, no momento sinto mais vontade de ficar na cama.
>
> Um rapaz do clero, jovem e alegre, está ensinando Ronald a jogar xadrez — diz que ele leu *demais*, tudo que é adequado a um menino com menos de 15 anos, e não sabe de nenhum clássico que possa lhe recomendar. Ronald fará sua Primeira Comunhão neste Natal — uma grande festa para nós esse ano. Não digo isso para aborrecê-la — é que a senhora diz que gosta de saber tudo sobre eles.
>
> Sempre afetuosamente sua,
> Mab.

O Ano Novo não começou bem. Ronald e Hilary ficaram de cama com sarampo, seguido de coqueluche e, no caso de Hilary, pneumonia. A pressão adicional de cuidar deles foi demais para Mabel e, como ela temia, ficou "impossível seguir em frente". Em abril de 1904 ela estava no hospital, diagnosticada com diabetes.

A casa de Oliver Road foi fechada, a pouca mobília foi armazenada e os meninos foram morar com parentes: Hilary com os avós Suffield e Ronald com a família de Edwin Neave, o securitário ruivo que agora morava em Hove, casado com sua tia Jane. Ainda não existia o tratamento com insulina para pacientes diabéticos e o estado de Mabel causou grande ansiedade. Contudo, no verão ela havia se recuperado o suficiente para ter alta do hospital. Era óbvio que teria de se submeter a uma longa e cuidadosa convalescença. O padre Francis Morgan propôs um plano. Em Rednal, um vilarejo de Worcestershire alguns quilômetros além da divisa de Birmingham, o cardeal Newman construíra uma modesta casa de campo que servia de retiro para o clero do Oratório. No limite de suas terras havia um pequeno chalé ocupado pelo carteiro local, cuja esposa poderia ceder-lhes um dormitório e uma sala de estar, além de cozinhar para eles. Seria um ambiente ideal para a recuperação, e todos os três se beneficiariam com o contato renovado com o ar do campo. Assim, no final de junho de 1904, os meninos reencontraram-se com a mãe e foram todos passar o verão em Rednal.

Foi como se tivessem voltado a Sarehole. O chalé ficava perto de uma alameda tranquila e atrás dele ficavam os bosques da Casa do Oratório, com o pequeno cemitério contíguo à capela onde estavam sepultados os padres do Oratório e o próprio Newman. Os meninos tinham liberdade para circular pela propriedade e, mais além, podiam explorar os caminhos íngremes por entre as árvores que levavam à colina alta de Lickey. A Sra. Till, esposa do carteiro, dava-lhes boas refeições e, um mês depois, Mabel escrevia em um cartão-postal à sogra: "O aspecto dos meninos é *ridiculamente* bom comparado ao dos fantasmas débeis e pálidos que se encontraram comigo no trem há quatro semanas!!! Hilary ganhou um terno de *tweed* e seu primeiro colarinho de Eton[6] hoje! Ele parece *imenso*. O tempo tem sido perfeito. Os meninos escreverão assim que houver um dia chuvoso. Colher uvas-do-monte, tomar chá nos montes de feno, soltar pipas com o padre Francis, desenhar, subir em árvores — eles nunca se divertiram tanto em umas férias."

O padre Francis os visitava com frequência. Ele tinha um cão em Rednal chamado "Lord Roberts" e costumava sentar-se na varanda coberta de hera da Casa do Oratório fumando um grande cachimbo de cerejeira — "mais notável", relembraria Ronald, "porque ele nunca fumava em nenhum outro lugar. É possível que o meu vício de fumar cachimbo venha daí". Quando o padre Francis estava ausente e não havia nenhum outro sacerdote em Rednal, Mabel e os meninos iam à missa em Bromsgrove, compartilhando uma carruagem alugada com o Sr. e a Sra. Church, o jardineiro e a zeladora dos padres do Oratório. Era uma vida idílica.

As aulas recomeçaram cedo demais, em setembro, e Ronald, agora saudável e em boa forma, teve de voltar para King Edward's. A mãe, porém, ainda não podia deixar o chalé onde haviam sido tão felizes e voltar à fumaça e à sujeira de Birmingham. Assim, durante algum

6 Colarinho largo e engomado. [N. T.]

tempo Ronald teria de se levantar cedo e andar mais de um quilômetro e meio até a estação para apanhar o trem que o levaria à escola. Já estava escuro quando voltava para casa e Hilary às vezes ia encontrá-lo com uma lanterna.

Sem que os filhos percebessem, a saúde de Mabel começou a se deteriorar novamente. No início de novembro ela sucumbiu de um modo que lhes pareceu súbito e aterrador. Entrou em coma diabético e, seis dias depois, em 14 de novembro, tendo ao seu lado o padre Francis e sua irmã, May Incledon, ela morreu.

3. "LÍNGUAS PARTICULARES"— E EDITH

"MINHA QUERIDA MÃE FOI DE fato uma mártir, e não é a qualquer um que Deus concede um acesso tão fácil às suas grandes dádivas como concedeu a Hilary e a mim, dando-nos uma mãe que se matou de trabalho e preocupação para assegurar que mantivéssemos a fé."

Ronald Tolkien escreveu isso nove anos após a morte da mãe. De certo modo, indica a forma como ele associava a figura da mãe à sua condição de católico. De fato, pode-se dizer que depois da sua morte, a religião ocupou em suas afeições o espaço antes ocupado pela mãe. A doutrina religiosa lhe proporcionou consolo não apenas espiritual, mas também emocional. Talvez a morte dela também tenha contribuído para consolidar o estudo de idiomas. Foi ela, afinal, sua primeira professora, aquela que o encorajou a interessar-se pelas palavras. Agora que ela se fora, ele seguiria esse caminho incansavelmente. E sem dúvida a perda da mãe teve um profundo efeito sobre sua personalidade. Tornou-o pessimista.

Ou melhor, transformou-o em duas pessoas. Era por natureza uma pessoa alegre, quase irreprimível, com um grande gosto pela vida. Adorava uma boa conversa e a atividade física e também tinha um grande senso de humor e uma enorme capacidade de fazer amigos. Mas, desde então, haveria nele um segundo lado, mais particular, porém predominante nos diários e cartas — um lado propenso a acessos de intenso desespero. Quando se encontrava em tal estado, ele tinha uma profunda sensação de perda iminente. Nada era seguro. Nada iria durar. Nenhuma batalha seria vencida para sempre.

Mabel Tolkien foi sepultada no cemitério católico de Bromsgrove. O padre Francis Morgan colocou sobre a sepultura uma cruz de pedra igual às dos padres do Oratório enterrados no cemitério de Rednal. Em seu testamento, Mabel o designara tutor dos dois filhos — uma sábia escolha, pois sua generosidade e afeto foram sempre infalíveis. Essa generosidade assumiu uma forma prática: ele dispunha de uma renda privada proveniente dos negócios de xerez da família e, já que os membros do Oratório não eram obrigados a entregar seus bens à comunidade, podia usar o dinheiro para seus próprios fins. Mabel deixara apenas 800 libras de capital investido para sustentar os meninos, montante que o padre Francis suplementou discretamente com o seu próprio dinheiro, garantindo assim que Ronald e Hilary não sentiriam falta de nada que fosse essencial para o seu bem-estar.

Logo após a morte de Mabel, ele teve de encontrar um local para os garotos viverem — um problema espinhoso, pois, embora o ideal fosse que morassem com os próprios parentes, havia o perigo de que os tios e as tias Suffield e Tolkien tentassem resgatá-los do controle da igreja católica. Algumas vozes já contestavam o testamento de Mabel e propunham que os meninos fossem enviados para um internato protestante. Havia, porém, uma parente, tia por casamento, sem opiniões religiosas definidas e que tinha um quarto para alugar. Vivia em Birmingham, perto do Oratório, e o padre Francis decidiu que, por enquanto, a casa dela seria um lar tão bom quanto qualquer outro. Assim, algumas semanas após a morte da mãe, Ronald e Hilary (com 13 e 11 anos, respectivamente) mudaram-se para o quarto no andar superior da casa dessa tia.

Seu nome era Beatrice Suffield. Morava numa casa escura em Stirling Road, uma longa rua lateral no bairro de Edgbaston. Os meninos tinham um grande quarto para si mesmos, e Hilary gostava de debruçar-se da janela e jogar pedras nos gatos lá embaixo. Ronald, no entanto, ainda atordoado com o choque ocasionado pela morte da mãe, odiava a vista — uma sucessão praticamente ininterrupta de tetos e, mais adiante, chaminés de fábricas. Havia apenas um vislumbre de verde à distância; o campo, porém, agora pertencia a um passado remoto e irrecuperável. Estava aprisionado na cidade. A morte da mãe o separara do ar livre, da colina de Lickey, onde apanhara uvas-do-monte, e do chalé de Rednal, onde havia sido tão feliz. E porque fora a perda da mãe que o afastara de todas essas coisas, passou a associá-las a ela. Seus sentimentos em relação à paisagem rural, já aguçados anteriormente pela partida de Sarehole, agora se ligavam emocionalmente a uma privação pessoal. Este amor pela lembrança dos campos de sua juventude mais tarde se tornaria uma parte central de suas obras, intimamente relacionado com seu amor pela memória da mãe.

Tia Beatrice deu a ele e ao irmão alimento e abrigo, mas pouco mais que isso. Viúva há pouco tempo, não tinha filhos e sua situação financeira não era das melhores. Infelizmente, faltava-lhe também afeto, e ela demonstrou pouca compreensão pelo estado de espírito dos meninos. Um dia, Ronald entrou na cozinha e viu um monte de cinzas na lareira; ela queimara todos os papéis e cartas pessoais de sua mãe. Nem lhe passara pela cabeça que os meninos talvez quisessem guardá-los.

Felizmente, o Oratório ficava perto e logo se transformou no verdadeiro lar de Ronald e Hilary. Eles corriam para lá no início da manhã para auxiliar o padre Francis na missa, no seu altar lateral predileto da igreja do Oratório. Depois, faziam o desjejum no austero refeitório e então, depois do jogo habitual que consistia em rodar o gato da cozinha na portinhola giratória das refeições, iam para a escola. Hilary passara no exame de admissão e frequentava agora a King Edward's, e os dois meninos andavam juntos até New Street, quando havia tempo, ou então tomavam o ônibus puxado a cavalo quando o relógio em Five Ways indicava que estavam atrasados.

Ronald fez muitos amigos na escola e um menino em particular tornou-se logo um companheiro inseparável. Seu nome era Christopher Wiseman. Era um ano mais novo que Ronald, filho de um pastor wesleyano que morava em Edgbaston; tinha cabelos claros, um rosto largo e bonachão e modos energicamente críticos. Os dois meninos se conheceram na quinta classe no outono de 1905. Tolkien conseguiu o primeiro lugar na turma — mostrava nitidamente um grande potencial acadêmico — e Wiseman classificou-se em segundo. A rivalidade logo se transformou em amizade, baseada no interesse comum pelo estudo de latim e grego, na paixão pelo rúgbi (não se jogava futebol na King Edward's) e um entusiasmo pela discussão sobre todo e qualquer assunto. Wiseman era um metodista convicto, mas os dois meninos descobriram que podiam discutir religião sem nenhum rancor.

Juntos, foram passando de classe a classe. Claramente Ronald Tolkien tinha uma aptidão para línguas — sua mãe notara —, e a King Edward's era um ambiente ideal para que essa aptidão florescesse. O estudo de latim e grego era a espinha dorsal do currículo e ambas as línguas eram ensinadas particularmente bem na primeira classe (ou classe sênior), que Ronald alcançou logo depois de completar 16 anos. A primeira classe estava sob a atenção perspicaz do diretor, Robert Cary Gilson, um homem notável, com uma barbicha bem cuidada, inventor diletante e cientista consumado, além de hábil professor de Línguas Clássicas. Entre suas invenções havia um moinho de vento que carregava baterias e fornecia luz elétrica à sua casa, uma espécie de mimeógrafo que duplicava as folhas de exames da escola (segundo os meninos, as cópias eram ilegíveis) e um pequeno canhão que atirava bolas de golfe. Quando ensinava, encorajava seus alunos a explorar os caminhos pouco frequentados do saber e a ser peritos em tudo o que lhes passasse pela cabeça — um exemplo que muito impressionou Ronald Tolkien. Embora fosse discursivo, Gilson também encorajava seus alunos a estudar detalhadamente a linguística clássica, algo que ia ao encontro das inclinações de Tolkien. E, em parte como resultado dos ensinamentos de Gilson, ele começou a se interessar pelos princípios gerais da linguagem.

Uma coisa era saber latim, grego, francês e alemão; outra era compreender *por que* essas línguas eram o que eram. Tolkien começava a procurar os ossos, os elementos comuns a todas as línguas — começava, na verdade, a estudar filologia, a ciência das palavras, e sentiu-se mais encorajado ainda quando conheceu o anglo-saxão.

Isso ocorreu graças a George Brewerton, o mestre que preferia *muck* a *manure*. Sob sua tutela, Ronald Tolkien se mostrara interessado pelo inglês de Chaucer. Brewerton gostou e lhe ofereceu emprestado um livro elementar de anglo-saxão. A oferta foi aceita avidamente.

Abrindo o volume, Tolkien viu-se frente a frente com a língua falada pelos ingleses antes que os primeiros normandos pusessem os pés na sua terra. O anglo-saxão, também chamado de inglês antigo, como antepassado da sua própria língua lhe era familiar e reconhecível e, no entanto, era ao mesmo tempo remoto e obscuro. O livro explicava a língua em termos que ele podia entender com facilidade e, pouco depois, ele já conseguia traduzir sem problemas os exemplos em prosa do final da obra. Descobriu que o inglês antigo lhe agradava, apesar de não possuir o encanto estético do galês. Tratava-se mais de um interesse histórico, a atração de estudar o antepassado de sua própria língua. O verdadeiro entusiasmo começou quando deixou os textos simples e voltou-se para o grande poema *Beowulf*. Ao lê-lo, primeiro em tradução e depois em inglês antigo, percebeu que era um dos poemas mais extraordinários de todos os tempos: a história do guerreiro Beowulf, sua luta com dois monstros e sua morte após a batalha contra um dragão.

Tolkien retornou ao inglês médio e descobriu *Sir Gawain e o Cavaleiro Verde*, outro poema que inflamaria sua imaginação: a história medieval de um cavaleiro arthuriano em busca do misterioso gigante que lhe desferiria uma terrível machadada. Tolkien deleitou-se com o poema e também com a sua linguagem, pois percebeu que o dialeto era aproximadamente o mesmo que fora falado pelos antepassados de sua mãe, nas West Midlands. Continuou a explorar o inglês médio e leu *Pérola*, poema alegórico sobre uma criança morta que acredita-se ter sido escrito pelo autor de *Sir Gawain*. Voltou-se então para uma língua diferente e ensaiou alguns passos hesitantes no nórdico antigo, lendo linha após linha, nas palavras originais, a história de Sigurd e do dragão Fáfnir, a mesma que o fascinara na infância no *Red Fairy Book* de Andrew Lang. A essa altura, adquirira um nível de conhecimento linguístico notável para um estudante.

Ele continuou a procurar os "ossos" por trás de todas essas línguas, revirando a biblioteca da escola e explorando as prateleiras mais remotas da livraria Cornish. Por fim, começou a descobrir — e a juntar dinheiro suficiente para comprar — livros alemães sobre filologia, áridos, mas que poderiam lhe fornecer respostas às suas perguntas. Filologia: "o amor das palavras". Pois era isso que o motivava. Não um interesse estéril pelos princípios científicos da linguagem, mas um profundo *amor* pelo aspecto e pelo som das palavras, nascido já nas primeiras lições de latim que a mãe lhe dera.

E, como resultado desse amor pelas palavras, ele começara a inventar suas próprias línguas.

A maioria das crianças inventa suas próprias palavras. Algumas têm até línguas rudimentares só suas, que compartilham umas com as outras. Era isso que as jovens primas de Tolkien, Mary e Marjorie Incledon, haviam feito. Sua língua se chamava "animálico" e era construída principalmente com nomes de animais, por exemplo: *Cão rouxinol pica-pau quarenta* significava "Você é um asno". Agora os Incledon viviam fora de Birmingham, em Barnt Green, o vilarejo vizinho a Rednal, e Ronald e Hilary costumavam passar parte das férias lá. Ronald aprendeu "animálico" e divertia-se com ele. Um pouco mais tarde, Marjorie (a irmã mais velha) perdeu o interesse e, quando o abandonou, Mary e Ronald colaboraram na invenção de uma língua nova e mais sofisticada. Era o "nevbosh", ou "novo disparate", e logo estava suficientemente desenvolvida para que os dois primos cantassem *limericks*[7] nela:

Dar fys ma vel gom co palt "Hoc
Pys go iskili far maino woc?
Pro si go fys do roc de
Do cat ym maino bocte
De volt fact soc ma taimful gyroc!"[8]

Esse tipo de coisa causava muita diversão em Barnt Green e, quando Ronald se tornou adolescente, teve uma ideia. Quando começara a

7 *Limerick*: poema curto, cômico, muito popular nos países de língua inglesa, constituído de cinco versos, o primeiro, o segundo e o quinto com três anapestos, o terceiro e o quarto com dois. [N. T.]

8 Havia um velho que dizia: "Como / É que posso carregar minha vaca? / Pois se eu lhe pedisse / Para entrar em minha cesta / Ela faria tamanha desordem!"

aprender grego ele havia se entretido criando palavras de estilo grego. Não seria possível levar isso adiante e inventar uma língua completa, algo mais sério e organizado que o nevbosh — que era em sua maior parte apenas inglês, francês ou latim disfarçado? Tal língua poderia não ter nenhuma utilidade especial — apesar de o esperanto, uma língua inventada, ser muito popular na época —, mas serviria para diverti-lo e permitiria que colocasse no papel todos os seus sons prediletos. A tentativa certamente parecia valer a pena. Se tivesse se interessado por música, provavelmente desejaria compor melodias, então por que não criar um sistema pessoal de palavras que seria como que uma sinfonia particular?

Na idade adulta, Tolkien acreditava que seu impulso de invenção linguística era semelhante ao que sentiam muitos estudantes. Certa vez, ao falar sobre a invenção de línguas, ele observou: "Não é tão incomum. Muitas crianças, muito mais do que normalmente se supõe, possuem o que poderíamos chamar de elemento criativo, e ele não se limita necessariamente a certas coisas: elas podem não querer pintar ou desenhar, ou talvez não possuam muita musicalidade, mas ainda assim querem criar algo. E se a massa principal da educação assumir uma forma linguística, sua criação também assumirá uma forma linguística. É tão extraordinariamente comum que já pensei que deveria existir alguma pesquisa organizada a esse respeito."

Quando o jovem Tolkien começou a trabalhar na invenção linguística de forma organizada, ele decidiu usar uma língua existente como modelo ou, pelo menos, como ponto de partida. O galês não estava disponível em quantidade suficiente, de forma que se voltou para outra fonte favorita de palavras, a coleção de livros espanhóis na sala do Padre Francis. Seu tutor falava espanhol fluentemente e Ronald muitas vezes pedira que ele lhe ensinasse o idioma. Não conseguiu, mas obteve permissão para consultar os livros. Passou a usá-los de novo e começou a trabalhar em uma língua inventada que chamou de "naffarin", com forte influência espanhola, mas com seu próprio sistema de fonologia e gramática. Trabalhava nela de vez em quando e poderia tê-la desenvolvido mais se não houvesse descoberto uma língua que o entusiasmaria muito mais do que o espanhol.

Um de seus colegas de escola comprara um livro em uma venda de missionários; ao descobrir que não tinha utilidade para ele, vendeu-o a Tolkien. Era o *Primer of the Gothic Language* [Manual da Língua Gótica], de Joseph Wright. Tolkien o abriu e imediatamente experimentou "uma sensação no mínimo tão deleitosa quanto a de olhar pela primeira vez o Homero de Chapman". O gótico deixou de ser falado com o declínio dos povos góticos, mas alguns fragmentos escritos sobreviveram para a posteridade e Tolkien os achou imensamente atraentes. Não se contentou em simplesmente aprender a língua: começou a inventar palavras góticas "suplementares" para preencher lacunas no limitado vocabulário que sobrevivera e depois partiu para a construção de uma língua germânica supostamente não registrada, porém histórica. Comunicou seu entusiasmo a Christopher Wiseman, um excelente ouvinte, já que ele mesmo estudava o egípcio e seus hieróglifos. Tolkien também começou a desenvolver suas línguas inventadas *de trás para frente*, ou seja, a pressupor as palavras "mais antigas", hipotéticas, que achava necessárias à invenção por meio de um sistema "histórico" organizado. Trabalhava também em alfabetos inventados, um de seus cadernos dos dias de escola contém um sistema de símbolos em código para cada letra do alfabeto inglês. Mas o que mais o ocupava eram as línguas, e foram vários os dias em que se trancou no quarto que dividia com Hilary e, como escreveu em seu diário, "trabalhou um bocado em líng. particulares".

O padre Francis fizera muito pelos meninos Tolkien desde a morte de sua mãe. Todo verão os levara de férias até Lyme Regis, onde se hospedavam no Three Cups Hotel e visitavam seus amigos na vizinhança. Ronald apreciava a paisagem de Lyme e gostava de desenhá-la nos dias úmidos. Nos dias bonitos preferia perambular ao longo da praia ou visitar o espetacular deslizamento de terra que ocorrera recentemente nos penhascos próximos à cidade. Certa vez, encontrou uma mandíbula pré-histórica naquele local e supôs ser um pedaço de dragão petrificado. Nesses períodos de férias, o padre Francis conversava muito com os meninos e acabou descobrindo que não eram felizes na casa de tia Beatrice. De volta a Birmingham, tratou de procurar um local melhor para eles viverem. Lembrou-se da Sra. Faulkner, que morava em Duchess Road, atrás do Oratório. Ela promovia tardes musicais frequentadas por vários padres e também alugava quartos. Ele decidiu que essa casa poderia ser um lar mais agradável para Ronald e Hilary. A Sra. Faulkner concordou em acolhê-los e, no início de 1908, os meninos se mudaram para 37 Duchess Road.

Era uma casa sombria, coberta de trepadeiras, com cortinas de renda encardidas. Ronald e Hilary receberam um quarto no segundo andar. Os outros moradores da casa eram Louis, marido da Sra. Faulkner (negociante de vinho com uma queda pelas próprias mercadorias), a filha Helen, a criada Annie e outra inquilina, uma garota de 19 anos que morava no primeiro andar, debaixo do quarto dos meninos, e passava a maior parte do tempo na máquina de costura. Seu nome era Edith Bratt.

Ela era bastante bonita, baixa, esguia, de olhos cinzentos, um rosto firme e límpido e de cabelos curtos e escuros. Os meninos descobriram que ela também era órfã, sua mãe falecera há cinco anos e o pai há algum tempo antes disso. Na verdade, ela era ilegítima. Sua mãe, Frances Bratt, dera-a à luz em 21 de janeiro de 1889, em Gloucester, para onde fora talvez para evitar escândalos, já que a família morava em Wolverhampton, onde possuía um negócio de fabricação de botas e calçados. Frances tinha 30 anos quando Edith nasceu. Mais tarde voltara ao bairro de Birmingham para enfrentar as fofocas dos vizinhos e criar a filha no subúrbio de Handsworth. Frances Bratt nunca chegou a se casar e o pai da criança não constava na certidão de nascimento, embora Frances guardasse uma fotografia dele e a sua identidade fosse conhecida pela família Bratt. Contudo, se Edith conhecia o nome de seu pai, nunca o contou aos próprios filhos.

Edith tivera uma infância moderadamente feliz. Fora criada em Handsworth pela mãe e uma prima, Jenny Grove. O parentesco com os Groves era muito valorizado pelos Bratts, pois os ligava ao renomado Sir George Grove, organizador do dicionário musical. A própria Edith demonstrou possuir talento para música: tocava piano muito bem e, depois da morte da mãe, foi enviada para um internato de meninas especializado em música. Na época em que saiu da escola esperava-se que pudesse fazer carreira como professora de piano ou, quem sabe, concertista. Mas seu tutor, o procurador da família, aparentemente não sabia que providências tomar. Encontrou um quarto para ela na casa da Sra. Faulkner, supondo que, já que a senhoria apreciava música, a atmosfera compreensiva e a presença de um piano seriam suficientes. Mas suas ideias não iam muito além disso, e nem havia pressa, pois Edith herdara algumas terras em várias partes de Birmingham que produziam renda suficiente para mantê-la. Nada mais precisava ser feito no momento; e nada foi feito. Edith ficou morando com a Sra. Faulkner, mas logo descobriu que, embora a senhoria se deleitasse com uma inquilina que tocasse e acompanhasse solistas em seus saraus, a questão de *praticar* piano de fato era completamente diferente. "Bem, Edith querida", dizia a Sra. Faulkner, entrando impetuosamente na sala assim que começavam as escalas e os arpejos, "*já basta!*" E Edith voltava triste para o seu quarto e para a sua máquina de costura.

Então chegaram à casa os irmãos Tolkien. Ela os achou muito agradáveis. Gostou particularmente de Ronald, com seu rosto sério e modos perfeitos; enquanto Ronald, apesar de conhecer poucas garotas da sua própria idade, descobriu que a intimidade bastava para dissipar qualquer nervosismo. Ele e Edith tornaram-se amigos.

É verdade que ele tinha 16 e ela 19 anos. Contudo, ele parecia mais velho e ela mais jovem. Além disso, ela era elegante, baixinha e excepcionalmente bonita. Claro que não compartilhava do interesse dele por línguas e recebera uma educação um tanto limitada, mas seus modos eram cativantes. Tornaram-se aliados contra "a Velha Senhora", como chamavam a Sra. Faulkner. Edith persuadia a criada Annie a contrabandear petiscos da cozinha para os garotos esfomeados do segundo andar, e quando a Velha Senhora saía eles iam ao quarto de Edith e promoviam banquetes secretos.

Edith e Ronald começaram a frequentar casas de chá de Birmingham, especialmente uma que tinha um balcão que dava para a calçada. Lá eles se sentavam e ficavam jogando torrões de açúcar nos chapéus dos transeuntes, passando para a mesa seguinte quando o açucareiro ficava vazio. Mais tarde, inventaram um assobio particular. Quando o escutava de manhãzinha ou na hora de dormir, Ronald ia para a janela e debruçava-se: Edith estava lá embaixo, na sua janela, esperando por ele.

Entre duas pessoas com tais personalidades e em tais circunstâncias, era inevitável que nascesse um romance. Ambos eram órfãos com carências afetivas e descobriram que podiam dar afeto um ao outro. Durante o verão de 1909, chegaram à conclusão de que estavam apaixonados.

Escrevendo a Edith muito tempo depois, Ronald relembrou "meu primeiro beijo para você e seu primeiro beijo para mim (que foi quase acidental) — e o momento em que dizíamos boa noite, quando você, às vezes, estava com a sua pequena camisola branca, e nossas conversas longas e absurdas na janela; e como víamos o sol nascendo sobre a cidade, em meio ao nevoeiro, e o Big Ben batendo hora após hora, e as mariposas que quase a afugentavam — e nosso assobio — e nossos passeios de bicicleta — e as conversas ao pé do fogo — e os três grandes beijos".

Ronald deveria estar estudando para conseguir uma bolsa de estudos em Oxford, mas era difícil se concentrar em textos clássicos quando metade da sua mente estava ocupada com a invenção de línguas e a outra com Edith. Havia também uma nova atração para ele na escola: a Sociedade de Debates, bastante popular entre os veteranos. Ele ainda não falara em debates, talvez por causa da voz esganiçada de adolescente e da reputação, já adquirida, de mau orador. Nesse período, porém, impelido por uma confiança recém-conquistada, fez seu discurso de estreia, uma moção de apoio aos objetivos e táticas das sufragistas. Foi considerada uma boa tentativa, embora a revista da escola afirmasse que seu talento como debatedor fora "um tanto prejudicado pela apresentação defeituosa". Em outro discurso, na moção (provavelmente de sua própria autoria) "Que esta Casa lamenta que tenha ocorrido a Conquista Normanda", atacou (segundo a revista) "o influxo de barbaridades polissilábicas que tomaram o lugar das palavras nativas, mais honestas apesar de mais humildes". Em um debate sobre a autoria das peças de Shakespeare, ele "lançou uma enxurrada súbita e irrestrita de ofensas contra Shakespeare, sua imunda cidade natal, seu ambiente miserável e seu sórdido caráter". Tolkien fez também muito sucesso no campo de rúgbi. Era magro, quase esquelético, mas já aprendera a compensar a falta de peso jogando com ferocidade. Passou a se esforçar mais ainda e foi recompensado quando entrou para o time da escola. Uma vez lá, jogou como nunca jogara antes. Anos mais tarde, refletindo sobre isso, atribuiu o fato ao impulso cavalheiresco: "Por ter uma criação romântica, levei a sério a aventura de menino e menina e a tornei a fonte do empenho."

Então, um dia, perto do fim do outono de 1909, Tolkien combinou em segredo com Edith um passeio de bicicleta no campo. "Achamos que havíamos sido muito espertos", escreveu ele. "Edith partiu de bicicleta, com o pretexto de visitar a prima, Jenny Grove. Depois de algum tempo, eu parti 'para o campo de esportes da escola', mas nos encontramos e fomos para as Lickeys." Os dois passaram a tarde nas colinas e depois foram para o vilarejo de Rednal tomar chá em uma casa onde Ronald morara alguns meses antes, quando estava tentando obter sua bolsa de estudos. Depois voltaram para casa, tendo o cuidado de chegar separados em Duchess Road para não levantar suspeitas. Contudo, não haviam contado com a possibilidade dos mexericos. A mulher que lhes serviu o chá contou à Sra. Church, zeladora da Casa do Oratório, que o jovem Sr. Ronald fora visitá-la e trouxera uma moça desconhecida. A Sra. Church comentou o fato com a cozinheira do Oratório. E a cozinheira, que sempre gostara de contar histórias, contou tudo ao padre Francis.

O tutor de Ronald fora como um pai para ele e é possível imaginar como se sentiu quando descobriu que o tutelado a quem dedicara tanto afeto, cuidado e dinheiro não concentrava suas habilidades nos trabalhos de escola, mas (como a investigação logo revelou) mantinha um caso amoroso clandestino com uma garota três anos mais velha e que morava na mesma casa que ele. O padre Francis chamou Ronald ao Oratório, disse-lhe que estava profundamente abalado e exigiu que o romance terminasse. Em seguida, fez preparativos para que Ronald e Hilary se mudassem para novos alojamentos, de forma a afastar Ronald da garota.

Pode parecer estranho que Ronald não tenha simplesmente desobedecido o padre Francis e prosseguido abertamente com o romance, mas as convenções sociais da época exigiam que os jovens obedecessem a seus pais ou tutores. Além disso, Ronald tinha grande afeto pelo padre, dependia dele financeiramente e não era um jovem rebelde. Levando tudo isso em consideração, não é de espantar que ele tenha concordado em fazer o que lhe foi ordenado.

No auge da tempestade a respeito de Edith, Ronald teve de ir a Oxford para prestar o exame da bolsa de estudos. Se seu estado de espírito fosse mais sereno, teria se deleitado com sua primeira visão de Oxford. Vistos do Corpus Christi College, onde esteve alojado, as torres e os parapeitos lhe apresentavam um panorama do qual sua escola era apenas uma mísera sombra. Oxford era nova para ele sob todos os aspectos, pois seus antepassados nunca haviam sido universitários. Agora, ali estava ele, com uma oportunidade de honrar o nome dos Tolkien e dos Suffield, de retribuir o afeto e a generosidade do padre Francis e de provar que seu amor por Edith não o afastara do trabalho. Mas não foi tão fácil assim. Olhando o quadro de avisos após o exame, viu que não conseguira nada. Aflito, deu as costas à Merton Street e à Oriel Square e andou até a estação ferroviária, talvez se perguntando se voltaria algum dia.

Na verdade, porém, seu fracasso não foi surpreendente nem desastroso. A competição por bolsas de estudos em Oxford sempre fora extremamente acirrada e aquela era apenas a sua primeira tentativa. Poderia tentar de novo em dezembro. Contudo, teria então quase 19 anos e, se fracassasse novamente, não teria mais chances de frequentar Oxford, pois as anuidades estariam além das posses de seu tutor. Sem dúvida teria de se esforçar muito mais.

"Deprimido e nas trevas como nunca estive", escreveu ele em seu diário, no primeiro dia do ano, em 1910. "Deus me ajude. Sinto-me fraco e cansado." (Era a primeira vez que mantinha um diário, ou, pelo menos, esse é o mais antigo preservado. Nessa época, assim como faria mais tarde, Tolkien usava o diário principalmente para registrar pesar e infortúnio. No mesmo ano, seu sofrimento se dissipou e ele deixou de atualizá-lo.) Estava diante de um dilema, pois, apesar de ele e Hilary terem se mudado, não estavam distantes da casa da Sra. Faulkner, onde Edith continuou a morar. O padre Francis exigira que a aventura amorosa fosse interrompida, mas não proibira especificamente que Ronald se encontrasse com Edith. Ronald detestava enganar seu tutor, mas ele e Edith decidiram ter encontros clandestinos. Certo dia, foram para o campo de trem e passaram a tarde juntos, discutindo seus planos. Visitaram também uma joalheria, onde Edith comprou uma caneta para o décimo oitavo aniversário de Ronald e ele um relógio de pulso de dez xelins e seis pence pelo vigésimo primeiro dela, que comemoraram em uma casa de chá no dia seguinte. Edith decidira aceitar um convite para ir morar em Cheltenham com um procurador idoso e sua esposa, que haviam feito amizade com ela. Quando contou isso a Ronald, ele escreveu "Graças a Deus" em seu diário, pois era a melhor solução.

No entanto, eles haviam sido vistos juntos novamente. Dessa vez, o padre foi bastante claro: Ronald não deveria encontrar-se com Edith ou mesmo lhe escrever. Poderia vê-la mais uma vez, para despedir-se dela, no dia em que partisse para Cheltenham. Depois disso, não deveriam se comunicar até que ele fizesse 21 anos, quando então seu tutor não seria mais responsável por ele. Isso significava uma espera de três anos. Ronald escreveu em seu diário: "Esperar três anos é apavorante."

Um jovem mais rebelde poderia ter se recusado a obedecer. Mesmo Ronald, leal ao padre Francis, achou penoso acatar as ordens do tutor. Em 16 de fevereiro, ele escreveu: "Na noite passada rezei para ver E. por acaso. Oração atendida. Vi-a às 12:55 na Príncipe de Gales. Disse-lhe que não podia escrever e combinei que me despediria dela uma quinzena depois de quinta-feira. Mais feliz, porém anseio tanto por vê-la, só mais uma vez, para animá-la. Não consigo pensar em mais nada." Depois, em 21 de fevereiro: "Vi passar um pequeno vulto, chapinhando melancolicamente, com uma capa de chuva e um chapéu de *tweed*. Não pude deixar de atravessar a rua para lhe dizer uma palavra de amor e animação. Isso me reanimou um pouco durante algum tempo. Rezei e pensei muito." E em 23 de fevereiro: "Encontrei-a vindo da Catedral onde fora rezar por mim."

Apesar de acidentais, os encontros tiveram as piores consequências possíveis. Em 26 de fevereiro, Ronald recebeu "uma carta terrível do Pe. F. dizendo que eu fora visto na companhia de uma garota outra vez e que isso era mau e tolo. Ameaçou interromper minha carreira universitária se eu não parasse. Quer dizer que não posso ver E. Nem escrever. Deus me ajude. Vi E. ao meio-dia, mas não fiquei com ela. Devo tudo ao Pe. F., de forma que preciso obedecer". Quando Edith soube o que ocorrera, escreveu a Ronald: "Chegou a época mais difícil para nós."

Na quarta-feira, 2 de março, Edith partiu de Duchess Road para seu novo lar em Cheltenham. A despeito da proibição do tutor, Ronald rezou para poder vê-la uma última vez. Quando chegou a hora da partida ele vasculhou as ruas, inicialmente em vão. Mas então: "Na esquina de Francis Road ela passou por mim de bicicleta, a caminho da estação. Talvez eu não a veja por três anos."

4. "T.C., B.S. ETC."

O PADRE FRANCIS NÃO ERA um homem astuto e não percebeu que, forçando Ronald e Edith a se separarem, estava transformando uma aventura amorosa de crianças em um romance frustrado. O próprio Ronald escreveu 30 anos depois: "Provavelmente nada mais teria fortalecido suficientemente a vontade de conferir permanência a tal romance (por mais genuíno que fosse um caso de amor verdadeiro)."

Nas semanas que se seguiram à partida de Edith, ele esteve mórbido e deprimido. Não podia contar com a ajuda do padre Francis, ainda profundamente ofendido com o modo como fora enganado. Na Páscoa, Ronald pediu permissão ao tutor para escrever a Edith; ele a concedeu, mas com relutância. Ele escreveu, e ela respondeu dizendo que estava feliz no seu novo lar e que "todo aquele tempo horrível na Duchess Road parece agora apenas um sonho".

De fato, ela achou bem agradável a vida em Cheltenham. Vivia na casa de C.H. Jessop e sua esposa, que ela chamava "tio" e "titia", apesar de não serem seus parentes. O "tio" tinha uma tendência à rabugice que a "titia" sempre contrabalançava com bondade. Poucas pessoas visitavam a casa além do vigário e de amigos idosos dos Jessops, mas Edith conseguiu encontrar companhia da mesma idade em uma colega de escola, Molly Field, cuja família morava por perto. Praticava piano todos os dias, tinha lições de órgão e começou a tocar nos cultos da igreja paroquial anglicana que ela frequentava regularmente. Envolveu-se nos assuntos da igreja, ajudando no Clube dos Meninos e nas excursões do coro. Entrou para a Primrose League[9] e passou a ir às reuniões do Partido Conservador. Estava fazendo sua própria vida, uma vida como nunca tivera antes e à qual renunciaria com pesar quando chegasse a hora.

Para Ronald, a escola tornou-se o centro da sua vida. O relacionamento com o padre Francis ainda era tenso e o Oratório já não podia manter em suas afeições o mesmo espaço que ocupara antes. Contudo, encontrou bons companheiros e amigos na King Edward's.

---

9 Associação conservadora fundada em 1883 em memória de Benjamin Disraeli. A prímula (*primrose*) era a flor favorita de Disraeli. [N. T.]

A escola era um externato sem "frescos" ou "janotas" como os que revoltaram C.S. Lewis no seu colégio interno (mais tarde descritos por ele em *Surpreendido pela Alegria*). Certamente os rapazes mais velhos tinham prestígio aos olhos dos mais jovens, mas era o prestígio da idade e das realizações, não o da classe social e, quanto à homossexualidade, Tolkien afirmou que aos 19 anos nem conhecia a palavra. No entanto, a sociedade em que ingressou na época era totalmente masculina. Na idade em que muitos jovens descobriam os encantos da companhia feminina, ele se esforçava para esquecê-los e relegar o romance a um plano secundário. Todos os prazeres e descobertas dos três anos seguintes — foram anos vitais em seu desenvolvimento, tão vitais quanto os que passara com a mãe — seriam compartilhados não com Edith, mas com outros rapazes, de modo que passou a associar a companhia masculina a muitas coisas boas da vida.

A biblioteca da escola era uma instituição importante na King Edward's. Nominalmente sob o controle de um mestre assistente, era administrada na prática por certo número de veteranos que recebiam o título de Bibliotecário. Em 1911, esse grupo era formado por Ronald Tolkien, Christopher Wiseman, R.Q. Gilson (filho do diretor) e mais uns três ou quatro rapazes. Essa pequena roda acabou se transformando em um grupo não oficial chamado *Tea Club* [Clube do chá]. Eis o relato de Wiseman sobre suas origens, feito 64 anos depois:

> "Começou no período do verão, com enorme audácia. Os exames estendiam-se por seis semanas e, quando não estávamos fazendo alguma prova, não havia realmente nada para fazer; então, começamos a tomar chá na biblioteca da escola. As pessoas costumavam trazer "subvenções": lembro que alguém trouxe uma lata de peixe e, como ninguém se interessou, ela foi parar numa prateleira, em cima de uns livros, e ficou lá um tempão até que alguém a achasse! A água fervíamos numa espiriteira; o grande problema era o que fazer com as folhas de chá. Bem, o *Tea Club* muitas vezes continuava reunido depois das aulas; as faxineiras chegavam com os esfregões e baldes e vassouras, jogavam serragem no chão e depois varriam tudo; nós começamos então a pôr as folhas de chá nos baldes. Os primeiros chás aconteceram num cubículo da biblioteca. Depois, como era verão, começamos a sair para tomar chá na Barrow's Stores, na Corporation Street. No Salão de Chá havia uma espécie de compartimento, uma mesa para seis entre dois grandes sofás, bem isolado; era conhecido como o Vagão

> Ferroviário. Tornou-se o nosso lugar predileto e mudamos nosso título para "Barrovian Society", em homenagem à Barrow's Stores. Mais tarde, quando fui editor da Crônica da Escola, tive de publicar uma lista com os nomes de pessoas que haviam ganho várias distinções; na frente do nome dos sócios pus um asterisco e, no pé da página, escrevi: 'Também membros do T.C., B.S. etc.' Todo o mundo ficou curioso para saber o que significava aquilo!"

O quadro de associados desse órgão curioso e informal era um tanto quanto instável, mas logo se definiu um núcleo constante, formado por Tolkien, Wiseman e Robert Quilter Gilson. "R.Q." herdara do pai um rosto vivaz e um cérebro ágil, mas, talvez como reação ao entusiasmo paterno pela invenção científica, devotava sua energia particular ao desenho, para o qual revelou certo talento. Tinha a fala mansa, mas era espirituoso, gostava da pintura renascentista e do século XVIII. Nesse ponto, seus gostos e especialidades contrastavam com os dos dois outros. Wiseman dedicava-se às ciências naturais e à música — era um excelente matemático e compositor amador. "John Ronald", como chamavam Tolkien, era versado em línguas germânicas e filologia e vivia imerso em textos nórdicos. Contudo, havia em comum entre esses três estudantes entusiásticos um conhecimento meticuloso da literatura greco-latina. E desse equilíbrio entre gostos semelhantes e distintos, entre conhecimentos compartilhados ou não, nasceu a amizade.

A contribuição de Tolkien ao T.C.B.S., como passaram a denominar o grupo, refletia a ampla gama das leituras que já realizara. Deleitava seus amigos com recitações de *Beowulf*, *Pérola* e *Sir Gawain e o Cavaleiro Verde* e recontava episódios horrendos da *Völsungasaga* nórdica, temperados ocasionalmente com uma referência zombeteira a Wagner, cuja interpretação dos mitos ele desprezava. Essas atuações eruditas de forma nenhuma causavam estranheza a seus amigos. De fato, nas palavras de Wiseman, "o T.C.B.S. aceitava isso como mais um exemplo do fato de que o próprio T.C.B.S. era estranho". Talvez fosse, embora tais rodas não fossem (nem são) incomuns entre adolescentes de boa educação que passavam por um estágio de descoberta intelectual entusiasmada.

Mais tarde, um quarto membro foi admitido no grupo. Era Geoffrey Bache Smith, um ano mais novo que Gilson e quase três mais novo que Tolkien. Não era um classicista como os outros, vinha do lado moderno da escola. Morava com o irmão e a mãe viúva em West Bromwich e possuía o que seus amigos consideravam a espirituosidade das

Midlands. O T.C.B.S. o acolheu em suas fileiras em parte por isso e em parte por ele possuir uma qualificação bastante rara na King Edward's: era conhecedor de literatura inglesa, especialmente poesia. Na verdade, ele mesmo era um poeta com certa competência. Sob a influência de Geoffrey, o T.C.B.S. começou a despertar para a importância da poesia — como Tolkien já despertara.

Apenas dois mestres da King Edward's faziam qualquer tentativa séria de ensinar literatura inglesa. Um era George Brewerton e o outro era R.W. Reynolds. Outrora crítico literário de um periódico londrino, "Dickie" Reynolds tentava inculcar em seus alunos algumas ideias de gosto e estilo. Não teve muito sucesso com Ronald Tolkien, que preferia poesia latina e grega a Milton e Keats. Mas as lições de Reynolds podem estar relacionadas com o fato de que aos 18 anos Tolkien começou a escrever versos. Não escreveu muitos e os que escreveu não eram muito bons, certamente não melhores que a média dos esforços juvenis da época. Na verdade, houve apenas um leve prenúncio de algo incomum, ocorrido em julho de 1910, em uma peça descritiva sobre uma cena na floresta, intitulada "Wood-sunshine" [Sol na floresta], onde surgiram estes versos:

Vinde cantar, seres leves, fadas saltitando tão joviais,
Como visões, como reluzentes reflexos de alegria
Todos feitos de radiância, descuidados do pesar,
Por sobre este tapete verde e pardo; não vos apresseis em ir.
Oh! vinde a mim! dançai para mim! Duendes do bosque,
Oh! vinde a mim! Cantai para mim uma vez antes
[de desaparecerdes.[10]

Fadas dançando na relva do bosque parecem uma estranha escolha de tema para um jovem de 18 anos, jogador de rúgbi, com um grande interesse em Grendel e no dragão Fáfnir. Por que Tolkien escreveria sobre elas?

J.M. Barrie pode ter algo a ver com isso. Em abril de 1910, Tolkien assistiu a *Peter Pan* em um teatro de Birmingham e escreveu no seu diário: "Indescritível, mas nunca a esquecerei enquanto viver. Gostaria que E. estivesse comigo." Contudo, é possível que o seu entusiasmo

10 Come sing ye light fairy things tripping so gay, / Like visions, like glinting reflections of joy / All fashion'd of radiance, careless of grief, / O'er this green and brown carpet; nor hasten away. / O! come to me! dance for me! Sprites of the wood, / O! come to me! Sing to me once ere ye fade!

pelo poeta místico católico Francis Thompson tenha desempenhado um papel mais importante. No fim de sua carreira escolar, Tolkien já conhecia bem os versos de Thompson e mais tarde tornou-se uma espécie de perito no poeta. Em "Wood-sunshine" há uma nítida semelhança com um episódio da primeira parte das "Sister Songs" de Thompson, no qual o poeta vê em uma clareira primeiro um elfo e depois uma multidão de espíritos da floresta; quando ele se move, eles desaparecem. Talvez essa tenha sido uma das fontes do interesse de Tolkien por tais coisas. No entanto, quaisquer que sejam suas origens, elfos dançantes apareceriam muitas vezes nos seus primeiros poemas.

Sua principal preocupação durante o ano de 1910 foi estudar muito, preparando-se para uma segunda tentativa de obter a bolsa de estudos em Oxford. Investiu no estudo tantas horas quanto pôde, mas havia muitas distrações e o rúgbi não era a menor delas; ele passou muitas tardes no campo de esportes enlameado da escola, na Eastern Road. O caminho para casa era longo, percorrido muitas vezes no escuro, com uma lamparina a óleo tremeluzindo na traseira da bicicleta. O rúgbi às vezes causava ferimentos: certa vez, quebrou o nariz, que nunca voltou a recuperar inteiramente sua forma original; em outra ocasião cortou a língua e, apesar de a ferida cicatrizar satisfatoriamente, ele mais tarde apontou o acidente como principal responsável pela sua pronúncia pouco nítida. (Na verdade, antes mesmo de cortar a língua sua má pronúncia já era notória; a má articulação, na verdade, devia-se mais ao fato de ter muito a dizer, não a alguma incapacidade física. Era capaz de recitar poesias, e realmente o fazia, com a maior clareza.) Passava também um bom tempo estudando línguas, tanto históricas como inventadas. No período da Quaresma de 1910, ele apresentou diante da primeira classe da King Edward's uma palestra com o grave título: "As Línguas Modernas da Europa — Derivações e Potencialidades". Gastou três aulas de uma hora cada para lê-la e, mesmo assim, o mestre encarregado o deteve antes que chegasse às "Potencialidades". Dedicava também muito tempo à Sociedade de Debates. Havia na King Edward's o costume de conduzir um debate inteiramente em latim, mas isso era fácil demais para Tolkien e, certa vez, durante um debate, quando desempenhava o papel do embaixador grego no Senado, falou apenas em grego. Em outra ocasião, deixou os colegas atônitos quando, caracterizado como um emissário bárbaro, começou a falar em gótico fluente. Em uma terceira ocasião falou em anglo-saxão. Essas atividades ocupavam muitas horas e ele não podia realmente dizer que estudara o suficiente para obter a bolsa. Mesmo assim, partiu para Oxford em dezembro de 1910, bem mais confiante quanto às suas chances.

Dessa vez obteve sucesso. Em 17 de dezembro de 1910, soube que conquistara uma "Open Classical Exhibition" no Exeter College. O resultado não foi tão agradável quanto poderia ter sido, pois ele tinha competência suficiente para ganhar uma bolsa de estudos mais valiosa, e esta *Exhibition* (um prêmio pouco inferior) valia apenas 60 libras por ano. No entanto, a façanha não era medíocre e, com o auxílio de uma verba de conclusão escolar da King Edward's e a ajuda adicional do padre Francis, seria possível ir para Oxford.

Com o futuro imediato assegurado, ele não estava mais sob pressão no que dizia respeito aos trabalhos escolares. Mas ainda havia muito o que ocupá-lo em seus períodos finais na King Edward's. Tornou-se monitor, secretário da Sociedade de Debates e secretário de futebol. Leu um trabalho diante da Sociedade Literária da escola a respeito das sagas nórdicas, ilustrando-o com leituras na língua original. E foi por volta dessa época que descobriu o *Kalevala*, ou "Terra dos Heróis", a compilação de poemas que é o principal repositório da mitologia da Finlândia. Pouco tempo depois, escreveu elogiosamente sobre "esse povo estranho e esses novos deuses, essa raça de heróis indissimulados, simplórios e escandalosos", acrescentando que "quanto mais o leio, mais me sinto em casa e me deleito". Descobrira o *Kalevala* na edição Everyman, traduzido por W.H. Kirby, e decidiu encontrar uma edição no original finlandês assim que fosse possível.

O período de verão de 1911 foi o último que passou na King Edward's. Terminou, como de costume, com a apresentação de uma peça grega com coros adaptados a melodias de teatro de variedades. Nesse ano, a peça escolhida foi *A paz*, de Aristófanes, na qual Tolkien fez o papel de Hermes. Depois (outro costume da King Edward's) o Hino Nacional foi cantado em grego e, finalmente, caiu o pano sobre sua carreira escolar. "Parentes que me esperavam enviaram o porteiro da escola à minha procura", relembrou anos depois. "Ele disse que minha aparição poderia sofrer um atraso. 'No momento', disse, 'ele é a vida e a alma da festa'. Diplomático. Na verdade, como acabara de representar em uma peça grega, eu trajava himátion e sandálias e estava apresentando o que julgava ser uma imitação razoável de uma frenética dança báquica." Mas, de repente, tudo acabou. Amara sua escola e, chegado o momento, detestava ter de deixá-la. "Senti-me", disse ele, "como um filhote de pardal escorraçado do ninho."

Nas férias de verão que se seguiram, fez uma viagem à Suíça. Ele e o irmão Hilary faziam parte de um grupo organizado por uma família chamada Brookes-Smith, que possuía uma fazenda em Sussex, onde Hilary, que deixara a escola cedo para dedicar-se à agricultura, trabalhava. O grupo tinha cerca de uma dúzia de viajantes: o casal Brookes-Smith, seus filhos, Ronald e Hilary Tolkien, sua tia Jane (agora viúva) e uma ou duas professoras solteiras que eram amigas da Sra. Brookes-Smith. Depois de chegarem a Interlaken, partiram a pé. Ronald relembrou suas aventuras, 56 anos depois:

"Fomos a pé carregando grandes mochilas praticamente todo o trajeto de Interlaken, principalmente por caminhos montanhosos, até Lauterbrunnen e assim até Mürren e, por fim, até a ponta do Lauterbrunnenthal, em uma vastidão de moreias. Dormíamos de maneira rústica — os homens —, frequentemente em celeiros de feno ou estábulos de vacas, uma vez que estávamos caminhando de acordo com um mapa, evitando estradas e jamais fazendo reservas em hotéis e, após um magro café da manhã, alimentávamo-nos ao ar livre. Devemos então ter ido em direção ao leste sobre as duas Scheidegge até Grindelwald, com Eiger e Münch a nossa direita, e chegamos por fim a Meiringen. Deixei a vista de *Jungfrau* com profundo pesar: neve eterna, entalhada, ao que parecia, em uma luz do sol eterna, e o *Silberhorn* pontiagudo contra o azul escuro.

Chegamos a Brig a pé, uma mera lembrança de barulho: na época uma rede de bondes que guinchavam em seus trilhos pelo que parecia ser pelo menos 20 horas por dia. Após uma noite disso, escalamos alguns milhares de pés até uma vila no sopé da geleira Aletsch, e lá passamos algumas noites em uma pousada em um chalé sob um teto e em camas (ou, melhor dizendo, debaixo delas: a *bett* sendo um saco sem forma debaixo do qual você se aninhava).

Um dia saímos em uma longa marcha guiada pela geleira Aletsch acima — quando cheguei perto de perecer. Tínhamos guias, mas ou os efeitos do verão quente estavam além da experiência deles, ou eles não se importavam muito, ou demoramos para partir. De qualquer modo, à tarde estávamos amarrados em fila ao longo de uma trilha estreita com uma encosta nevada à direita que se erguia até o horizonte e à esquerda precipitava-se em uma ravina. O verão daquele ano derretera muita neve, e pedras e rochas que (suponho) normalmente ficavam cobertas estavam expostas. O calor do dia deu prosseguimento ao derretimento e ficamos alarmados ao ver muitas delas começando a rolar encosta abaixo em crescente velocidade: do tamanho de laranjas a grandes bolas de futebol, e algumas muito maiores. Passavam assobiando por nosso caminho e caíam na ravina. 'Caminhada firme', senhoras e senhores. Começaram devagar, e depois, em geral, mantiveram uma linha reta de descida, mas o caminho era acidentado e também era necessário ficar de olho onde se pisava. Lembro que o membro do grupo logo à minha frente (uma professora idosa) deu um grito repentino e pulou para frente no momento em que um grande bloco de rocha lançava-se entre nós. No máximo cerca de um pé a frente de meus frágeis joelhos.

Depois disso continuamos até Vaiais, e minhas lembranças são menos claras; embora eu me lembre de nossa chegada, sujos e molhados, uma noite em Zermatt e dos olhares através de binóculos de ópera das *damas burguesas* francesas. Escalamos com guias até [uma] cabana alta do Clube Alpino, amarrados (ou eu teria caído em uma fenda na neve), e me recordo da brancura ofuscante do deserto de neve caída entre nós e o chifre negro do Matterhorn a algumas milhas de distância."

Antes de voltar à Inglaterra, Tolkien comprou alguns cartões-postais ilustrados. Entre eles havia uma reprodução de um quadro do artista alemão J. Madelener. Chamava-se "Der Berggeist", o espírito da montanha, e mostrava um velho sentado em uma rocha sob um pinheiro. Tinha uma barba branca e usava um chapéu redondo de abas largas e uma longa capa. Falava com uma corça branca que roçava o focinho nas palmas de suas mãos e sua expressão era jocosa, porém compassiva. Podiam-se entrever montanhas rochosas ao longe. Tolkien guardou cuidadosamente este cartão-postal e muito tempo depois escreveu no envelope onde o mantinha: "Origem de Gandalf".

O grupo de viajantes voltou à Inglaterra no começo de setembro. De volta a Birmingham, Tolkien empacotou os seus pertences. Então, no fim da segunda semana de outubro, aceitou uma generosa carona no automóvel de seu antigo mestre "Dickie" Reynolds e foi para Oxford iniciar o primeiro período na universidade.

5. Oxford

DESDE O MOMENTO EM QUE o carro entrara em Oxford ele decidira que seria feliz ali. Aquela era uma cidade que podia amar e venerar, após a esqualidez e a monotonia de Birmingham. É certo que, aos olhos de um observador ocasional, sua faculdade, Exeter, não era das mais belas. A fachada insípida de George Gilbert Scott e a capela, uma cópia sem gosto da Sainte Chapelle, não eram mais notáveis que a imitação de gótico da escola de Barry, em Birmingham. Contudo, alguns metros adiante ficava o Fellows' Garden, onde bétulas prateadas erguiam-se acima dos telhados e plátanos e castanheiras estendiam seus ramos por sobre o muro, debruçando-se sobre a Brasenose Lane e a Radcliffe Square. E para Ronald Tolkien aquela era a *sua* faculdade, o seu lar, o primeiro lar verdadeiro que conhecia desde a morte da mãe. Ao pé da escadaria, seu nome estava pintado em uma tabuleta e, depois dos degraus irregulares de madeira com o largo corrimão negro, ficavam os seus aposentos, um quarto e uma sala de estar, simples, mas bonita, com vista para a estreita Turl Street. Era perfeito.

Em 1911, a maioria dos estudantes de Oxford vinha de famílias prósperas de classe alta. Muitos eram membros da aristocracia. Era a essa classe de jovens que a universidade (nessa época) atendia primariamente; daí o estilo de vida comparativamente luxuoso, com *scouts* (criados da faculdade) que serviam aos estudantes em seus aposentos. Mas ao lado dos ricos e aristocratas havia um grupo bem diferente de estudantes: os bolsistas pobres que, ainda que não fossem realmente pobres, ao menos não provinham de famílias ricas e podiam frequentar a universidade graças apenas à ajuda financeira proporcionada pelas bolsas. O primeiro grupo nem sempre tornava agradável a vida do segundo, e se Tolkien (como estudante oriundo da classe média) tivesse ido parar numa das faculdades mais elegantes, provavelmente teria sido vítima de uma boa dose de esnobismo. Ao contrário de tais faculdades, e felizmente para ele, o Exeter College não possuía essa tradição de distinções sociais.

No entanto, foi bom para Tolkien encontrar entre os segundanistas de sua faculdade alguns católicos, que o procuraram e providenciaram para que se instalasse bem. Depois disso, ele fez amigos com rapidez, apesar de precisar ser cauteloso com o dinheiro, pois sua renda era minúscula e não era fácil viver economicamente em uma sociedade voltada para os gostos dos ricos. Todas as manhãs o seu *scout* lhe trazia o desjejum, que podia se resumir a uma refeição frugal de torradas e café, mas era tradição convidar os amigos para o desjejum, e isso implicava proporcionar algo mais substancioso com o próprio dinheiro. O almoço era apenas pão, queijo e cerveja, mais uma vez trazido pelo *scout*. O jantar, por sua vez, servido formalmente no Salão, não era uma refeição cara, mas era agradável aceitar uma oferta de cerveja ou vinho dos amigos e, naturalmente, esse gesto tinha de ser retribuído. Todos os sábados de manhã era apresentada a *battel*, a conta da faculdade, que às vezes podia ser desagradavelmente alta. Também era preciso comprar roupas e alguns móveis para os aposentos, pois a faculdade proporcionava apenas as necessidades básicas. As despesas logo aumentaram e, embora os comerciantes de Oxford costumassem conceder crédito quase que ilimitado, as contas tinham de ser pagas algum dia. Um ano depois de chegar a Oxford, Tolkien escreveu que tinha "umas tantas contas a pagar", e acrescentou: "A situação financeira não é muito animadora."

Não demorou muito para que se lançasse de todo o coração nas atividades universitárias. Jogava rúgbi, embora não tenha se tornado um líder no time da faculdade. Não praticava remo, pois esse esporte, mais do que todos os outros em Oxford, era exclusividade dos alunos provenientes das melhores escolas. Tornou-se, porém, membro do Clube de Ensaios e da Sociedade Dialética da faculdade. Associou-se também à Stapeldon, a Sociedade de Debates da faculdade, e, não contente, fundou seu próprio clube. Chamava-se Apolausticks ("amantes da boa vida") e era formado principalmente por calouros como ele. Havia palestras, discussões e debates, além de jantares enormes e extravagantes. Um grau mais sofisticado que os chás na biblioteca da escola, mas o clube era uma expressão do mesmo instinto que ajudara a criar o T.C.B.S. De fato, Tolkien sentia-se mais feliz em rodas onde havia boa conversa, bastante tabaco (era agora um firme adepto do cachimbo e de vez em quando fumava cigarros caros) e companhia masculina.

Em Oxford a companhia tinha de ser masculina. É certo que havia várias mulheres que assistiam às aulas, mas elas moravam em colégios femininos, enclaves austeros nos arredores da cidade, e tinham de ter acompanhantes severas sempre que se aproximassem de um rapaz. De qualquer forma, os homens realmente preferiam a companhia uns dos outros. A maioria deles era recém-chegada das reservas masculinas das escolas particulares e aceitava prazerosamente o tom masculino de Oxford.

Usavam também entre si uma gíria curiosa, que convertia *breakfast* (desjejum) em *brekker*, *lecture* (aula) em *lekker*, *the Union* (diretório acadêmico) em *the Ugger* e *sing-song* (conversa monótona, lenga-lenga) e *practical joke* (trote) em *sigger-sogger* e *pragger-jogger*. Tolkien adotou esse modo de falar e também se aliou entusiasmado às disputas da Cidade contra a Beca, que eram populares na época. Eis seu relato de uma noite típica de diversão:

"Às dez para as nove ouvimos um rugido distante de vozes e percebemos que algo estava acontecendo; então saímos correndo da faculdade e passamos duas horas no meio da diversão. Durante cerca de uma hora atazanamos a cidade, a polícia e os supervisores. Geoffrey e eu 'capturamos' um ônibus e o conduzimos até Cornmarket, fazendo uma barulheira absurda e seguidos por uma multidão doida de universitários e 'cidadãos'. O ônibus estava apinhado de estudantes antes de chegar ao Carfax. Lá dirigi algumas palavras comoventes a uma enorme turba antes de desembarcar e me dirigir ao *maggers memugger* ou Martyr's Memorial, onde voltei a discursar para a multidão. Tudo isso não teve consequências disciplinares!"

Essa espécie de comportamento barulhento, impetuoso e rude era mais comum entre os estudantes da classe alta do que entre os "bolsistas pobres" como Tolkien, a maior parte dos quais evitava tais brincadeiras e se dedicava aos estudos, mas Tolkien era sociável demais para afastar-se de qualquer coisa animada que estivesse acontecendo. Em parte por causa disso, não estava produzindo muito.

Estava estudando Letras Clássicas e tinha de frequentar com regularidade aulas e sessões com um orientador. Contudo, o Exeter College esteve sem um orientador de clássicos residente durante os primeiros dois períodos, e na época em que o cargo foi preenchido (por E.A. Barber, um grande erudito, mas um mestre seco), Tolkien assumira uma atitude displicente. Ficara entediado com os autores latinos e gregos e estava muito mais entusiasmado com a literatura germânica. Não tinha interesse algum em aulas sobre Cícero e Demóstenes e preferia escapar para seus aposentos, onde podia continuar a trabalhar em suas línguas inventadas. Havia, porém, uma área do currículo que o interessava. Escolhera como matéria especial a Filologia Comparada, e isso significava frequentar as aulas e palestras do extraordinário Joseph Wright.

Joe Wright era de Yorkshire, um verdadeiro autodidata que lutara para ascender das mais humildes origens e tornar-se professor de Filologia Comparada. Com 6 anos de idade fora empregado em uma usina de lã, o que inicialmente não lhe deu nenhuma oportunidade de aprender a ler e a escrever. Aos 15 anos sentiu inveja dos colegas de trabalho que compreendiam os jornais e aprendeu a ler sozinho. Isso não levou muito tempo e apenas aumentou o seu desejo de aprender, tanto que passou a frequentar uma escola noturna e a estudar francês e alemão. Também aprendeu sozinho latim e matemática, sentado diante dos livros até as duas horas da madrugada e levantando-se para ir trabalhar às cinco. Ao completar 18 anos, sentiu que tinha o dever de transmitir seu conhecimento aos outros e abriu uma escola noturna no quarto do chalé de sua mãe viúva, cobrando dos colegas de trabalho dois pence por semana. Aos 21 anos decidiu usar suas economias para financiar um período de estudos em uma universidade alemã e embarcou em um navio para Antuérpia, caminhando depois etapa após etapa até chegar a Heidelberg, onde se interessou por filologia. Assim, o ex-operário estudou sânscrito, gótico, búlgaro antigo, lituano, russo, nórdico antigo, saxão antigo, alto alemão antigo e médio e inglês antigo, chegando por fim ao doutorado. De volta à Inglaterra, estabeleceu-se em Oxford, onde logo foi nomeado professor adjunto de Filologia Comparada. Conseguiu alugar uma casinha em Norham Road e contratou uma governanta. Vivia com a frugalidade de um verdadeiro nativo de Yorkshire: costumava beber cerveja comprada em um barrilete, mas, achando que a consumia muito depressa, incumbiu Sarah, a governanta, de comprar a bebida, que ele pagaria a cada copo que consumisse. Continuou a trabalhar sem cessar, dando início a uma série de livros elementares de línguas, entre os quais o livro de gótico que foi uma grande revelação para Tolkien. Mais importante que tudo, iniciou seu *Dicionário de Dialetos Ingleses*, publicado em seis enormes volumes. Ele mesmo jamais perdera seu sotaque de Yorkshire e permanecia fluente no dialeto de seu vilarejo natal. Todas as noites trabalhava até a madrugada. Morava numa casa geminada e na outra metade do edifício vivia o Dr. Neubauer, professor associado de Literatura Rabínica. Neubauer tinha a vista ruim e não conseguia trabalhar com luz artificial. Quando Joe Wright se deitava ao amanhecer, batia na parede para acordar o vizinho, gritando “Bom dia!” e Neubauer respondia “Boa noite!”.

Wright casou-se com uma ex-aluna. Tiveram dois filhos, mas ambos faleceram ainda crianças. Ainda assim, os Wrights mantiveram uma existência estoica e animada em uma casa enorme, construída em Banbury Road de acordo com um projeto de Joe. Em 1912, Ronald Tolkien tornou-se aluno de Wright e, mais tarde, sempre relembraria “a vastidão da mesa na sala de jantar de Joe Wright, onde eu me sentava sozinho em uma extremidade, aprendendo os elementos da filologia grega que vinham do reluzente par de óculos na escuridão à minha frente”. Tampouco conseguiria esquecer os chás fartos à moda de Yorkshire servidos pelos Wright nas tardes de domingo, quando Joe cortava fatias gigantescas de um pesado bolo de passas, e Jack, o terrier de Aberdeen, exibia seu truque especial: lamber os beiços ruidosamente quando o dono pronunciava a palavra gótica para figueira, *smakka-bagms*.

Como professor, Wright transmitiu a Tolkien o seu enorme entusiasmo pela filologia, o assunto que o tirara da obscuridade miserável. Wright sempre foi um professor exigente e era exatamente disso que Tolkien precisava. Com sua ampla gama de conhecimentos linguísticos, ele havia começado a sentir-se um pouco superior aos seus colegas classicistas. Ali, porém, estava alguém que podia lhe dizer que havia um longo caminho pela frente. Ao mesmo tempo, Joe Wright o encorajava a mostrar iniciativa. Sabendo do interesse embrionário de Tolkien pelo galês, aconselhou-o a persistir no assunto — embora tenha dado esse conselho à moda típica de Yorkshire: "Vá ocupar-se do céltico, rapaz; é aí que está o dinheiro."

Tolkien seguiu o conselho, mas não exatamente da forma que Joe Wright pretendera. Conseguiu encontrar livros de galês medieval e começou a ler a língua que o fascinara desde que vira algumas palavras em caminhões de carvão. Não se decepcionou; na verdade, todas as suas expectativas de beleza confirmaram-se. *Beleza*, era isso que lhe agradava no galês: a aparência e o som das palavras, quase independentemente do seu significado. Disse certa vez: "A maioria dos falantes de inglês, por exemplo, admitirá que *cellar door* (porta de porão) é 'bela', especialmente se for dissociada de seu significado (e de sua ortografia). Mais bela do que, digamos, *sky* (céu), e muito mais bela que *beautiful* (belo). Pois bem, em galês, *cellar doors* são para mim extraordinariamente frequentes." Tolkien tanto se entusiasmou pelo galês que é surpreendente que não tenha visitado Gales durante seus dias de estudante. Mas, de certa forma, isso foi característico de sua vida. Apesar de estudar a literatura antiga de muitos países, visitou poucos deles, muitas vezes por força das circunstâncias, mas em parte talvez por falta de propensão. E, de fato, a página de um texto medieval pode ser mais potente que a realidade moderna do país que a originou.

Durante seus dias de estudante de graduação, Tolkien desenvolveu o seu interesse de infância pela pintura e pelo desenho e começou a demonstrar uma certa habilidade, principalmente ao esboçar paisagens. Começou a dedicar também bastante atenção à letra manuscrita e à caligrafia e tornou-se perito em muitos estilos de manuscritos. Esse interesse era uma combinação de seu entusiasmo pelas palavras e de seu olho artístico, mas refletia também sua personalidade multifacetada, pois, como observou alguém que o conheceu durante esses anos (quase sem exagero): "Ele tinha um estilo de caligrafia diferente para cada amigo."

Tolkien passou suas primeiras férias da universidade, durante o Natal de 1911, visitando lugares que outrora frequentara. O T.C.B.S. sobrevivera à sua partida da King Edward's e o clube preparava-se agora para o maior evento de sua curta história, uma apresentação de *The Rivals*, de Sheridan. Quem começara o projeto foi R.Q. Gilson, entusiasta do século XVIII, e, como seu pai era diretor, não houve dificuldade em obter a permissão, embora uma peça de um dramaturgo inglês nunca tivesse sido representada na escola. Ele e Christopher Wiseman, ambos ainda alunos da King Edward's, distribuíram os papéis entre os amigos. G.B. Smith sem dúvida teria de ser incluído, pois, apesar de ainda não ser considerado um membro do T.C.B.S., já era muito apreciado por eles. E quem assumiria o crucial papel cômico da Sra. Malaprop? Quem senão o próprio John Ronald? Assim, Tolkien, no final do primeiro período em Oxford, foi para Birmingham e participou dos ensaios finais.

Haveria apenas uma apresentação. O ensaio geral terminou muito antes da hora de subir o pano e, em vez de matar o tempo lá mesmo, o T.C.B.S. decidiu ir tomar chá na Barrow's (a loja de departamentos que acrescentara o "B" ao T.C.B.S.), usando casacos sobre o figurino da peça. Como o "Vagão Ferroviário" estava vazio quando chegaram, eles tiraram os casacos. O espanto da garçonete e dos lojistas permaneceu em suas memórias pelo resto de suas vidas.

Veio então a apresentação. A revista da escola relatou: "*A Sra. Malaprop* de J.R.R. Tolkien foi uma verdadeira criação, excelente sob todos os aspectos e não menos na maquiagem. R.Q. Gilson como *Capitão Absolute* foi um herói muito atraente, carregando com admirável espírito e habilidade o fardo de um papel bem pesado; e no papel do velho colérico *Sir Anthony*, C.L. Wiseman foi extremamente eficaz. Entre os personagens menores, a representação de G.B. Smith do difícil e ingrato papel de *Faulkland* foi merecedora de grandes elogios." A ocasião consolidou a amizade de Tolkien com G.B. Smith. Essa amizade seria duradoura e produtiva, e Smith passou a ser considerado membro pleno do T.C.B.S.

Nas férias de verão de 1912, Tolkien foi acampar durante uma quinzena com o King Edward's Horse, um regimento territorial de cavalaria em que se alistara recentemente. Apreciou a experiência de galopar pelas planícies de Kent — o acampamento era próximo a Folkestone —, mas a umidade e o vento foram muito fortes e as barracas muitas vezes desabavam durante a noite. Essa breve experiência, montado a cavalo e debaixo de lona, foi suficiente para que saísse do regimento alguns meses depois. Após o acampamento, fez um passeio a pé em Berkshire, durante o qual fez esboços dos vilarejos e subiu as colinas. E então, cedo demais, o seu primeiro ano de universidade terminou.

Tolkien havia estudado muito pouco e começara a cultivar hábitos preguiçosos. Em Birmingham, ele assistia à missa várias vezes por semana, mas, sem o padre Francis por perto para vigiá-lo, achava agora mais cômodo ficar na cama até mais tarde, especialmente depois de uma longa noitada fumando e conversando com os amigos diante da lareira. Seus primeiros períodos em Oxford, registrou com tristeza, passaram-se "com praticamente nenhuma ou pouquíssima prática religiosa". Tentou se corrigir e passou a manter um diário para Edith onde registrava todas as suas más condutas e falhas. Mas, apesar de ela ser um ideal brilhante para ele — não haviam jurado seu amor um ao outro? E isso não os comprometia mutuamente? —, ainda estava proibido de lhe escrever ou de vê-la antes de completar 21 anos, o que ainda levaria muitos meses. Enquanto isso, era fácil gastar o tempo em jantares caros, conversas até tarde da noite e estudos de galês medieval e línguas inventadas.

Foi por volta dessa época que descobriu o finlandês. Desde que lera a tradução inglesa do *Kalevala* esperava adquirir algum conhecimento dessa língua, e na biblioteca do Exeter College havia uma gramática finlandesa. Com a sua ajuda, começou a dar os primeiros passos no aprendizado da língua original dos poemas. Tolkien mais tarde diria: "Foi como descobrir uma adega repleta de garrafas de um vinho estupendo, de um tipo e sabor jamais provados antes. Fiquei completamente inebriado."

Nunca chegou a aprender o suficiente para ler mais do que uma parte do *Kalevala* original, mas o efeito desse aprendizado sobre o seu processo de invenção de línguas foi fundamental e notável. Abandonou o neogótico e começou a criar uma língua particular, muito influenciada pelo finlandês, que mais tarde surgiria em suas histórias como "quenya" ou alto-élfico. Ainda demoraria muitos anos para acontecer, mas em sua mente já germinava um princípio do que estava por vir. Leu um trabalho sobre o *Kalevala* diante de uma sociedade da faculdade e nele começou a falar da importância do tipo de mitologia encontrado nos poemas finlandeses. "Estas baladas mitológicas", disse, "estão repletas daquele substrato muito primitivo que a literatura da Europa em geral vem aparando e reduzindo há séculos, de forma mais ou menos completa ou precoce, em diferentes povos." E acrescentou: "Gostaria que nos tivesse restado mais disso — algo do mesmo tipo que pertenceu aos ingleses." Uma ideia excitante, e talvez já pensasse em criar ele mesmo essa mitologia para a Inglaterra.

O Natal de 1912 foi passado com os parentes Incledon, em Barnt Green, perto de Birmingham. Como era costume na família, a temporada foi animada com teatro, e desta vez o próprio Ronald escreveu a peça que representaram. Chamava-se *The Bloodhound, the Chef and the Suffragette* [O Sabujo, o Cozinheiro e a Sufragista]. Quando ficou mais velho disse que não gostava de teatro, mas nessa ocasião não apenas foi o autor, mas também o ator principal, representando o "professor Joseph Quilter, M.A., B.A., A.B.C., vulgo detetive mundial Sexton Q. Blake-Holmes, o Sabujo", que buscava uma herdeira perdida chamada Gwendoline Goodchild. Enquanto isso, ela se apaixonara por um estudante sem um tostão que encontrara quando ambos moravam na mesma pensão; ela tinha de permanecer escondida do próprio pai até seu vigésimo primeiro aniversário, dali a dois dias, quando então estaria livre para casar-se.

Essa peça de absurdos familiares era ainda mais atual do que os Incledon supunham. Ronald não apenas comemoraria seu vigésimo primeiro aniversário poucos dias após a apresentação, como pretendia também reencontrar-se com Edith Bratt, por quem esperara durante quase três anos e que, ele tinha toda a certeza, esperara por ele. Quando o relógio deu meia-noite, marcando o começo de 3 de janeiro de 1913, sua maioridade, sentou-se na cama e escreveu uma carta, renovando sua declaração de amor e perguntando-lhe: "Quanto tempo mais até que possamos nos unir diante de Deus e do mundo?"

Porém, quando Edith escreveu em resposta, foi para lhe dizer que estava noiva e iria se casar com George Field, irmão de sua colega de escola Molly.

6. Reencontro

ELE PODERIA TER DECIDIDO ESQUECÊ-LA completamente. Seus amigos não sabiam da sua existência e seus tios e primos nunca haviam ouvido falar nela. Somente o padre Francis sabia e, apesar de não ser mais o tutor legal de Ronald, não desejava que o romance com Edith recomeçasse. Assim, Ronald poderia ter rasgado a carta de Edith e deixado que se casasse com George Field.

No entanto, Ronald sentia que as declarações e promessas dos dias de Duchess Road não podiam ser rompidas levianamente. Além disso, Edith fora seu ideal nos últimos três anos, sua inspiração e sua esperança para o futuro. Ele acalentara e cultivara seu amor por ela; esse amor crescera em segredo, alimentado apenas pelas lembranças do romance adolescente e de algumas fotografias dela quando criança. Para ele, havia uma única atitude possível: tinha de ir a Cheltenham, persuadi-la a desistir de George Field e pedir que se casasse com ele.

Na verdade, sabia que ela diria sim. Ela o insinuara na carta, explicando que ficara noiva de George apenas porque ele fora gentil com ela e ela se sentia "encalhada", não conhecia nenhum outro jovem e desistira de acreditar que Ronald iria querer revê-la depois de três anos. "Comecei a duvidar de você, Ronald", dizia-lhe na carta, "e a achar que você deixaria de gostar de mim." Mas, agora que ele escrevera para reafirmar seu amor, ela dava a entender que tudo mudara.

Assim, na quarta-feira, 8 de janeiro de 1913, ele tomou um trem para Cheltenham e foi recebido por Edith na plataforma. Os dois caminharam pelo campo e sentaram-se sob um viaduto ferroviário para conversar. No fim do dia, Edith declarou que desistiria de George Field e se casaria com Ronald Tolkien.

Ela escreveu a George e lhe devolveu a aliança; ele, pobre jovem, ficou terrivelmente perturbado, sua família sentiu-se insultada e ficou furiosa. Mas, por fim, não se falou mais no assunto, e todos voltaram a ser amigos. Edith e Ronald não anunciaram o noivado, pois estavam apreensivos quanto à reação dos familiares e queriam esperar até que as perspectivas de Ronald para o futuro se mostrassem mais definidas. Ronald, porém, voltou para Oxford "explodindo de felicidade".

Uma de suas primeiras atitudes ao chegar foi escrever ao padre Francis comunicando que ele e Edith pretendiam se casar. Ficou muito apreensivo, mas a resposta do padre foi calma e resignada, apesar de nem um pouco entusiasmada. Era bom que fosse assim, pois apesar de não ser mais tutor legal de Ronald, ele ainda lhe dava o tão necessário sustento financeiro. Por isso, era essencial que ele tolerasse o noivado.

Agora que se reencontrara com Edith, Ronald tinha de concentrar toda a sua atenção nas *Honour Moderations*[11], o primeiro dos dois exames que lhe dariam o diploma em Letras Clássicas. Em seis semanas ele tentou realizar o trabalho que deveria ter feito durante os quatro períodos anteriores, mas não era fácil deixar o hábito de ficar conversando até tarde com os amigos e depois acordar cedo. Ele, no entanto, como muitos outros, culparia o clima úmido de Oxford em vez de seus serões. No final de fevereiro, quando começaram as *Honour Moderations*, ainda estava mal preparado para muitos dos exames. Ficou aliviado quando soube que pelo menos conseguira classificar-se na Segunda Classe.

Contudo, sabia que deveria ter se saído melhor. Não é fácil conseguir uma classificação de Primeira Classe nas "*Mods*", mas está dentro das possibilidades de um estudante dedicado. É o que certamente se espera de alguém que pretenda seguir uma carreira acadêmica, e Tolkien já pensava em tal ocupação. No entanto, ele conseguira um "alfa puro", ou seja, um exame praticamente impecável, em sua matéria especial: Filologia Comparada. Em parte, isso era um tributo à excelência dos ensinamentos de Joe Wright, mas indicava também que os maiores talentos de Tolkien estavam nessa área. O Exeter College percebeu; a faculdade ficou desapontada por ele, um de seus bolsistas, não ter conseguido uma classificação melhor, mas sugeriu que, já que ele ganhara um alfa em filologia, deveria tornar-se filólogo. O Dr. Farnell, reitor de Exeter, sabia do seu interesse pelo inglês antigo e médio e outras línguas germânicas. Não seria sensato que ele se transferisse para a Escola de Inglês? Tolkien concordou e, no início do período de verão de 1913, abandonou os estudos de Letras Clássicas e passou a estudar Inglês.

A Honour School of English Language and Literature ainda era jovem pelos padrões de Oxford e estava dividida. De um lado ficavam os filólogos e medievalistas, que consideravam que qualquer literatura

11 As *Honour Moderations*, como a maioria dos exames de Oxford, compreendem certo número de provas escritas sobre vários aspectos da matéria do candidato. As categorias de classificação (em ordem decrescente de mérito) vão de 1 a 4.

posterior a Chaucer não era desafiadora o suficiente para constituir a base do currículo de um curso de graduação. Do outro lado, ficavam os entusiastas da literatura "moderna" (como designavam a literatura desde Chaucer até o século XIX), que consideravam o estudo de filologia e do inglês antigo e médio "tráfico de palavras e pedantismo". Sob vários aspectos era um erro tentar espremer as duas facções na mesma escola. O resultado era que os estudantes que resolviam especializar-se em "Língua" (isto é, inglês antigo e médio e filologia) eram obrigados mesmo assim a estudar grande quantidade de literatura moderna, enquanto aqueles que desejavam estudar "Literatura" (o curso moderno) também tinham de enfrentar textos do *Anglo-Saxon Reader*, de Sweet, e familiarizar-se com certa quantidade de filologia. Ambos os cursos eram concessões mútuas e nenhum dos lados estava inteiramente satisfeito.

Não havia dúvidas quanto à facção que conquistaria Tolkien. Iria se especializar em estudos linguísticos, e seu tutor seria Kenneth Sisam, um jovem neozelandês, assistente de A.S. Napier, o professor de Língua e Literatura Inglesa. Depois de encontrar-se com Sisam e examinar o currículo, Tolkien foi "tomado de pânico, pois não consigo entender como me proporcionará trabalho honesto por dois anos e mais um período". Tudo parecia fácil e familiar demais: ele já conhecia bem muitos dos textos que teria de estudar e conhecia até mesmo um pouco de nórdico antigo, que seria oferecido como matéria especial (dada por W.A. Craigie, perito em islandês). Além disso, Sisam não lhe pareceu, à primeira vista, um tutor muito inspirador. Homem de fala mansa, apenas quatro anos mais velho que Tolkien, certamente lhe faltava a presença imponente de Joe Wright, mas era um estudioso esforçado e meticuloso, e não demorou para que Tolkien viesse a respeitá-lo e apreciá-lo. Quanto ao trabalho, Tolkien passou a passar mais tempo na escrivaninha do que quando estudava os clássicos. Não era tão fácil quanto esperara, pois o nível da Escola de Inglês de Oxford era muito elevado, mas ele logo dominaria o currículo com firmeza e começaria a escrever longos e intricados ensaios sobre "Problemas da disseminação da mutação fonética", "O alongamento das vogais na época do inglês antigo e médio" e "O elemento anglo-normando no inglês". Seu interesse particular era ampliar seu conhecimento sobre o dialeto do oeste das Midlands em inglês médio, em virtude das associações deste com sua infância e seus antepassados. Além disso, estava estudando várias obras em inglês antigo que não encontrara antes.

Entre elas estava o *Crist* de Cynewulf, um grupo de poemas religiosos anglo-saxões. Dois versos lhe causaram grande impacto:

Eala Earendel engla beorhtast
ofer middangeard monnum sended.

"Salve, Earendel, mais brilhante dos anjos / sobre a terra-média enviado aos homens." "Earendel" é interpretado no dicionário anglo-saxão como "luz brilhante, raio", mas no poema o termo tem claramente um significado especial. Tolkien o interpretou como uma referência a João Batista, mas acreditava que "Earendel" fora originalmente o nome da estrela que anuncia a aurora, isto é, Vênus. Sua aparição nos versos de Cynewulf teve um estranho efeito sobre ele. "Senti uma curiosa excitação", escreveu muito tempo depois, "como se algo parcialmente adormecido estremecesse dentro de mim. Havia algo muito remoto, estranho e belo por trás daquelas palavras, algo que eu não podia compreender, muito além do inglês arcaico."

Encontrou ainda mais coisas para excitar sua imaginação na sua matéria especial. O nórdico antigo (ou islandês antigo — os nomes são intercambiáveis) é a língua levada à Islândia pelos noruegueses que fugiram de sua terra natal no século IX. Tolkien já possuía um conhecimento moderado do nórdico e deu início, então, a um estudo minucioso de sua literatura. Leu as sagas e a Edda em Prosa ou Edda Nova. Estudou também a Edda Poética ou Edda Antiga, e foi assim que descobriu o antigo repositório dos mitos e das lendas islandesas.

"Edda Antiga" é o nome que se dá a uma coleção de poemas, alguns incompletos ou textualmente adulterados, cujo manuscrito principal data do século XIII. Muitos dos poemas, porém, são mais antigos, originários talvez de um período mais remoto, anterior à colonização da Islândia. Alguns são heroicos e descrevem o mundo dos homens, enquanto outros são mitológicos e tratam dos feitos dos deuses. Entre os poemas mitológicos da Edda Antiga, nenhum é mais notável que o "Völuspá" ou Profecia da Vidente, que conta a história do cosmos desde sua criação e prevê o seu fim. O mais notável de todos os poemas mitológicos germânicos data do fim do paganismo nórdico, quando o cristianismo tomava o lugar dos velhos deuses; transmite, porém, uma sensação de mito vivo, um sentimento de reverência e mistério na sua representação de um cosmos pagão. Seu efeito sobre a imaginação de Tolkien foi profundo.

Nos meses que se seguiram ao seu reencontro, o problema da religião de Edith causou certa preocupação a ela e a Ronald. Para que o casamento fosse abençoado pela igreja dele, ela teria de tornar-se católica. Teoricamente, ela faria isso com satisfação — na verdade, acreditava que sua família fora católica muito tempo antes. Mas a questão não era tão simples. Ela era um membro ativo da Igreja da Inglaterra. Durante a separação do casal, boa parte de sua vida em Cheltenham se concentrara na igreja paroquial. Ela se tornara um membro útil da igreja e, consequentemente, adquirira uma posição proeminente na paróquia típica da elegante cidade. Agora Ronald queria que renunciasse a tudo isso e fosse para uma igreja onde ninguém a conhecia, e, vista por esse prisma, a perspectiva não lhe agradava. Além disso, temia que o "tio" Jessop, em cuja casa morava, se enfurecesse, pois, como muitos outros de sua idade e classe social, ele era um anticatólico ferrenho. Se ela se tornasse papista, ele permitiria que ela continuasse vivendo sob seu teto até o casamento? A situação era desconfortável e ela propôs a Ronald que o assunto fosse adiado até que o noivado fosse oficializado ou até que a data do casamento estivesse próxima. Mas ele não concordou. Queria que ela agisse rapidamente. Desprezava a Igreja da Inglaterra, dizia que era uma "patética e sombria miscelânea de tradições semiesquecidas e crenças mutiladas". E se Edith fosse perseguida em virtude de sua decisão de tornar-se católica, ora, fora precisamente isso que acontecera à sua querida mãe, e ela o suportara. "Creio fervorosamente", escreveu a Edith, "que nem a indiferença, nem o temor mundano devem nos impedir de seguir resolutamente a luz." (Ele voltara a frequentar a missa regularmente e talvez tenha resolvido esquecer os lapsos do ano anterior.) A conversão de Edith claramente se tornara para ele uma questão emocional. Em parte, embora ele não o admitisse, é possível também que quisesse pôr à prova o amor de Edith após a infidelidade do noivado com George Field.

Assim, ela fez o que ele queria. Disse aos Jessops que pretendia tornar-se católica e o "tio" reagiu exatamente como ela temera: ordenou que saísse de sua casa assim que conseguisse achar outro alojamento. Diante dessa crise, Edith decidiu morar com sua prima de meia-idade, Jennie Grove, uma mulher mirrada, decidida, com uma deformidade na coluna. Juntas, elas começaram a procurar acomodações. Parece que se cogitou a possibilidade de irem para Oxford para que Edith pudesse ficar perto de Ronald, mas, pelo visto, ela não quis. Talvez se ressentisse por ter sido pressionada a se converter e, com certeza, ela queria manter uma vida independente até que se casassem. Ela e Jennie escolheram Warwick, não longe da Birmingham, onde haviam nascido, porém muito mais atraente. Procuraram e conseguiram encontrar quartos temporários, e Ronald foi visitá-las em junho de 1913.

Achou Warwick, com suas árvores, sua colina e seu castelo, um lugar de beleza notável. O tempo estava quente e o casal foi passear de barco pelo rio Avon. Assistiram juntos a uma ação de graças na igreja católica, "de onde", escreveu ele, "saímos serenamente felizes, pois foi a primeira vez que pudemos ir à igreja calmamente, lado a lado". Contudo, tiveram também de passar algum tempo em busca de uma casa para Edith e Jennie e, quando encontraram uma adequada, havia inúmeros arranjos a serem feitos. Ronald achou as horas passadas com problemas domésticos bastante irritantes. Na verdade, ele e Edith nem sempre eram felizes juntos. Já não se conheciam muito bem, pois haviam passado os três anos de separação em duas sociedades totalmente diferentes: uma totalmente masculina, turbulenta e acadêmica; outra mista, refinada e doméstica. Haviam crescido, mas também haviam se distanciado. Desde então, ambos teriam de fazer concessões para poderem realmente se entender. Ronald teria de tolerar a preocupação de Edith com os detalhes diários da vida, por mais triviais que lhe parecessem. Ela, por sua vez, teria de se esforçar para compreender a dedicação de Ronald aos seus livros e línguas, por mais egoísta que isso lhe parecesse. Nenhum deles teve sucesso completo. Suas cartas eram cheias de afeto, mas, às vezes, também de irritação. Ronald podia dirigir-se a Edith como "pequenina" (seu nome predileto para ela) e falar ternamente de sua "pequena casa", mas a personalidade dela estava longe de ser pequena e, quando estavam juntos, seus ânimos frequentemente se inflamavam. Parte do problema estava no papel que Ronald assumira: o de amante sentimental, muito diferente da face que exibia aos seus amigos. O amor e a compreensão entre Ronald e Edith eram reais, mas muitas vezes ele os envolvia em chavões românticos; se tivesse mostrado a ela mais do seu lado "livresco" e feito com que ela ficasse na companhia de seus amigos, talvez ela não se importasse tanto quando esses elementos se mostraram tão importantes durante o casamento. Ele, porém, manteve esses dois lados de sua vida firmemente separados.

Após sua visita a Warwick, Ronald partiu para Paris como tutor e acompanhante de dois meninos mexicanos. Em Paris encontraram-se com um terceiro menino e duas tias que praticamente não falavam inglês. Ronald teve vergonha do seu espanhol, apenas rudimentar, e descobriu que até seu francês o deixava na mão quando era necessário usá-lo. Muitas coisas o fascinaram em Paris, e ele gostava de sair sozinho explorando a cidade, mas não gostou dos franceses que viu nas ruas e escreveu a Edith sobre "a vulgaridade, a tagarelice, a cusparada e a indecência". Muito antes dessa viagem ele desenvolvera uma aversão pela França e pelos franceses, e o que viu então não o curou de sua galofobia. Depois do que aconteceu em seguida, ele certamente teve certa razão de odiar a França. As tias e os meninos decidiram visitar a Bretanha, uma perspectiva atraente para ele, pois os verdadeiros bretões são de estirpe céltica e falam uma língua que em muitos aspectos é semelhante ao galês, mas, no caso, o destino acabou sendo Dinard, um balneário como qualquer outro. "Bretanha!", Ronald escreveu a Edith. "E não vejo nada a não ser excursionistas, papel sujo e carrinhos de banhistas." O pior estava por vir. Alguns dias depois da chegada, ele andava na rua com um dos meninos e a tia mais velha. Um carro subiu na calçada e atropelou a tia, causando-lhe graves ferimentos internos. Ronald ajudou a levá-la de volta ao hotel, mas ela faleceu algumas horas mais tarde. As férias terminaram em providências atormentadas para que o corpo pudesse ser enviado de volta ao México. Ronald trouxe os meninos de volta à Inglaterra e disse a Edith: "Nunca mais, exceto se estiver na pobreza mais calamitosa, aceitarei outro trabalho assim."

No outono de 1913, seu amigo G.B. Smith deixou a King Edward's e foi para Oxford como bolsista do Corpus Christi College, onde iria estudar inglês. Como R.Q. Gilson e Christopher Wiseman já estavam em Cambridge, o T.C.B.S. estava agora igualmente representado nas duas universidades. Os quatro amigos encontravam-se de vez em quando, mas Tolkien nunca lhes mencionara a existência de Edith Bratt. Agora que se aproximava a hora em que ela seria recebida na Igreja Católica, haviam decidido formalizar o noivado e ele teria de contar aos amigos. Ronald escreveu a Gilson e Wiseman, muito inseguro quanto ao que dizer, e não lhes disse nem qual era o nome da noiva. Ele claramente sentia que aquilo tudo não tinha nada a ver com a camaradagem masculina do T.C.B.S. Os outros deram-lhe os parabéns, mas Gilson, com certa perspicácia, observou: "Não temo de maneira alguma que um fiel membro do T.C.B.S. como você possa se tornar qualquer outra coisa."

Edith foi instruída na fé católica pelo padre Murphy, o pároco de Warwick, que realizou o serviço apenas adequadamente. No futuro, Ronald atribuiria a culpa por muitas contrariedades à qualidade insuficiente dos ensinamentos que ela recebeu nessa época. Mas ele mesmo não a ajudou. Achava difícil lhe transmitir a profunda e apaixonada natureza de sua própria fé, inextricavelmente ligada à lembrança de sua falecida mãe.

Em 8 de janeiro de 1914, Edith foi recebida na Igreja Católica Romana. A data, deliberadamente escolhida por ela e Ronald, era o primeiro aniversário de seu reencontro. Logo após a conversão, Edith e Ronald foram declarados oficialmente noivos pelo padre Murphy. Edith fez a primeira confissão e a primeira comunhão, eventos que ela considerou "uma grande e maravilhosa felicidade". Inicialmente, ela continuou nesse estado de espírito, indo à missa regularmente e comungando com frequência. Mas a igreja católica de Warwick era pobre comparada com os esplendores de Cheltenham (até Ronald a achava "sórdida") e, apesar de Edith auxiliar um clube da igreja para moças operárias, fez poucos amigos na congregação. Também começou a não gostar da confissão. Portanto, quando estava preocupada com o seu estado de saúde (o que era frequente), ela simplesmente deixava de ir à missa. Disse a Ronald que não era do seu feitio levantar-se cedo para ir à missa ou jejuar até a comunhão. "Quero ir", disse a ele, "e gostaria de poder ir com frequência, mas é realmente impossível: minha saúde não vai suportar."

Ela estava levando uma vida muito enfadonha. Era bom ter sua própria casa e a companhia da prima Jennie, mas muitas vezes uma irritava a outra e, quando Ronald não ia visitá-la, não havia ninguém com quem conversar e nada para fazer exceto cuidar da casa. Tinha seu próprio piano e podia praticar por horas a fio, mas agora sabia que nunca faria carreira na música — casar e constituir família tornariam isso impossível — e, portanto, não havia muito incentivo para tocar. Na igreja não precisavam dela como organista. Sentia falta da vida social de Cheltenham e não tinha dinheiro suficiente para frequentar concertos ou teatros, a não ser ocasionalmente. Assim, irritava-se ao receber as cartas em que Ronald descrevia sua vida em Oxford, cheia de jantares festivos, "farras" e visitas ao cinematógrafo.

Ronald estava se tornando distintamente fino. Comprou móveis e gravuras japonesas para seus aposentos. Mandou fazer dois ternos que, segundo ele, caíam-lhe muito bem. Fundou outro clube com seu amigo Colin Cullis, os Chequers, que se reunia nas noites de sábado para jantar em seus aposentos ou nos de Cullis. Foi eleito presidente da Sociedade de Debates da faculdade (uma organização influente em Exeter) após uma luta de facções que o fez sentir pela primeira vez o sabor da política da faculdade, um sabor que apreciou muito. Passeava de barco, jogava tênis e de vez em quando trabalhava um pouco, o suficiente para ganhar o Prêmio Skeat de Inglês, conferido pelo colégio na primavera de 1914. Ele gastou as cinco libras do prêmio em livros de galês medieval e várias das obras de William Morris: *Life and Death of Jason*, a tradução de Morris da *Völsungasaga* e seu romance em verso e prosa, *The House of the Wolfings*.

O próprio Morris estudara no Exeter College e essa conexão provavelmente estimulara o interesse de Tolkien por ele, mas, até então, ele aparentemente não tivera contato com as obras imaginativas de Morris. De fato, seus conhecimentos de literatura moderna eram, de modo geral, limitados, pois o currículo da Escola de Inglês de Oxford não exigia que ele, como linguista, fizesse mais nada além de um estudo relativamente superficial dos autores posteriores a Chaucer. Na época ele chegou a esboçar alguns comentários sobre Johnson, Dryden e o teatro da Restauração, mas nada indica que o seu interesse por eles tenha sido mais do que passageiro. Sobre a ficção contemporânea, escreveu a Edith: "Muito raramente leio um romance, como você sabe." Para ele a literatura inglesa terminava com Chaucer, ou, dito de outra forma, todo o prazer e estímulo que poderia desejar ele obtinha com os grandes poemas do inglês antigo e médio, e com a literatura antiga da Islândia.

No entanto, foi por essa mesma razão que achou tão empolgante *The House of the Wolfings*. A visão que Morris tinha da literatura coincidia com a sua. Nesse livro Morris tentava recriar o entusiasmo que encontrara nas páginas das narrativas inglesas e islandesas mais antigas. *The House of the Wolfings* passa-se em uma terra ameaçada por uma força romana invasora. Escrito parcialmente em prosa e parcialmente em versos, o livro é focado em um clã ou em uma tribo familiar que vive perto de um grande rio, em uma clareira da floresta chamada Mirkwood[12], um nome retirado da geografia e da lenda dos antigos germânicos. Muitos elementos da história parecem ter impressionado Tolkien. O estilo é altamente idiossincrático, carregado de arcaísmos e inversões poéticas, em uma tentativa de recriar a aura das lendas antigas. Tolkien evidentemente notou isso e, ao que parece, também apreciou outra faceta da obra: a habilidade de Morris, apesar do tempo e do local vagos em que a história se passa, de descrever com grande precisão os detalhes de sua paisagem imaginária. O próprio Tolkien seguiria o exemplo de Morris anos mais tarde.

Seu olho para paisagens recebeu um poderoso estímulo durante o verão de 1914 quando, após visitar Edith, foi passar férias na Cornualha. Lá, hospedou-se com o padre Vincent Reade, do Oratório de Birmingham, na península Lizard. Ficou entusiasmado com a Cornualha. Todos os dias, ele e o padre Vincent faziam longas caminhadas, descritas em carta a Edith: "Andamos pelas charnecas no topo dos penhascos até Kynance Cove. Nada do que eu possa dizer numa simples carta poderia descrevê-la. O sol brilha sobre nós, as águas do Atlântico erguem-se numa onda gigantesca, que se quebra e jorra sobre as rochas e os recifes. O mar escavou nos penhascos gretas e gárgulas bizarras, onde o vento soa como trombetas e a espuma se arroja como do dorso de uma baleia; e em toda parte vemos rochas negras e vermelhas, e a espuma branca contra o violeta e o verde-mar

12 "Trevamata", mais tarde o nome da grande floresta a leste das Montanhas Nevoentas na Terra-média. [N. T.]

translúcido." Tolkien nunca esqueceu essa visão do mar e da costa da Cornualha, que se tornou uma paisagem ideal em sua mente.

Um dia, ele e o padre Vincent foram explorar os vilarejos que ficam um pouco mais para o interior, além do promontório Lizard. Sobre essa expedição, ele registrou: "Nossa caminhada para casa, após o chá, teve início através de um cenário rústico 'de Warwickshire'; descemos até as margens do rio Helford (quase como um fiorde) e depois subimos veredas 'de Devonshire' até a margem oposta, quando passamos então a um terreno mais aberto, onde o caminho se torcia e retorcia, subia e descia, até que a penumbra foi chegando e o sol vermelho começou a se pôr. Daí, após aventuras e reconsiderações de rota, saímos nas áridas e nuas colinas 'Goonhilly' e atravessamos um trecho reto de quatro milhas, com relva para nossos pés doloridos. Fomos então surpreendidos pela noite nas vizinhanças de Ruan Minor e voltamos a encontrar ladeiras e caminhos sinuosos. A luz tornou-se muito 'lúgubre'. Às vezes mergulhávamos num cinturão de árvores e as corujas e os morcegos nos davam arrepios; às vezes, um cavalo asmático atrás de uma sebe ou um porco velho com insônia faziam nossos corações dar pulos; ou, às vezes, o pior que acontecia era nos enfiarmos dentro de um riacho inesperado. Até que as 14 milhas chegaram ao fim — as duas últimas animadas pelo clarão majestoso do farol de Lizard e pelo som do mar, cada vez mais próximo."

No fim das longas férias, ele foi passar alguns dias em Nottinghamshire, na fazenda que a tia Jane administrava com os Brookes-Smiths e seu irmão Hilary. Enquanto esteve na fazenda, escreveu um poema encabeçado pelo verso do *Crist*, de Cynewulf, que tanto o fascinara: *Eala Earendel engla beorhtast*! O título era "A Viagem de Earendel, a Estrela Vespertina", e o poema começava assim:

Foi Earendel saltar da taça do Mar
Na atra beira do médio-mundo;
Do portão Noturno veio, raio diurno,
Saltando o bordo tão fundo.
Lançou sua barca, argêntea arca,
Da areia de brilho dourado
Pelo alento de sol do fogoso arrebol
Do Ocidente voou apressado.[13]

13 Earendel sprang up from the Ocean's cup / In the gloom of the mid-world's rim; / From the door of Night as a ray of light / Leapt over the twilight brim, / And launching his bark like a silver spark / From the golden-fading sand / Down the sunlit breath of Day's fiery death / He sped from Westerland.

Os versos seguintes descrevem a viagem da nave-estrela pelo firmamento até a luz da manhã ofuscar totalmente a sua imagem.

Essa ideia, do marinheiro das estrelas cujo navio sobe ao firmamento, nascera da referência a "Earendel" nos versos de Cynewulf. Contudo, o poema que então nasceu era inteiramente original. Era, na verdade, o início da mitologia de Tolkien.

7. GUERRA

NA ÉPOCA EM QUE TOLKIEN escreveu "A Viagem de Earendel", no fim do verão de 1914, a Inglaterra declarou guerra à Alemanha. Os jovens já se alistavam aos milhares, respondendo ao apelo de Kitchener por soldados. Os sentimentos de Tolkien, porém, eram bem diferentes: queria ficar em Oxford até se formar e tinha esperanças de se classificar na Primeira Classe. Assim, embora seus tios e tias esperassem que ele se alistasse (seu irmão Hilary já o havia feito — era agora corneteiro), Tolkien voltou à universidade para o Michaelmas[14].

A princípio, relatou: "É terrível. Realmente acho que não vou conseguir continuar: o trabalho parece impossível. Não há ninguém aqui que eu conheça, exceto Cullis." Contudo, ficou mais animado quando soube de um programa que lhe permitiria treinar para o exército enquanto estivesse na universidade, mas retardar a convocação até o final do curso. Tolkien inscreveu-se no programa.

Assim que decidiu o que fazer, a vida ficou mais agradável. Mudou-se de seus alojamentos no colégio e foi morar na St. John's Street com Colin Cullis, que não entrou para o exército por causa de problemas de saúde. Tolkien gostou da mudança, "uma delícia quando comparada com a vida primitiva da faculdade". Alegrou-se também quando descobriu que o amigo G.B. Smith, do T.C.B.S., ainda estava em Oxford esperando uma patente no corpo de fuzileiros de Lancashire. Tolkien resolveu tentar obter um posto no mesmo regimento, se possível no mesmo batalhão.

Alguns dias após o início das aulas, começaram os exercícios nos Parques da Universidade com o Corpo de Treinamento de Oficiais. Era preciso conciliar a nova atividade com o trabalho acadêmico, mas Tolkien descobriu que a vida dupla combinava com ele. "O treinamento é uma dádiva divina", escreveu a Edith. "Estou aqui há quase uma quinzena e ainda não senti nem um sinal da verdadeira 'sonolência' de Oxford." Também estava tentando escrever. Seu

14 Período letivo que tem início em setembro. Michaelmas é a festa de S. Miguel, em 29 de setembro. [N. T.]

entusiasmo por William Morris lhe dera a ideia de dar a uma das histórias do *Kalevala* finlandês a forma de um romance em verso e prosa no estilo de Morris. Escolheu a história de Kullervo, um jovem infeliz que comete incesto sem saber e, quando o descobre, lança-se sobre a própria espada. Tolkien começou a trabalhar na "História de Kullervo" que, apesar de ser pouco mais que um pastiche de Morris, foi a sua primeira tentativa de compor uma lenda em verso e prosa. Deixou-a inacabada.

No começo das férias de Natal de 1914, viajou a Londres para participar de um encontro do T.C.B.S. A família de Christopher Wiseman havia se mudado para o sul e os quatro membros do "clube", Tolkien, Wiseman, R.Q. Gilson e G.B. Smith, reuniram-se na sua casa em Wandsworth. Passaram a maior parte do fim de semana fumando cachimbo e conversando ao pé do fogo na pequena sala do andar superior. Como disse Wiseman, sentiam ter "uma estatura intelectual quadruplicada" quando estavam juntos.

Era curioso como o pequeno grupo de amigos de escola havia continuado a encontrar-se e a trocar cartas, mas o fato era que começavam a ter esperanças de que, juntos, poderiam realizar algo importante. Tolkien certa vez comparou o grupo à Irmandade Pré-Rafaelita, mas os outros zombaram da ideia. No entanto, sentiam que de alguma forma estavam destinados a criar algo novo. Talvez esse sentimento nada mais fosse que a última centelha de ambição infantil ainda não apagada pela experiência do mundo, mas, ao menos para Tolkien, teve um resultado importante e prático: ele chegou à conclusão de que era um poeta.

Mais tarde, ele diria que aquela reunião do T.C.B.S., no final de 1914, ajudara-o a dar "uma voz a toda uma série de coisas reprimidas". E acrescentaria ainda: "Sempre creditei isso à inspiração que nos proporcionavam mesmo algumas poucas horas a quatro."

Imediatamente após o fim de semana em Londres, ele começou a escrever poemas. De modo geral, não eram muito bons, e ele certamente não era muito econômico no uso das palavras. Eis alguns versos do *Sea Chant of an Elder Day* [Cântico do Mar de Dias Antigos], escrito em 4 de dezembro de 1914, baseado nas lembranças das férias de Tolkien na Cornualha alguns meses antes:

Numa obscura, perigosa região, por cujos grandes caminhos [tempestuosos
Não ouvi o som de vozes humanas; naqueles mais antigos dos dias,
Sentei-me na arruinada margem do ecoante mar de voz profunda,
Cuja música de rugidos e espuma arrebentava em infinda cadência

Na terra, sitiada para sempre em uma eternidade de assaltos,
E rompida em torres e píncaros e cavernas de grandes abóbadas.[15]

Quando Tolkien mostrou esse e outros poemas a Wiseman, o amigo comentou que lhe lembravam a crítica de Symons a Meredith, "quando comparou M. a uma senhora que gostava de usar todas as suas joias após o desjejum". E Wiseman aconselhou: "Não exagere."

Tolkien foi mais comedido em um poema que descrevia o amor que ele e Edith sentiam, escolhendo uma de suas imagens prediletas para exprimi-lo:

Eis que somos jovens e no entanto permanecemos
como corações plantados no grande sol
do Amor tanto tempo (como duas belas árvores,
que, na floresta ou no vale aberto,
totalmente entrelaçadas, respiram
os ares, e a própria luz sorvem
juntas) que nos tornamos
como uma, profundamente enraizada no solo
da Vida, emaranhada em doce crescimento.[16]

Entre outros poemas escritos por Tolkien nessa época está "O Homem da Lua desceu cedo demais" (que acabou sendo publicado em *As Aventuras de Tom Bombadil*). Um tema relativo a "fadas" foi igualmente escolhido em "Goblin Feet" [Pés de Gobelim], um poema que escreveu para agradar a Edith, que dizia gostar "da primavera, das flores, das árvores e da pequena gente élfica". "Goblin Feet" representa tudo o que Tolkien logo viria a detestar visceralmente nessa área, de forma que é quase injusto transcrever o poema. No entanto, tem uma inegável segurança rítmica e, como foi impresso em várias antologias da época, pode-se dizer que é a primeira obra de certa importância publicada por Tolkien:

15 In a dim and perilous region, down whose great tempestuous ways / I heard no sound of men's voices; in those eldest of the days, / I sat on the ruined margin of the deep voiced echoing sea / Whose roaring foaming music crashed in endless cadency / On the land besieged for ever in an aeon of assaults / And torn in towers and pinnacles and caverned in great vaults.

16 Lo! young we are and yet have stood / like planted hearts in the great Sun / of Love so long (as two fair trees / in woodland or in open dale / stand utterly entwined, and breathe / the airs, and suck the very light / together) that we have become / as one, deep moled ill the soil / of Life, and tangled in sweet growth.

Estou descendo a estrada
Onde brilhavam as lanternas das fadas
E os lindos morceguinhos estão voando:
Uma tênue faixa cinza,
Ela segue adiante,
E as sebes e a relva suspiram.
O ar está cheio de asas
Dos besouros voando às tontas
Que passam zumbindo, sussurrando e zunindo.
Oh! escuto as minúsculas cornetas
De duendes encantados
E o ruído dos pés de muitos gnomos vindo.

Oh! as luzes! Oh! os brilhos: Oh! os pequenos sons tilintantes:
Oh! o farfalhar de seus pequenos trajes silenciosos:
Oh! o eco dos seus pés – dos seus pequenos pés felizes:
Oh! suas balouçantes lâmpadas em pequenos globos estrelados.[17]

G.B. Smith leu todos os poemas de Tolkien e lhe enviou críticas. Foi encorajador, mas observou que Tolkien poderia melhorar os seus versos se lesse mais autores ingleses. Smith sugeriu que ele tentasse Browne, Sidney e Bacon; mais tarde recomendou que Tolkien lesse os novos poemas de Rupert Brooke. Mas Tolkien não deu muita atenção aos conselhos do amigo. Já tomara o seu próprio rumo poético e não precisava que ninguém o conduzisse.

Não demorou muito para Tolkien sentir que a composição de poemas ocasionais sem um tema que os interligasse não era o que desejava. No início de 1915, voltou aos versos originais sobre Earendel e começou a inserir esse tema dentro de uma história mais ampla. Ele havia mostrado os versos originais sobre Earendel a G.B. Smith, que dissera que gostava deles, mas não sabia do que se tratavam realmente. Tolkien respondera: “Não sei. Tentarei descobrir.” Não disse

17 I am off down the road / Where the fairy lanterns glowed / And the little pretty flittermice are flying: / A slender band of grey / It runs creepily away / And the hedges and the grasses are a-sighing. // The air is full of wings / Of the blundering beetle--things / That go warn you with their whirring and their humming. / O! I hear the tiny horns / Of enchanted leprechauns / And the padding feet of many gnomes a-coming. // O! the lights! O! the gleams: O! the little tinky sounds: / O! the rustle of their noiseless little robes: / O! the echo of their feet – of their little happy feet: / O! their swinging lamps in little starlit globes.

que tentaria inventar, mas que *tentaria descobrir*. Ele não se via como um inventor de histórias, mas como um descobridor de lendas. E isso se devia na verdade às suas línguas particulares.

Vinha trabalhando há algum tempo na língua influenciada pelo finlandês e, por volta de 1915, ela já havia adquirido algum grau de complexidade. Sentia que era "um passatempo tão louco" e não esperava encontrar um público para ele. Ainda assim, às vezes escrevia poemas nela e, quanto mais trabalhava com a língua, mais sentia que precisava de uma "história" que lhe desse sustentação. Em outras palavras, um idioma não podia existir sem uma raça de pessoas que o falasse. Estava aperfeiçoando a língua; agora tinha de decidir a quem ela pertencia.

Quando conversava com Edith sobre o assunto, referia-se a ela como "minha absurda língua das fadas". Eis aqui parte de um poema datado de "novembro de 1915, março de 1916". Nenhuma tradução sobreviveu,[18] mas as palavras *Lasselanta* ("cair das folhas", portanto "outono") e *Eldamar* (a "casadelfos" no Oeste) seriam usadas por Tolkien em muitos outros contextos:

Ai lintulinda Lasselanta
Pilingeve suyer nalla ganta
Kuluvi ya karnevalinar
V'ematte singi Eldamar.

Durante o ano de 1915, a imagem tornou-se clara na mente de Tolkien. Esta, decidiu ele, era a língua falada pelas fadas ou elfos que Earendel vira durante sua estranha viagem. Começou a trabalhar em uma "Balada de Earendel", que descrevia as andanças do marinheiro pelo mundo antes de seu navio tornar-se uma estrela. A balada seria dividida em vários poemas e o primeiro, "As Costas de Feéria", falava da misteriosa terra de Valinor, onde cresciam duas árvores, uma que dava frutos dourados do sol e a outra frutos prateados da lua. A essa terra Earendel chegava.

18 Humphrey Carpenter parece ter tido considerável dificuldade em ler o manuscrito de Tolkien, realizado a lápis e apressadamente. O texto do poema original foi posteriormente liberado por Christopher Tolkien, filho e editor póstumo das obras de J.R.R.T. Chama-se "Narqelion"; uma discussão linguística completa, bem como uma tradução livre, foram feitas por Paul Nolan Hyde na revista *Mythlore*, nos LVI e LX. Os versos em questão são: "Ai lintuilind(ov)a Lasselanta / Piliningeve súyer nalla qanta / Kuluvai ya karnevalinar / V'ematte sinq' Eldamar." Fazem parte de um texto de vinte versos, e significam aproximadamente: "Eis o breve, cantante Outono / Flechas azuis sopradas dos vales plenos / Nuvens douradas que alegravam outrora / Como mãos juntas suspiram por Eldamar." [N. T.]

Comparativamente, o poema tem poucas relações com os conceitos mitológicos posteriores de Tolkien, mas inclui elementos que iriam aparecer em *O Silmarillion* e merece ser citado como uma indicação do que se passava em sua imaginação nessa época. É reproduzido aqui em sua forma mais antiga:

A Oeste da Lua, Leste do Sol
Há um Morro isolado
C'os pés no Mar de verde claro,
Torre alva em cada lado:
Além-Taníquetil
Em Valinor.
Ali um astro apenas desce,
O que co'a Lua disputa,
Nas Duas Árvores nuas cresce
De Noite a flor de prata
Do Dia-a-Pino a fruta
Em Valinor.
De Feéria é a praia ali,
Costa de seixos ao luar,
De espuma, música de prata
No piso opalescente
Além do mar, da grande sombra
A areia a ladear
Que longe se estende
De Kôr aos pés de ouro luzente —
Além-Taníquetil
Em Valinor.

Oh! A Oeste da Lua, Leste do Sol,
Angra da Estrela está;
O branco burgo do Errante
E as rochas de Eglamar:
Lá é de Wingelot o porto,
Earendel longe a fitar
A magia e o assombro
Daqui pra Eglamar —
Bem longe, além-Taníquetil
Lá Valinor está.[19]

19 West of the Moon, East of the Sun / There stands a lonely Hill / Its feet arc in the pale green Sea; / Its towers are white and still: / Beyond Taníquetil / In Valinor. / No

Enquanto a mente de Tolkien se ocupava com as sementes de sua mitologia, ele se preparava para o Schools, o exame final de Língua e Literatura Inglesa. O exame começou na segunda semana de junho de 1915 e Tolkien teve sucesso — conseguiu Honras de Primeira Classe.

Podia, portanto, ter uma certeza razoável de conseguir um emprego acadêmico quando a guerra terminasse, mas, nesse meio tempo, teria de assumir seu posto como segundo-tenente no Corpo de Fuzileiros de Lancashire. Ao contrário do que esperava, não foi para o 19o Batalhão, onde G.B. Smith servia, mas para o 13o. O treinamento começou em julho, em Bedford, onde ficou alojado em uma casa com mais meia dúzia de oficiais. Aprendeu a treinar um pelotão e assistiu a palestras militares. Comprou uma bicicleta motorizada com um colega oficial e, quando conseguia licença nos fins de semana, viajava até Warwick para visitar Edith. Deixou o bigode crescer. Durante a maior parte do tempo, sua aparência e seu comportamento eram iguais aos de qualquer outro jovem oficial.

Em agosto, foi transferido para Staffordshire e, durante as semanas seguintes, ele e seu batalhão foram deslocados de um quartel para outro com a aparente falta de planejamento que caracteriza os movimentos de tropas em tempo de guerra. As condições eram invariavelmente desconfortáveis e, nos intervalos entre refeições intragáveis, treinamento de trincheira e preleções sobre metralhadoras, havia pouco a fazer exceto jogar bridge (que ele gostava) e ouvir *ragtime* no gramofone (que ele não gostava). Ele tampouco se importava com a maioria dos colegas oficiais. "Os cavalheiros são inexistentes entre os superiores", contou a Edith, "e mesmo os seres humanos são bem raros." Ele passava boa parte do tempo lendo textos islandeses — estava determinado a manter o ritmo do trabalho acadêmico durante a guerra —, mas o tempo custava a passar. "Estes dias cinzentos", escreveu, "desperdiçados repassando sem parar os tópicos monótonos, as minúcias enfadonhas da arte de matar, não são nada agradáveis."

---

stars come there but one alone / That hunted with the Moon, / For there the Two Trees naked grow / That bear Night's silver bloom; / That bear the globed fruit of Noon / In Valinor. / There are the shores of Faery / With their moonlit pebbled strand / Whose foam is silver music / On the opalescent floor / Beyond the great sea-shadows / On the margent of the sand / That stretches on for ever / From the golden feet of Kôr — / Beyond Taníquetil / In Valinor. // O! West of the Moon, East of the Sun / Lies the Haven of the Star; / The white town of the Wanderer / And the rocks of Eglamar: / There Wingelot is harboured / While Earendel looks afar / On the magic and the wonder / ' Tween here and Eglamar, out beyond Taníquetil / In Valinor — afar.

No início de 1916 decidiu especializar-se em sinalização, pois a perspectiva de trabalhar com palavras, mensagens e códigos era mais animadora que a fadiga e a responsabilidade de comandar um pelotão. Assim, aprendeu código Morse, sinalização com bandeiras e discos, a transmissão de mensagens por heliógrafo e lanterna, o uso de foguetes de sinalização e telefones de campanha e até mesmo como utilizar pombos-correio (que às vezes eram usados no campo de batalha). Por fim, foi nomeado oficial de sinalização do batalhão.

O momento de embarcar para a França estava próximo e Ronald e Edith decidiram se casar antes da partida, pois a aterradora lista de baixas das tropas britânicas deixava bem claro que ele poderia nunca mais voltar. De qualquer forma, já tinham esperado mais do que o suficiente, pois ele estava com 24 anos e ela com 27. Não tinham muito dinheiro, mas ao menos ele recebia um soldo regular do exército e decidiu pedir ao padre Francis Morgan que transferisse para o seu nome todo o modesto capital em ações que possuía. Esperava também obter alguma renda com poesia. O poema "Goblin Feet" fora aceito por Blackwell para o volume anual de *Oxford Poetry* e, encorajado pelo fato, Tolkien enviou uma seleção de seus versos aos editores Sidgwick & Jackson. Para incrementar seu capital, acabou vendendo também a sua parte na bicicleta motorizada.

Foi a Birmingham para conversar com o padre Francis sobre o dinheiro e lhe dizer que iria se casar com Edith. Conseguiu resolver a questão financeira, mas, quando chegou a hora, não teve coragem de falar sobre o casamento com o antigo tutor e deixou o Oratório sem dizer uma palavra a respeito, pois não conseguia esquecer como o padre se opusera ao romance seis anos antes. Foi somente uma quinzena antes do casamento que finalmente lhe escreveu contando tudo. Recebeu uma resposta benevolente: o padre Francis escreveu desejando a ambos "todas as bênçãos e felicidade" e declarou que ele mesmo iria celebrar a cerimônia na Igreja do Oratório. Infelizmente, era tarde demais. Os preparativos para que o casamento se realizasse na igreja católica de Warwick já haviam sido feitos.

Ronald Tolkien e Edith Bratt foram casados pelo padre Murphy após a missa matinal da quarta-feira, 22 de março de 1916. Haviam escolhido uma quarta-feira porque fora nesse dia da semana, em 1913, que haviam se reencontrado. Ocorreu um infeliz incidente: Edith não se dera conta de que, ao assinar o registro, teria de informar o nome do pai, e ela nunca contara a Ronald que era filha ilegítima. Confrontada com o registro, entrou em pânico e escreveu o nome de um tio, Frederick Bratt. Contudo, não conseguiu inventar nada para preencher o item "Posição ou Profissão do pai", que acabou ficando em branco.

Mais tarde, contou a verdade a Ronald. "Acho que a amo ainda mais ternamente por tudo isso, minha esposa", escreveu ele, "mas devemos esquecê-lo na medida do possível e confiar tudo a Deus." Após o casamento, partiram de trem para Clevedon, em Somerset, onde iriam ficar por uma semana. Na cabine, ficaram rabiscando (no verso de um telegrama de felicitações) versões da nova assinatura de Edith: *Edith Mary Tolkien... Edith Tolkien... Sra. Tolkien... Sra. J.R.R. Tolkien.*

Parecia esplêndido.

8. O ROMPIMENTO DA SOCIEDADE

QUANDO REGRESSOU DA LUA-DE-MEL, TOLKIEN encontrou uma carta de Sidgwick & Jackson rejeitando seus poemas. De certo modo, ele já esperava por isso, mas foi uma decepção. Edith voltou a Warwick, mas somente para liquidar negócios pendentes na cidade. Haviam decidido que ela não teria um lar permanente enquanto durasse a guerra; moraria em algum cômodo mobiliado tão próximo quanto possível do quartel de Ronald. Ela e a prima Jennie (que ainda morava com ela) foram para Great Haywood, um vilarejo de Staffordshire perto do quartel onde Ronald estava. Havia no vilarejo uma igreja católica com um sacerdote bondoso e Ronald conseguiu encontrar boas acomodações, mas, assim que Edith se instalou, ele recebeu ordens de embarque e, no dia 4 de junho de 1916, domingo à tarde, partiu para Londres e de lá para a França.

Todos na Inglaterra sabiam há algum tempo que "O Grande Avanço" era iminente. Na prática, um impasse continuara durante todo o ano de 1915 na Frente Ocidental, e nem o gás tóxico em Ypres, nem o massacre em Verdun haviam alterado as linhas em mais de alguns quilômetros. Mas, agora que centenas de milhares de novos recrutas haviam passado pelos campos de treinamento de onde haviam saído como um Novo Exército era óbvio que algo espetacular estava para acontecer.

Tolkien chegou a Calais na terça-feira, 6 de junho, e foi para um acampamento em Étaples. De alguma maneira, havia perdido todo o seu equipamento durante a viagem: a cama de campanha, o saco de dormir, o colchão, as botas de reserva, o lavatório, tudo o que escolhera com cuidado e comprara com grande custo desaparecera sem deixar vestígios nas brechas do sistema de transportes do exército, obrigando-o a pedir, pegar emprestado e comprar substitutos.

Os dias passavam em Étaples sem que nada acontecesse. A excitação nervosa do embarque deu lugar ao tédio, agravado pela total ignorância do que estava ocorrendo. Tolkien escreveu um poema sobre a Inglaterra, participou de exercícios de treinamento, escutou as gaivotas. Juntamente com vários outros oficiais, foi transferido para o 11o Batalhão, onde encontrou pouca companhia que fosse do seu agrado. Os oficiais novatos eram todos recrutas como ele, alguns com menos de 21 anos, já os comandantes de companhia e ajudantes mais velhos eram, em muitos casos, soldados profissionais desenterrados da reforma, homens de mente estreita e histórias intermináveis sobre a Índia ou a Guerra dos Bôeres. Esses veteranos estavam sempre dispostos a tirar vantagem de qualquer deslize cometido por um recruta, e Tolkien relatou que o tratavam como a um estudante insignificante. Tinha mais respeito pelos "homens", os oficiais subalternos e soldados rasos que constituíam o corpo de 800 e tantos membros do batalhão. Alguns eram do sul de Gales, mas a maioria era de Lancashire. Os oficiais não podiam fazer amigos entre si, pois o sistema não o permitia, mas cada um deles tinha um ordenança, um empregado incumbido de cuidar do oficial e do seu equipamento, quase como um dos *scouts* de Oxford. Foi assim que Tolkien veio a conhecer muito bem vários dos homens. Muitos anos mais tarde, ao comentar um dos principais personagens de *O Senhor dos Anéis*, Tolkien escreveu: "Meu 'Sam Gamgi' é na verdade um reflexo do soldado inglês, dos soldados rasos e ordenanças que conheci na guerra de 1914 e reconheci como tão superiores a mim."

Após três semanas em Étaples, o batalhão partiu para a Frente. A viagem de trem foi quase que inacreditavelmente lenta, interrompida por inúmeras paradas, e passaram-se mais de 24 horas antes que a paisagem plana e uniforme do Pas-de-Calais desse lugar a um terreno mais acidentado, por onde, ao lado da estrada de ferro, corria um rio canalizado ladeado de choupos. Era o Somme. E já podiam ouvir o fogo de artilharia.

O batalhão de Tolkien desembarcou em Amiens, fez uma refeição preparada em fogareiros na praça principal e depois marchou para fora da cidade, carregando seus equipamentos pesados, desviando-se ou parando de vez em quando para dar passagem a carroças carregadas de munição ou enormes canhões. Logo estavam nos campos da Picardia. A estrada era reta e as casas davam lugar a campos de papoulas escarlates ou mostardeiras amarelas. Começou a chover torrencialmente e, em poucos instantes, a superfície poeirenta da estrada transformou-se em uma extensão esbranquiçada de barro. O batalhão continuou a marcha, pingando e praguejando, até um povoado chamado Rubempré, a 16 quilômetros de Amiens. Ficaram alojados por lá durante uma noite, em condições às quais logo se acostumariam: catres de palha em celeiros e barracões para os soldados, camas de campanha nas casas de fazenda para os oficiais. As construções eram antigas e sólidas, com vigas empenadas e paredes de barro. Lá fora, além da encruzilhada e das casas baixas, campos de centáureas varridos pela chuva estendiam-se até o horizonte. A guerra era uma presença visível: telhados quebrados, construções arruinadas e, não muito longe, ouvia-se o som do qual haviam se aproximado o dia todo, o zumbido e o estrondo das bombas aliadas sobre as linhas alemãs.

Ficaram em Rubempré no dia seguinte, fazendo treinamento físico e praticando com as baionetas. Na sexta-feira, 30 de junho, mudaram-se para outro povoado mais próximo da linha de frente. Na manhã seguinte, bem cedo, começou o ataque. Não participariam dele: sua tarefa era esperar na reserva e entrar na batalha alguns dias depois, quando as linhas alemãs, segundo os cálculos do comandante-em-chefe, Sir Douglas Haig, estariam rompidas e as tropas aliadas poderiam penetrar no território inimigo. Mas não foi isso o que aconteceu.

No sábado, 10 de julho, às 7:30 da manhã, as tropas da linha de frente britânica iniciaram a ofensiva. Rob Gilson do T.C.B.S., servindo no regimento de Suffolk, estava entre elas. Subiram escadas para sair das trincheiras para o campo aberto, entrando em formação em linha reta, como haviam sido instruídos, e começaram o lento avanço — lento porque cada homem carregava pelo menos 29 quilos de equipamento. Haviam lhes dito que as defesas alemãs já estavam praticamente destruídas e que o arame farpado fora rompido pela barragem aliada. No entanto, podiam ver que o arame *não* estava cortado e, ao se aproximarem, as metralhadoras alemãs abriram fogo.

O batalhão de Tolkien permaneceu na reserva e foi transferido para um vilarejo chamado Bouzincourt, onde a maioria dos soldados teve de ficar em campo aberto, enquanto alguns afortunados (incluindo Tolkien) dormiam em casebres. Havia claros sinais de que os acontecimentos na frente de batalha não saíram de acordo com o previsto: feridos às centenas, muitos deles terrivelmente mutilados, tropas incumbidas de cavar sepulturas e um sinistro odor de podridão. A verdade era que no primeiro dia da batalha haviam sido mortos 20 mil Aliados. As defesas alemãs não haviam sido destruídas, o arame não fora cortado e a artilharia inimiga havia fuzilado britânicos e franceses, fila após fila, enquanto esses avançavam a passo lento, formando um alvo perfeito.

Na quinta-feira, 6 de julho, o 110 Batalhão de Fuzileiros de Lancashire entrou em ação, mas apenas a Companhia "A" foi mandada às trincheiras e Tolkien ficou em Bouzincourt com o restante. Releu as cartas de Edith com notícias de casa e deu mais uma olhada nos bilhetes dos outros membros do T.C.B.S. Estava preocupado com Gilson e Smith, que haviam estado no grosso da batalha — e ficou tremendamente feliz e aliviado quando mais tarde, naquele mesmo dia, G.B. Smith apareceu em Bouzincourt, vivo e ileso. Smith permaneceu lá durante um período de descanso de alguns dias antes de retornar às linhas. Os dois amigos encontravam-se e conversavam tanto quanto podiam, discutindo poesia, a guerra e o futuro. Certa vez passearam por um campo onde as papoulas ainda balançavam ao vento apesar da batalha que transformava a região em um monótono deserto de lama. Esperavam ansiosamente por notícias de Rob Gilson. No domingo, a Companhia "A" voltou das trincheiras — uma dúzia de mortos, mais de cem feridos, que contaram histórias de horror. Então, finalmente, na sexta-feira, 14 de julho, foi a vez de Tolkien e a Companhia "B" entrarem em ação.

O que Tolkien experimentou então já fora suportado por milhares de outros soldados: a longa marcha noturna desde os alojamentos até as trincheiras, os tropeções durante um quilômetro e meio ou mais ao longo dos caminhos de comunicação que levavam à linha de frente propriamente dita e as horas de confusão e desespero até que se tivesse completado o turno da companhia anterior. Para os sinalizadores, como Tolkien, a desilusão foi amarga, pois, em vez da organização do período de treinamento, encontraram uma confusão de fios emaranhados, telefones de campanha inativos e cobertos de lama e, o pior, a proibição do uso de fios para quaisquer mensagens exceto as menos importantes (os alemães haviam grampeado as linhas telefônicas e interceptavam as ordens cruciais que precediam o ataque). Estavam proibidas até as cigarras de código Morse, e em vez disso, os sinalizadores tinham de se valer de luzes, bandeiras e, como último recurso, mensageiros ou até mesmo pombos-correio. O pior de tudo eram os mortos. Havia cadáveres por todos os lados, horrivelmente dilacerados pelos projéteis. Os que ainda tinham rostos fitavam o nada com olhos medonhos. Além das trincheiras, a terra de ninguém estava semeada de corpos inchados e em decomposição. Tudo era desolação. O capim e o trigo haviam desaparecido em um mar de lama. As árvores, despojadas de folhas e ramos, eram meros troncos mutilados e enegrecidos. Tolkien nunca esqueceria o que chamou "horror animal" da guerra de trincheiras.

Tolkien entrou em combate pela primeira vez durante uma importante ofensiva planejada pelo comando Aliado; sua companhia uniu-se à 7a Brigada de Infantaria para um ataque ao arruinado vilarejo de Ovillers, ainda em poder dos alemães. O ataque fracassou, pois, mais uma vez, o arame farpado das linhas inimigas não fora totalmente cortado, e muitos homens do batalhão de Tolkien foram mortos pelo fogo de metralhadora. Ele sobreviveu ileso e, depois de 48 horas sem descanso, finalmente pôde dormir um pouco no abrigo de uma trincheira. 24 horas depois, sua companhia foi dispensada. Ao voltar aos casebres de Bouzincourt, Tolkien encontrou uma carta de G.B. Smith.

> 15 de julho de 1916.
>
> Meu caro John Ronald,
>
> Li no jornal hoje pela manhã que Rob foi morto.
>
> Estou a salvo, mas que importância tem isso?
>
> Por favor, fiquem comigo, você e Christopher. Estou muito cansado e terrivelmente deprimido com essa notícia horrível.
>
> Agora percebemos desesperados o que o T.C.B.S. realmente era.
>
> Oh, meu caro John Ronald, o que vamos fazer?
>
> Sempre seu,
> G.B.S.

Rob Gilson morrera em La Boisselle, liderando seus homens no primeiro dia da batalha, em lo de julho.

Tolkien escreveu a Smith: "Não me sinto membro de um corpo completo. Sinto honestamente que o T.C.B.S. acabou." Mas Smith respondeu: "O T.C.B.S. não acabou e nunca acabará."

Dia após dia, a rotina era sempre a mesma: um período de descanso, a volta às trincheiras, mais ataques (geralmente fracassados), outro período de descanso. Tolkien esteve entre os que serviram de apoio ao assalto ao Reduto Schwaben, uma fortificação das trincheiras alemãs. Fizeram prisioneiros, entre os quais homens de um antigo regimento saxão que, em um passado distante, lutara ao lado dos Fuzileiros de Lancashire contra os franceses, em Minden, em 1759. Tolkien conversou com um oficial ferido e lhe ofereceu água; o prisioneiro corrigiu sua pronúncia do alemão. Às vezes havia breves períodos de calmaria e os canhões silenciavam. Em um desses momentos (lembraria Tolkien) estava com a mão sobre o receptor de um telefone de trincheira quando um rato silvestre saiu de seu esconderijo e correu sobre seus dedos.

No dia 19 de agosto, sábado, Tolkien e G.B. Smith encontraram-se de novo, em Acheux. Conversaram, voltaram a se encontrar nos dias seguintes e, antes de se despedirem, comeram juntos em Bouzincourt, debaixo do fogo inimigo. Escaparam ilesos e Tolkien retornou às trincheiras.

Embora os combates já não fossem tão intensos quanto nos primeiros dias da Batalha do Somme, as forças britânicas continuaram a sofrer perdas imensas e muitos do batalhão de Tolkien foram mortos. Ele não sofreu nenhum ferimento, mas, quanto mais tempo permanecia nas trincheiras, maiores eram as chances de figurar entre as baixas. A possibilidade de uma licença era sempre iminente, mas nunca concedida.

O que o salvou foi uma "pirexia de origem desconhecida", como diziam os médicos. Para os soldados era simplesmente a "febre das trincheiras". Transmitida por piolhos, causava elevação de temperatura e outros sintomas febris, e milhares de homens já haviam dado baixa por causa desse mal. Em 27 de outubro, sexta-feira, foi a vez de Tolkien. Na época, ele estava aquartelado em Beauval, 19 quilômetros atrás das linhas. Quando adoeceu, foi transportado a um hospital não muito longe dali. Um dia depois, estava em um trem-enfermaria com destino à costa e, no domingo à noite, em um leito do hospital de Le Touquet, onde permaneceu por uma semana.

Mas a febre não cedeu e, em 8 de novembro, foi posto a bordo de um navio com destino à Inglaterra. Ao chegar, foi de trem até um hospital em Birmingham. Assim, em alguns dias, viu-se transportado do horror das trincheiras para os lençóis brancos e a visão da cidade que conhecia tão bem.

Estava novamente ao lado de Edith e, na terceira semana de dezembro, estava bem o suficiente para deixar o hospital e ir a Great Haywood para passar o Natal com ela. Lá recebeu uma carta de Christopher Wiseman, que servia na Marinha:

> H.M.S. *Superb*. 16 de dezembro de 1916.
>
> Meu caro J.R.,
>
> Acabei de receber notícias de casa sobre G.B.S., que sucumbiu a ferimentos de granada que sofreu em 3 de dezembro. Não posso dizer muito a esse respeito agora. Humildemente rogo a Deus Todo-Poderoso que possa me considerar digno dele.
>
> Chris.

Smith estava caminhando por uma estrada em um vilarejo atrás da linha de combate quando uma granada explodiu perto dele, ferindo seu braço direito e sua coxa. Tentaram operá-lo, mas a gangrena havia se instalado. Foi sepultado no Cemitério Britânico de Warlencourt. Pouco tempo antes, ele escrevera a Tolkien:

> Meu principal consolo é que, se eu morrer hoje — vou sair em missão daqui a alguns minutos —, ainda restará

um membro do grande T.C.B.S. para expressar o que sonhei e no que todos concordamos. Pois a morte de um dos seus membros não pode, tenho certeza, dissolver o T.C.B.S. A morte pode nos tornar repugnantes e indefesos como indivíduos, mas não pode acabar com os quatro imortais! Uma descoberta que vou comunicar a Rob antes de sair hoje à noite. E você, escreva-a também a Christopher. Deus o abençoe, meu caro John Ronald, e possa você dizer as coisas que tentei dizer, muito tempo depois de eu não estar aqui para dizê-las, se for esse o meu destino.

Sempre seu,
G.B.S.

PARTE III
1917–1925:

A CRIAÇÃO DE UMA MITOLOGIA

1. Contos Perdidos

"POSSA VOCÊ FALAR AS COISAS que tentei dizer, muito tempo depois de eu não estar aqui para dizê-las." Para Ronald, as palavras de G.B. Smith foram evidentemente uma conclamação para que iniciasse a grande obra sobre a qual vinha meditando durante algum tempo, um grandioso e extraordinário projeto com poucos paralelos na história da literatura. Ele criaria uma mitologia inteira.

A ideia tivera origem no seu gosto pela invenção de línguas. Havia descoberto que, para conferir certo grau de complexidade a tal empreitada, era preciso criar para as línguas uma "história" na qual elas pudessem se desenvolver. Ao escrever os primeiros poemas sobre Earendel, ele já começara a esboçar um pouco dessa história; agora queria registrá-la na sua totalidade.

Mas havia também outra força em ação: o desejo de expressar em poesia os seus mais profundos sentimentos, um desejo que devia sua origem à inspiração do T.C.B.S. Não havia nada de extraordinário nos seus primeiros poemas, imaturos como o idealismo inexperiente dos quatro jovens. Contudo, eles foram os primeiros passos em direção ao grande poema em prosa (pois, embora composta em prosa, a sua obra é poética) que agora começaria a escrever.

E havia, ainda, um terceiro elemento: o desejo de criar uma mitologia *para a Inglaterra*. Nos seus tempos de estudante, ele insinuara tal intenção quando escreveu sobre o *Kalevala* finlandês: "Gostaria que nos houvesse restado mais — algo semelhante que pertencesse aos ingleses." A ideia cresceu até atingir proporções grandiosas. Eis como Tolkien a expressou ao relembrá-la muitos anos depois: "Não ria! Mas, certa vez (minha crista caiu há muito tempo), tive a intenção de criar um corpo de lendas mais ou menos interligadas, que abrangesse desde o amplo e o cosmogônico até o nível do conto de fadas romântico — o maior apoiado no menor em contato com a terra, o menor sorvendo esplendor do vasto pano de fundo — que eu poderia dedicar simplesmente à Inglaterra, ao meu país. Deveria possuir o tom e a qualidade que eu desejava, um tanto sereno e claro, com a fragrância do nosso 'ar' (o clima e o solo do Noroeste, isto é, da Grã-Bretanha e das regiões europeias mais próximas; não a Itália ou o Egeu, muito menos o Oriente); possuiria (se eu conseguisse alcançá-la) a beleza graciosa e fugidia que alguns chamam de céltica (apesar de raramente encontrada nas antiguidades célticas genuínas), deveria ser 'elevado', purgado do grosseiro e adequado à mente mais adulta de uma terra há muito impregnada de poesia. Eu desenvolveria alguns dos grandes contos na sua plenitude e deixaria muitos apenas no projeto e esboçados. Os ciclos deveriam ligar-se a um todo majestoso e ainda assim deixar espaço para outras mentes e mãos, munidas de tinta, música e drama. Absurdo."

O conceito pode ter parecido absurdamente grandioso, mas, ao voltar da França, Tolkien estava determinado a realizá-lo. Aquela era a hora e o lugar certo: mais uma vez estava com Edith e em Great Haywood, na paisagem rural inglesa que lhe era tão cara. Mesmo Christopher Wiseman, longe dali em alto-mar, sentiu que algo estava para acontecer. Ele escreveu a Tolkien: "Você deveria começar a epopeia." Foi o que Tolkien fez. Na capa de um caderno barato, escreveu com um grosso lápis azul o título que escolhera para seu ciclo mitológico: "O Livro dos Contos Perdidos". No interior do caderno começou a compor o que acabaria por ser conhecido como *O Silmarillion*.

Nenhum acontecimento externo da vida de Tolkien pode explicar mais do que superficialmente as origens da sua mitologia. Certamente o artifício que interligava as histórias no primeiro rascunho do livro (mais tarde abandonado) deve algo a *The Earthly Paradise* [O Paraíso Terrestre] de William Morris, pois, como naquela história, um navegante chega a uma terra desconhecida onde ouvirá uma sucessão de contos. O viajante de Tolkien chamava-se Eriol, um nome que ele diz significar "O que sonha só". Mas os contos que Eriol escuta, grandiosos, trágicos e heroicos, não podem ser considerados um mero produto de influências literárias e experiências pessoais. Quando Tolkien começou a escrever, recorreu a um veio de sua imaginação muito mais profundo, muito mais rico, do que qualquer outro que explorara até então; e esse veio continuaria a produzir pelo resto de sua vida.

As primeiras "lendas" que compõem *O Silmarillion* falam da criação do universo e do estabelecimento do mundo conhecido, que Tolkien, relembrando a Midgard nórdica e as palavras equivalentes no inglês arcaico, chama de "Middle-earth" [Terra-média]. Alguns leitores interpretaram isso como uma referência a outro planeta, mas Tolkien não teve tal intenção. "A Terra-média é o *nosso* mundo", escreveu. "Localizei a ação (é claro) num período puramente imaginário (mas não totalmente impossível) da Antiguidade, quando a forma das massas continentais era diferente."

Histórias posteriores do ciclo tratam principalmente da feitura das "Silmarils" (as três grandes joias dos elfos que dão nome ao livro), de como foram roubadas do reino abençoado de Valinor pelo poder maligno Morgoth e das guerras subsequentes em que os elfos tentam reconquistá-las.

Alguns ponderaram a relação entre as histórias de Tolkien e seu cristianismo e acharam difícil compreender como um católico devoto podia escrever com tal convicção sobre um mundo onde Deus não é adorado. Mas não há mistério. *O Silmarillion* é a obra de um homem profundamente religioso. Não contradiz o cristianismo, complementa-o. Nas lendas Deus não é venerado, mas está presente, mais explicitamente em *O Silmarillion* do que na obra que nasceu dele, *O Senhor dos Anéis*. O universo de Tolkien é governado por Deus, "O Uno". Subordinados a ele na hierarquia estão "Os Valar", os guardiães do mundo, que não são deuses, mas potências angelicais, santos e sujeitos a Deus; em um momento terrível da história, eles renunciam ao poder e o confiam às Suas mãos.

Tolkien moldou sua mitologia dessa forma porque queria que fosse remota e estranha, mas, ao mesmo tempo, que *não fosse uma mentira*. Queria que as histórias mitológicas e lendárias expressassem a sua visão moral do universo e, como cristão, não podia colocar essa visão em um cosmos sem o Deus que ele adorava. Ao mesmo tempo, situar as histórias "realisticamente" em um mundo conhecido, onde as crenças religiosas fossem explicitamente cristãs, seria privá-las do colorido imaginativo. Assim, embora Deus esteja presente no universo de Tolkien, ele permanece invisível.

Quando escrevia *O Silmarillion*, Tolkien acreditava que, de certa maneira, estava escrevendo a verdade. Não achava que povos precisamente iguais aos que descrevera, "elfos", "anãos" e malévolos "orques", houvessem caminhado na terra e realizado os feitos que registrara. Mas sentia, ou esperava, que suas histórias eram, de alguma maneira, a expressão concreta de uma verdade profunda. Isso não quer dizer que estivesse escrevendo uma alegoria: longe disso. Várias vezes ele expressou seu desagrado por essa forma de literatura. "Desgosta-me a alegoria onde quer que eu a fareje", disse certa vez, e frases semelhantes ecoam através de suas cartas aos leitores dos seus livros. Então em que sentido ele supunha que *O Silmarillion* fosse "verdadeiro"?

Parte da resposta pode ser encontrada no ensaio *Sobre Estórias de Fadas* e na história *Folha de Cisco*, ambos sugerem que um homem pode receber de Deus o dom de poder registrar "um súbito vislumbre da realidade ou verdade subjacente". Ao compor *O Silmarillion*, Tolkien certamente acreditava estar fazendo algo mais, além de inventar uma história. Escreveu sobre os contos que compõem o livro: "Surgiam em minha mente como coisas 'determinadas' e, conforme vinham, separadamente, assim também cresciam os elos. Um trabalho absorvente, embora continuamente interrompido (especialmente porque, mesmo à parte das necessidades da vida, a mente voava para o polo oposto e desdobrava-se sobre a linguística), porém, sempre tive a sensação de registrar o que já estava 'presente' em algum lugar, não de 'inventar'."

A primeira história a ser colocada no papel — foi escrita no começo de 1917, durante a convalescença de Tolkien em Great Haywood — ocupa, na verdade, um lugar próximo ao fim do ciclo. É "A Queda de Gondolin", que relata o ataque de Morgoth, o principal poder maligno, ao último reduto élfico. Após uma terrível batalha, um grupo de habitantes de Gondolin consegue escapar, e entre eles está Earendel[20], neto do rei. Eis, portanto, o elo com os poemas sobre Earendel, os primeiros esboços da mitologia. O estilo de "A Queda de Gondolin" sugere que Tolkien foi influenciado por William Morris, e é razoável supor que a grande batalha que constitui a parte central da história possa ter sido inspirada pelas experiências de Tolkien no Somme — ou melhor, pela sua reação a essas experiências, pois a luta em Gondolin tem uma grandeza heroica quase que inteiramente ausente da guerra moderna. Seja como for, essas "influências" foram apenas superficiais: Tolkien não usou nenhum modelo ou fonte de referências para criar a sua estranha e emocionante narrativa. Na verdade, as duas características mais notáveis da obra são criações exclusivamente suas: os nomes inventados e o fato de que a maioria dos protagonistas são elfos.

Estritamente falando, seria possível dizer que os elfos de *O Silmarillion* nasceram do "povo das fadas" dos primeiros poemas de Tolkien, mas, na verdade, não há quase nenhuma relação entre eles. Os elfos podem ter surgido em sua mente como resultado do seu entusiasmo pelas *Sister Songs*, de Francis Thompson, e da afeição de Edith pela "pequena gente élfica", mas os elfos de *O Silmarillion* não têm absolutamente nada a ver com os "minúsculos duendes" de "Goblin Feet". São, para todos os efeitos, *homens*, ou melhor, são o Homem antes da Queda que o privou de seus poderes de realização. Tolkien acreditava piamente que outrora existira um Éden na terra e que o pecado original e a subsequente queda do homem eram responsáveis pelos males do mundo, mas os seus elfos, embora capazes de

20 A grafia "Eärendil" só foi adotada por Tolkien alguns anos mais tarde.

pecar e errar, não "caíram" no sentido teológico e, assim, o seu poder ultrapassa o poder humano. São artífices, poetas, escribas, criadores de obras de uma beleza muito superior à dos artefatos humanos. E o mais importante: são imortais, a menos que sejam mortos em batalha. A idade, a doença e a morte não os atingem enquanto a sua obra estiver inacabada ou imperfeita. São, portanto, o ideal de todo artista.

São estes, então, os elfos de *O Silmarillion*, e de *O Senhor dos Anéis*. O próprio Tolkien resumiu sua natureza quando escreveu: "São feitos pelo homem à sua própria imagem e semelhança; libertos, porém, das limitações que mais o oprimem. São imortais e sua vontade é diretamente eficaz para a realização da imaginação e do desejo."

Quanto aos nomes de pessoas e lugares em "A Queda de Gondolin" e nas outras histórias de *O Silmarillion*, eles foram construídos a partir das línguas inventadas por Tolkien. Já que a existência dessas línguas fora uma *raison d'être* de toda a mitologia, não é de surpreender que tenha dedicado tanta atenção à criação de nomes a partir delas. De fato, a leitura de nomes e o trabalho linguístico decorrente chegaram (como ele disse no trecho mencionado acima) a ocupar tanto, ou mais, da sua atenção quanto a própria composição das histórias. Assim, vale a pena (e é interessante) ter uma ideia de como realizava esse trabalho.

Tolkien esboçou uma grande quantidade de línguas inventadas quando era adolescente e muitas delas chegaram a atingir certo nível de complexidade. Contudo, apenas uma dessas experiências foi do seu agrado e conseguiu expressar o seu gosto linguístico pessoal: uma língua com uma forte influência do finlandês, que ele denominou "quenya". Em 1917, essa língua já atingira um alto nível de refinamento e possuía um vocabulário de muitas centenas de palavras (baseadas, porém, em um número bastante limitado de radicais). O quenya tinha origem, como qualquer língua "real", em uma língua mais primitiva, supostamente falada em uma era anterior. E, a partir desse "eldarin primitivo", Tolkien criou uma segunda língua élfica, contemporânea ao quenya, mas falada por outros povos élficos. Essa língua recebeu o nome de "sindarin" e teve a sua fonologia moldada a partir do galês, a língua mais próxima do seu gosto linguístico pessoal depois do finlandês.

Além do quenya e do sindarin, Tolkien inventou muitas outras línguas élficas. Embora existissem apenas como esboço, as complexidades das suas inter-relações e a elaboração de uma "árvore" linguística ocuparam bastante a sua mente. Contudo, os nomes élficos em *O Silmarillion* foram construídos quase que exclusivamente a partir do quenya e do sindarin.

É impossível descrever em apenas algumas frases como Tolkien usou suas línguas élficas para dar nomes aos personagens e lugares de suas histórias. Mas, basicamente, o que ocorria era o seguinte: quando trabalhava de acordo com um plano, formava todos esses nomes com grande cuidado, escolhendo primeiro o seu significado, depois elaborando a forma, primeiro em uma língua e depois na outra; a forma definitiva era geralmente a do sindarin. Na prática, ele frequentemente era mais arbitrário. Isso pode parecer estranho, tendo em vista o seu profundo amor pela invenção cuidadosa, porém, no afã de escrever, ele muitas vezes construía um nome que lhe parecia adequado ao personagem, considerando apenas superficialmente as suas origens linguísticas. Mais tarde, rejeitava muitos dos nomes feitos dessa maneira, classificando-os como "sem significado" e sujeitava outros a um severo escrutínio filológico, tentando descobrir *como* podiam ter atingido a sua forma estranha e aparentemente inexplicável. Esse também é um aspecto da sua imaginação que tem de ser compreendido por qualquer um que pretenda entender como ele trabalhava. Com o passar dos anos, Tolkien passou a considerar cada vez mais suas línguas e narrativas como línguas "reais" e crônicas históricas que tinham de ser elucidadas. Em outras palavras, quando essa concepção se impunha e Tolkien se via diante de uma contradição na narrativa ou de um nome insatisfatório, ele não dizia: "Isso não está como eu quero; preciso modificar." Em vez disso, abordava o problema da seguinte maneira: "O que significa isso? Preciso *descobrir*."

Isso não ocorria porque perdera o juízo ou o senso de proporção. Em parte, era um jogo intelectual de Paciência[21] (ele gostava muito de cartas) e, em parte, uma consequência de sua crença na *veracidade* absoluta da mitologia que criara. Em certos momentos, pensava em fazer alterações drásticas em aspectos fundamentais de toda a estrutura narrativa, exatamente como qualquer outro autor faria. Ocorriam atitudes contraditórias, é claro, mas nesse ponto, como em tantas áreas de sua personalidade, Tolkien era um homem de antíteses.

Foi essa, então, a obra notável que iniciou durante o período de licença em Great Haywood no começo de 1917. Edith estava contente por poder ajudá-lo e passou a limpo "A Queda de Gondolin" em um grande caderno de exercícios. Foi um interlúdio de raro contentamento. À tardinha, ela tocava piano e ele recitava seus poemas ou esboçava retratos dela. Edith engravidou nessa época. Mas o idílio não podia durar: a "febre das trincheiras" causava pouco mais que elevação de

21 *Patience*, o termo britânico para jogos de cartas com um só jogador, é conhecida em alguns lugares como *Solitaire*.

temperatura e desconforto geral e, pelo visto, um mês passado no hospital de Birmingham fora suficiente para curá-lo. Agora, seu batalhão queria que voltasse à França. Naturalmente ele não queria ir e seria trágico perder a vida sob o fogo alemão justamente quando estava começando a sua grande obra. Mas o que mais podia fazer?

Sua saúde forneceu a resposta. Perto do final da licença em Great Haywood, ele adoeceu novamente. Melhorou após algumas semanas e ficou estacionado temporariamente em Yorkshire. Edith e a prima Jennie juntaram seus pertences e o seguiram para o norte, mudando-se para um alojamento mobiliado a alguns quilômetros do quartel, em Hornsea. Mas, logo após voltar ao serviço, Tolkien mais uma vez ficou doente e foi internado em um sanatório de Harrogate.

Não estava se fingindo de doente. Não há dúvida de que apresentava sintomas reais de doença. Mas, como Edith escreveu, "Cada dia na cama significa mais um dia na Inglaterra", e ele sabia que a recuperação quase que inevitavelmente o levaria de volta às trincheiras. Assim, como ocorria com muitos outros soldados, seu corpo reagiu e manteve a temperatura acima do normal. Além disso, o fato de passar dia após dia na cama, tomando doses e mais doses de aspirina, nada fazia para aumentar suas forças. Em abril, foi considerado apto outra vez e enviado a uma escola de sinalização do exército no nordeste da Inglaterra para treinamentos adicionais. Se fosse bem-sucedido nos exames, teria uma boa chance de ser nomeado Oficial Sinalizador no quartel de Yorkshire, um posto que provavelmente o manteria longe das trincheiras. Prestou o exame em julho, mas fracassou. Alguns dias depois, adoeceu novamente e na segunda semana de agosto estava de volta ao hospital.

Dessa vez estava em um ambiente inteiramente do seu agrado, no Brooklands Officer's Hospital, em Hull. Tinha como companhia um agradável grupo de pacientes, entre eles um amigo dos Fuzileiros de Lancashire. Recebia visitas das freiras de um convento local, com uma das quais iniciou uma amizade que continuaria até o fim da vida dela. Pôde também continuar a escrever. Nesse meio tempo, Edith, agora no final da gravidez, fora morar com a prima em um alojamento miserável à beira-mar. Ela se arrependera há muito tempo de ter aberto mão de sua casa em Warwick. A vida em Great Haywood fora razoável, mas agora era quase insuportável. Não havia piano na pensão, a escassez de comida, graças ao afundamento de navios britânicos pelos submarinos alemães, era desesperadora e quase nunca via Ronald — a viagem de Hornsea até o hospital era longa e cansativa. A igreja católica local era uma pobre estrutura temporariamente instalada em um cinema, de modo que Edith quase se sentiu tentada a frequentar a igreja paroquial anglicana com Jennie, que pertencia à Igreja da Inglaterra. Além disso, a gravidez a deixava exausta. Por tudo isso, decidiu voltar a Cheltenham, onde morara por três anos e que era a única cidade de que realmente gostava. Lá, teria condições de dar à luz em um hospital confortável e, enquanto o momento do parto não chegasse, ela e Jennie ficariam em quartos alugados. Assim, as duas partiram para Cheltenham.

Nessa época, talvez durante a internação em Hull, Tolkien compôs outra grande narrativa para "O Livro dos Contos Perdidos": a história do infeliz Túrin, que acabou por receber o título de "Os Filhos de Húrin". Novamente é possível perceber certas influências literárias: a luta do herói contra um grande dragão inevitavelmente sugere uma comparação com os feitos de Sigurd e Beowulf, enquanto o incesto involuntário com a irmã e o subsequente suicídio foram conscientemente inspirados na história de Kullervo no *Kalevala.* Porém, mais uma vez essas "influências" são apenas superficiais. "Os Filhos de Húrin" é uma fusão vigorosa de tradições islandesas e finlandesas, mas vai muito além, e atinge um grau de complexidade dramática e uma sutileza de caracterização raramente encontradas nas antigas lendas.

Em 16 de novembro de 1917, em um hospital de Cheltenham, nasceu o filho de Ronald e Edith Tolkien. Foi um parto difícil e a vida de Edith esteve em perigo. No entanto, apesar de ter recebido alta do hospital, Ronald foi obrigado a permanecer no quartel e, para seu grande pesar, só conseguiu uma licença para viajar para o sul quase uma semana após o nascimento, quando Edith já começava a se recuperar. Decidiram chamar o bebê de John Francis Reuel — de "Francis" em homenagem ao padre Francis Morgan, que veio de Birmingham para batizá-lo. Após o batizado, Ronald voltou ao serviço e Edith foi com o menino para Yorkshire, onde alugou quartos mobiliados em Roos, um vilarejo ao norte do estuário do Humber, não longe do local onde Ronald, agora promovido a tenente, estava aquartelado. Na época, parecia improvável que ele fosse enviado para o exterior outra vez.

Quando conseguia uma licença, Ronald e Edith passeavam no campo. Perto de Roos acharam um pequeno bosque com uma vegetação rasteira de cicuta e por lá perambulavam. Mais tarde, Ronald relembraria a imagem de Edith nessa época: "Seus cabelos eram negros, sua pele clara, seus olhos brilhantes, e ela sabia cantar — e *dançar.*" E ela cantou e dançou para ele no bosque, e daí veio a história que seria o centro de *O Silmarillion*: a história do mortal Beren, apaixonado pela donzela élfica Lúthien Tinúviel, que ele vê pela primeira vez em um bosque, dançando entre a cicuta.

Esse conto de fadas profundamente romântico abarca uma gama de emoções muito maior do que qualquer coisa que Tolkien escrevera antes, alcançando às vezes uma intensidade de paixão wagneriana. Também é a primeira história de busca de Tolkien; e a viagem dos dois enamorados até a terrível fortaleza de Morgoth, onde esperam cortar uma Silmaril de sua Coroa de Ferro, parece tão predestinada ao fracasso quanto a tentativa de Frodo de carregar o Anel ao seu destino.

De todas as suas lendas, o conto de Beren e Lúthien era o mais amado por Tolkien, especialmente porque, em certo nível, ele identificava Lúthien com sua esposa. Após a morte de Edith, mais de 50 anos depois, ele escreveu ao filho Christopher, explicando por que queria incluir o nome "Lúthien" na sua lápide: "Ela era (e sabia que era) minha Lúthien. Não direi mais agora. Mas gostaria de em breve ter uma longa conversa com você. Pois, se como parece provável, jamais escreverei qualquer biografia exigida — é contra minha natureza, que se expressa sobre coisas profundamente sentidas em histórias e mitos —, alguém próximo a mim no coração deve saber algo sobre coisas que os registros não registram: os terríveis sofrimentos de nossas infâncias, dos quais resgatamos um ao outro, mas não pudemos curar completamente as feridas que mais tarde com frequência se mostraram incapacitantes; os sofrimentos que suportamos depois que nosso amor começou — todos os quais (além de nossas fraquezas pessoais) poderiam ajudar a tornar perdoáveis, ou compreensíveis, os lapsos e escuridões que de vez em quando frustravam nossas vidas — e a explicar como estes nunca tocaram nossos íntimos nem turvaram as lembranças de nosso amor juvenil. Pois ainda sempre (especialmente quando sozinhos) nos encontrávamos na clareira do bosque e andávamos de mãos dadas muitas vezes para fugir da sombra da morte iminente antes de nossa última despedida."

Os dias de Tolkien em Roos chegaram ao fim na primavera de 1918, quando foi transferido para Penkridge, um dos quartéis de Staffordshire onde treinara antes de ir para a França. Nessa época, os homens de seu batalhão que ainda serviam na França foram todos mortos ou aprisionados em Chemin des Dames.

Edith, o bebê e Jennie Grove foram se encontrar com ele no sul. Edith estava farta daquela "vidinha miserável de andarilhos sem lar" e, mal haviam se instalado em Penkridge, Tolkien foi novamente transferido para Hull. Dessa vez Edith recusou-se a mudar. Estava cansada por causa do bebê e muitas vezes sentia dores — os efeitos do parto difícil prolongaram-se durante muito tempo. "Nunca mais vou perambular com você", escreveu ela amargurada a Ronald. Nesse meio tempo, ao voltar à Guarnição do Humber, Ronald adoeceu outra vez e foi mandado novamente para o hospital dos oficiais em Hull.

"Creio que você nunca mais deveria sentir-se cansado", Edith escreveu, "pois a quantidade de *cama* que você teve desde que voltou da França há quase dois anos é enorme." No hospital, além de trabalhar na sua mitologia e nas línguas élficas, ele aprendia sozinho um pouco de russo e aperfeiçoava seus conhecimentos de espanhol e italiano.

Em outubro recebeu alta do hospital. A paz parecia um pouco mais próxima e ele foi a Oxford verificar se havia alguma chance de conseguir um emprego acadêmico. As perspectivas não eram promissoras: a universidade mal funcionava e ninguém sabia o que ocorreria quando chegasse a paz. Mas, quando falou com William Craigie, que lhe ensinara islandês, recebeu notícias mais encorajadoras. Craigie fazia parte da equipe do New English Dictionary, cujas partes finais ainda estavam sendo compiladas em Oxford, e disse a Tolkien que poderia lhe arrumar um emprego de lexicógrafo assistente. Quando a guerra terminou, em 11 de novembro, Tolkien entrou em contato com as autoridades militares e obteve permissão para ser postado em Oxford "com a finalidade de completar sua educação" até a desmobilização. Encontrou aposentos perto do seu antigo alojamento na St. John's Street e, no fim de novembro de 1918, ele, Edith, o bebê e Jennie Grove fixaram residência em Oxford.

2. Interlúdio em Oxford

DURANTE MUITO TEMPO TOLKIEN SONHARA retornar a Oxford. Ao longo de toda a guerra sofrera as dores da nostalgia por sua faculdade, seus amigos e o modo de vida que levara por quatro anos. A consciência do tempo perdido também o atormentava — estava agora com 27 anos e Edith com 30. Mas, finalmente, podiam gozar o que haviam esperado por tanto tempo: "Nosso lar juntos."

Percebendo que ingressava em uma nova fase de sua vida, Tolkien começou (no primeiro dia do ano de 1919) a escrever um diário onde registrava os acontecimentos importantes e seus pensamentos a respeito deles. Apesar de tê-lo iniciado em letra normal, passou a usar um alfabeto notável que acabara de inventar, que parecia uma mistura de hebraico, grego e taquigrafia Pitman. Logo decidiu envolvê-lo na sua mitologia e o chamou de "O Alfabeto de Rúmil", nome de um sábio élfico das suas histórias. Os registros no diário eram todos em inglês, mas escritos nesse alfabeto. A única dificuldade era que não conseguia lhe dar uma forma definitiva; vivia alterando as letras e o seu uso, de forma que um sinal usado para "r" em uma semana poderia ser usado para "l" na seguinte. Tampouco se lembrava de manter um registro dessas alterações e, depois de algum tempo, passou a ter dificuldades para ler os registros antigos do diário. De nada adiantaram as resoluções de parar com as alterações e deixar o alfabeto em paz: nesse caso, como em muitos outros, um perfeccionismo irrequieto o obrigava a refinar e reajustar constantemente.

Com paciência, o diário pôde ser decifrado, e proporciona uma imagem detalhada do novo padrão de vida de Tolkien. Após o desjejum, ele saía do no 50 da St. John's Street e ia para o gabinete de trabalho do New English Dictionary, que ficava no prédio do Old Ashmolean, na Broad Street. Lá, no que ele chamava "aquela grande oficina empoeirada, aquele mais marrom dos gabinetes marrons", um pequeno grupo de peritos labutava na produção do mais abrangente dicionário da língua inglesa já compilado. O trabalho tivera início em 1878 e, por volta de 1900, as seções que compreendiam as letras de A a H haviam sido publicadas, mas, 18 anos depois, com os atrasos causados pela guerra, as letras de U a Z ainda estavam incompletas. O editor original, Sir James Murray, morrera em 1915 e o trabalho era agora supervisionado por Henry Bradley, um homem notável que passara 20 anos como funcionário de um cuteleiro de Sheffield antes de dedicar-se em tempo integral à erudição e tornar-se um eminente filólogo.[22]

Tolkien apreciava trabalhar no dicionário e gostava de seus colegas, especialmente do consumado C.T. Onions. Nas primeiras semanas lhe deram a tarefa de pesquisar a etimologia de *warm* [quente], *wasp* [vespa], *water* [água], *wick* [pavio de lamparina] e *winter* [inverno]. Para se ter uma ideia da habilidade que isso exigia basta olhar o verbete que foi finalmente impresso para *wasp*. Não é uma palavra particularmente difícil, mas o parágrafo que trata dela menciona formas comparáveis em saxão antigo, holandês médio, holandês moderno, alto alemão antigo, baixo alemão médio, alto alemão médio, alemão moderno, teutônico antigo, pré-teutônico primitivo, lituano, eslavo antigo, russo e latim. Não é de surpreender que Tolkien tenha descoberto que esse tipo de trabalho lhe ensinava muito sobre línguas e, certa vez, falando sobre o período 1919–20, quando trabalhou no dicionário, disse: "Aprendi mais nesses dois anos que em qualquer outro período da minha vida." Realizou sua tarefa de maneira notável, mesmo pelos padrões do dicionário, e o Dr. Bradley declarou: "Seu trabalho dá provas de um domínio excepcional do anglo-saxão e dos fatos e princípios da gramática comparada das línguas germânicas. Na verdade, não hesito em dizer que nunca conheci um homem da sua idade que se igualasse a ele nesses aspectos."

Na hora do almoço e, pouco tempo depois, na hora do chá, Tolkien tinha apenas de fazer uma breve caminhada até a sua casa. O Dr. Bradley era um chefe pouco exigente quanto a horários e, de qualquer maneira, não esperava que o trabalho no dicionário ocupasse todo o dia de Tolkien. Como outros membros da equipe, esperava-se que preenchesse o seu tempo e aumentasse a sua renda dando aulas na universidade. Ele divulgou sua disposição de aceitar alunos e, um a um, as faculdades começaram a se manifestar — especialmente as femininas, pois a Lady Margaret Hall e a St. Hugh's precisavam desesperadamente de alguém que ensinasse anglo-saxão às suas jovens, e Tolkien tinha a vantagem de ser casado, o que significava que não era necessário mandar acompanhantes quando ele desse aulas em casa.

Ele e Edith logo chegaram à conclusão de que podiam pagar o aluguel de uma pequena casa e encontraram uma adequada bem perto de onde moravam, na 1 Alfred Street (agora chamada Pusey Street).

---

22 Quando criança, Bradley aprendeu a ler *de cabeça para baixo*, olhando a Bíblia nos joelhos de seu pai durante as orações em família.

Mudaram-se para lá no fim do verão de 1919 e contrataram uma criada para cuidar da casa e cozinhar. Era uma grande alegria para os dois ter uma casa própria. O piano de Edith foi tirado do armazém e, pela primeira vez em vários anos, ela pôde voltar a tocar regularmente. Estava grávida mais uma vez, mas pelo menos podia dar à luz em sua própria casa e criar o bebê em um lar adequado. Na primavera de 1920, Ronald ganhava o suficiente com as aulas para abandonar o trabalho no dicionário.

Enquanto isso, Tolkien continuava a escrever "O Livro dos Contos Perdidos" e certa noite leu "A Queda de Gondolin" para o Clube de Ensaios no Exeter College. A obra teve boa acolhida junto a uma plateia de estudantes que incluía dois jovens chamados Nevill Coghill e Hugo Dyson.

Subitamente, os planos da família mudaram. Tolkien candidatou-se ao posto de Professor Associado de Língua Inglesa na Universidade de Leeds. Não esperava que sequer levassem o seu nome em consideração, mas, no verão de 1920, pediram-lhe para comparecer a uma entrevista. George Gordon, professor de Inglês na universidade, foi encontrá-lo na estação de Leeds. Gordon fora um membro proeminente da Escola de Inglês em Oxford antes da guerra, mas Tolkien não o conhecia e a conversa que tiveram no bonde a caminho da universidade foi um tanto formal. Começaram a falar sobre Sir Walter Raleigh, professor de Literatura Inglesa em Oxford. Tolkien relembrou a ocasião: "De fato não achava Raleigh grande coisa — ele não era, é claro, um bom professor, mas algum tipo de coragem levou-me a dizer que ele era 'olímpico'. Funcionou bem, embora eu na verdade quisesse dizer apenas que ele repousava graciosamente em um pináculo elevado acima das minhas críticas. Antes de deixar Leeds eu já sabia que havia conseguido o emprego."

3. Aventura no norte

ENFUMAÇADA, ENCARDIDA, ENVOLTA POR UM espesso nevoeiro industrial, atulhada de fábricas e casas geminadas, Leeds oferecia poucas perspectivas de boa vida. Os prédios da universidade, do fim do período vitoriano, construídos com tijolos variados em uma imitação de gótico, ofereciam um triste contraste com o que Tolkien costumava ver. Ele teve sérias dúvidas quanto à sua decisão de aceitar o cargo e mudar-se para o norte da Inglaterra.

Inicialmente sua vida foi difícil. Logo após o início do período letivo de Leeds, em outubro de 1920, Edith deu à luz o segundo filho, que foi batizado Michael Hilary Reuel. Tolkien, morando em um apartamento de um cômodo em Leeds durante a semana, tinha de viajar a Oxford nos fins de semana para ver a família. Somente no início de 1921 Edith e o bebê tiveram condições de mudar-se para o norte, e mesmo então Tolkien só conseguiu encontrar acomodações temporárias para a família em quartos mobiliados. No entanto, no final de 1921, alugaram o nº 11 da St. Mark's Terrace, uma casinha escura numa rua secundária próxima à universidade, e ali estabeleceram seu novo lar.

O Departamento de Inglês na Universidade de Leeds era ainda pequeno, mas George Gordon estava promovendo sua ampliação. Gordon era mais um organizador que um estudioso, porém, Tolkien o achou "um verdadeiro mestre de homens". Além disso, Gordon demonstrou grande benevolência com seu novo assistente, cedendo-lhe espaço em seu próprio escritório, uma sala de tijolos esmaltados, com canos de água quente à vista na parede, já ocupada também pelo professor de Francês, e mostrando-se interessado em seus arranjos domésticos. Mais importante, ele praticamente entregou a Tolkien a responsabilidade por todo o ensino linguístico do departamento.

Gordon decidira seguir o padrão de Oxford, dividindo o currículo de Inglês de Leeds em duas opções: uma para estudantes que quisessem se especializar em literatura pós-chauceriana e outra para aqueles que desejassem concentrar sua atenção no anglo-saxão e no inglês médio. Esse último curso acabava de ser estabelecido e Gordon queria que Tolkien organizasse um currículo atraente, que proporcionasse aos estudantes um treinamento filológico sólido. Tolkien lançou-se ao trabalho de imediato. Inicialmente ficou um tanto deprimido ao ver os sólidos e austeros estudantes de Yorkshire, mas logo passou a sentir grande admiração por muitos deles. Certa vez escreveu: "Sou totalmente a favor dos 'enfadonhos obtusos'. Uma proporção surpreendentemente grande mostra-se 'educável': para qual uma qualificação primária é a disposição *de realizar algum trabalho.*" Muitos dos seus estudantes em Leeds trabalharam bastante e logo começaram a obter excelentes resultados.

Por pouco, porém, Tolkien não permaneceu em Leeds. Durante seu primeiro período naquela cidade, foi convidado a propor seu nome como candidato a duas cátedras de Língua Inglesa: a Cátedra Baines, em Liverpool, e a nova Cátedra De Beers, na Cidade do Cabo. Ele enviou a sua solicitação. Liverpool o rejeitou, mas no fim de janeiro de 1921 a Cidade do Cabo lhe ofereceu o cargo. Isso significaria voltar à sua terra natal e ele sempre quisera rever a África do Sul. Mas recusou o emprego. Edith e o bebê não estavam em condições de viajar e ele não queria separar-se dela. No entanto, escreveu em seu diário 12 meses depois: "Desde então, pensei muitas vezes se não foi a nossa chance que chegou naquela época e não tivemos a coragem de agarrá-la." Os acontecimentos demonstrariam que esse temor era infundado.

No início de 1922, um novo docente principiante veio se juntar ao setor linguístico do Departamento de Inglês em Leeds, um jovem chamado E.V. Gordon. Esse canadense baixo e moreno (que não tinha parentesco com George Gordon) fora bolsista Rhodes[23] em Oxford e Tolkien havia sido seu tutor durante o ano de 1920. Agora lhe dava as boas-vindas a Leeds. "Eric Valentine Gordon chegou, está firmemente estabelecido e é meu amigo e companheiro dedicado", escreveu em seu diário.

Logo após a chegada de Gordon, os dois começaram a colaborar em uma grande obra erudita. Tolkien trabalhava há algum tempo em um glossário para uma coletânea de excertos em inglês médio, editada por seu antigo tutor Kenneth Sisam. Isso significava na prática a compilação de um pequeno dicionário de inglês médio, uma tarefa que ele empreendeu com infinita precisão e muita imaginação. O glossário levou muito tempo para ser terminado, mas foi para o prelo no início de 1922. Nessa época Tolkien queria voltar suas atenções para alguma atividade que oferecesse perspectivas mais amplas à sua erudição. Ele e E.V. Gordon decidiram preparar uma nova edição do poema *Sir Gawain e o Cavaleiro Verde*, já que não havia nenhuma à venda que

23 As Rhodes Scholarships são bolsas de estudos oferecidas a estudantes da comunidade britânica, Estados Unidos e Alemanha. [N. T.]

se adequasse às necessidades de estudantes universitários. Tolkien seria responsável pelo texto e pelo glossário, enquanto Gordon providenciaria a maior parte das notas.

Tolkien descobriu que seu colaborador era "um diabinho diligente" e teve de trabalhar rápido para não ficar atrás. Terminaram o livro a tempo de publicá-lo pela Clarendon Press no começo de 1925. Era uma importante contribuição ao estudo da literatura medieval — embora o próprio Tolkien, anos mais tarde, divertisse as plateias de suas aulas fazendo referências depreciativas a certas interpretações dessa edição, como se ele mesmo nada tivesse a ver com ela: "Tolkien e Gordon estavam errados, completamente errados quando disseram isso! Não consigo imaginar o que eles estavam pensando!"

E.V. Gordon compartilhava o senso de humor de Tolkien. Juntos, os dois ajudaram a formar um novo clube entre os estudantes. O Clube Viking se reunia para beber grandes quantidades de cerveja, ler sagas e cantar canções cômicas. Essas eram, em sua maioria, escritas por Tolkien e Gordon, que inventavam versos rudes sobre os estudantes, traduziam rimas infantis para o anglo-saxão e cantavam canções de beber em nórdico antigo. Vários dos seus poemas foram impressos em caráter privado alguns anos mais tarde com o título *Songs for the Philologists* [Canções para os Filólogos]. Como seria de esperar, o Clube Viking contribuiu para aumentar a popularidade de Tolkien e Gordon como professores. Isso e a excelência de seu ensino atraíram cada vez mais alunos para o setor linguístico do Departamento de Inglês. Em 1925, havia 20 alunos especializados em língua entre os estudantes, mais de um terço do número total do departamento, e uma proporção muito maior do que a que normalmente se matriculava no curso equivalente em Oxford.

A vida doméstica dos Tolkien era em geral feliz. Edith achou deliciosamente informal a atmosfera da universidade e fez amigas entre as esposas de outros professores. O dinheiro não era abundante e Tolkien estava poupando para comprar uma casa e, portanto, as férias da família eram raras. No verão de 1922, porém, fizeram uma visita de algumas semanas a Filey, na costa de Yorkshire. Tolkien não gostou do lugar, chamou-o "uma estanciazinha costeira suburbana detestável" e enquanto esteve lá teve de passar boa parte do tempo corrigindo exames para a obtenção do Certificado Escolar, uma tarefa que passara a realizar para ganhar algum dinheiro extra. Mas também escreveu vários poemas.

Ele vinha compondo bastante nos últimos anos, especialmente poemas relacionados com a sua mitologia. Alguns deles chegaram a ser publicados na revista *The Gryphon*, da Universidade de Leeds, em uma série local chamada *Yorkshire Poetry* e em um livro de versos de autoria de membros do Departamento de Inglês intitulado *Northern Venture*. Tolkien começou a escrever uma série de poemas que chamou "Tales and Songs of Bimble Bay" [Contos e Canções da Baía Bimble]. Um deles, inspirado por seus sentimentos sobre Filey, queixa-se do caráter sórdido e ruidoso da vida urbana moderna. Outro, "The Dragon's Visit" [A Visita do Dragão], descreve a devastação de um dragão que chega à Baía Bimble e topa com a "Srta. Biggins". Um terceiro, "Glip", fala de uma criatura viscosa e estranha que vive debaixo do chão de uma caverna e tem olhos pálidos e luminosos. Todos são vislumbres de importantes coisas que estavam por vir.

Em maio de 1923, Tolkien pegou um forte resfriado, doença que se prolongou e acabou se transformando em uma pneumonia. Seu avô, John Suffield, então com 90 anos, estava com a família na época, e Tolkien preservou na memória uma visão dele "parado ao lado da minha cama, um vulto alto, magro, trajado de preto, olhando para mim e falando comigo com desdém — que eu e a minha geração éramos fracotes degenerados. Lá estava eu, lutando para respirar, mas agora ele tinha de se despedir, pois estava de saída para pegar um navio e fazer uma viagem marítima pelas Ilhas Britânicas!". O ancião viveu mais sete anos, boa parte deles com sua filha mais jovem, a tia Jane de Tolkien. Ela deixara Nottinghamshire e se estabelecera em uma fazenda em Dormston, em Worcestershire, no final de uma alameda sem saída, e as pessoas da região às vezes referiam-se a ela como "Bag End"[24].

Quando Tolkien se recuperou da pneumonia foi com Edith e as crianças passar algum tempo com o irmão Hilary que, após o serviço militar, comprara um pequeno pomar e uma horta perto de Evesham, a cidade ancestral dos Suffield. A família pôs-se a trabalhar, ajudando na plantação. Além disso, o tempo era ocupado também com brincadeiras hilariantes com pipas gigantes, que os dois irmãos empinavam no campo em frente à casa para divertir as crianças. Tolkien também conseguiu encontrar tempo para realizar um pouco do seu trabalho e para voltar novamente à sua mitologia.

"O Livro dos Contos Perdidos" estava quase completo. Em Oxford e Leeds Tolkien havia composto as histórias que relatam a criação do universo, a feitura das Silmarils e seu roubo do reino abençoado de Valinor por Morgoth. O ciclo ainda não tinha um final definido — a

24 *Bag End* [Bolsão] seria mais tarde o nome da residência de Bilbo Bolseiro. [N. T.]

conclusão deveria ser a viagem da nave-estrela de Earendel, o primeiro elemento da mitologia a surgir na mente de Tolkien — e algumas histórias existiam apenas em forma de sinopse, mas um pouco mais de esforço seria o suficiente para completá-lo. Ainda assim, Tolkien não se esforçou — em vez disso, começou a reescrever. Era quase como se não quisesse terminá-lo. Talvez duvidasse das possibilidades de encontrar quem o editasse; a obra certamente não era convencional. Não era, porém, mais estranha que os livros de Lord Dunsany, que haviam conquistado grande popularidade. O que então o detinha? Em primeiro lugar, o desejo de perfeição, mas, talvez, também o que Christopher Wiseman certa vez lhe dissera sobre os elfos de seus primeiros poemas: "Essas criaturas vivem para você porque você ainda as está criando. Quando terminar de criá-las, elas estarão tão mortas para você quanto os átomos que compõem o nosso alimento vivo." Em outras palavras, Tolkien não queria terminar porque não podia suportar a ideia de não ter mais o que criar dentro de seu mundo inventado, de encerrar a "subcriação", como ele chamaria essa atividade mais tarde.

Assim, não completou *O Silmarillion* (como veio a chamar o livro), mas voltou atrás, alterando, polindo e revendo. Também começou a redigir em forma de poema duas das histórias principais, uma indicação de que ainda aspirava tanto à poesia quanto à prosa. Para a história de Túrin escolheu um equivalente moderno do sistema aliterante encontrado em *Beowulf*, e para a história de Beren e Lúthien adotou dísticos rimados. Chamou este último poema "A Gesta de Beren e Lúthien"; mais tarde o rebatizou como "A Balada de Leithian".

Nesse meio tempo, sua carreira em Leeds deu um importante passo à frente. Em 1922, George Gordon voltara a Oxford como professor de Literatura Inglesa, e Tolkien era candidato à cátedra ocupada por Gordon em Leeds. Lascelles Abercrombie acabou sendo nomeado, mas Michael Sadler, o vice-reitor, prometeu a Tolkien que a universidade criaria em breve uma nova Cátedra de Língua Inglesa especialmente para ele. Sadler cumpriu a palavra, e Tolkien tornou-se catedrático em 1924, aos 32 anos de idade, notavelmente jovem pelos padrões das universidades britânicas. No mesmo ano, ele e Edith compraram uma casa nos arredores de Leeds, na 2 Darnley Road, West Park. Era um grande progresso em comparação com a casa de St. Mark's Terrace — consideravelmente espaçosa e rodeada por campos abertos aonde Tolkien podia levar as crianças para passear.

No começo de 1924, Edith descobriu, perturbada, que engravidara novamente. Esperava ter uma menina, mas, em novembro, deu à luz outro menino, que foi batizado Christopher Reuel, em homenagem a Christopher Wiseman. O bebê nasceu e tornou-se especialmente encantador ao pai, que escreveu em seu diário: "Agora eu não ficaria sem o que Deus mandou."

No início de 1925 chegou a notícia de que a Cátedra de Anglo-Saxão em Oxford vagaria brevemente. Craigie, detentor do cargo, estava de partida para a América. O cargo foi anunciado e Tolkien candidatou-se. Em teoria suas chances não eram boas, pois havia outros três candidatos com credenciais excelentes: Allen Mawer de Liverpool, R.W. Chambers de Londres e Kenneth Sisam. No entanto, Mawer decidiu não se candidatar e Chambers recusou a cátedra, de modo que a questão reduziu-se a uma disputa entre Tolkien e seu antigo tutor, Sisam.

Kenneth Sisam ocupava então uma posição superior na Clarendon Press e, apesar de não estar ocupado integralmente com estudos, tinha boa reputação em Oxford, bem como vários partidários. Tolkien foi apoiado por muitos, inclusive George Gordon, um mestre da intriga. Na eleição, porém, houve empate, e coube a Joseph Wells, o vice-reitor, dar o voto de Minerva. Ele votou em Tolkien.

A partir daí, pode-se dizer que nada mais realmente aconteceu. Tolkien voltou a Oxford, foi professor Rawlinson e Bosworth de Anglo-Saxão durante 20 anos. Depois, foi eleito professor Merton de Língua e Literatura Inglesa, foi morar em um subúrbio convencional de Oxford, onde passou o começo da aposentadoria, mudou-se para uma estância à beira-mar, voltou a Oxford após a morte da esposa e teve ele mesmo uma morte pacífica, aos 81 anos de idade. Foi a vida comum e nada notável de incontáveis outros estudiosos. Uma vida de brilho acadêmico, certamente, mas apenas em um campo profissional muito restrito, que na verdade pouco interessa aos leigos. E teria sido só isso — não fosse pelo estranho fato de que, durante esses anos em que "nada aconteceu", ele escreveu dois livros que se tornaram sucessos mundiais, livros que cativaram a imaginação e influenciaram o pensamento de vários milhões de leitores. É um estranho paradoxo o fato de que *O Hobbit* e *O Senhor dos Anéis* sejam obra de um obscuro professor de Oxford, cuja especialidade era o dialeto medieval do centro-oeste inglês, e que vivia uma vida comum e suburbana, criando os filhos e cuidando do jardim.

Será mesmo? Não será precisamente o contrário? Não deveríamos, ao invés, nos admirar com o fato de que uma mente de tal brilho e imaginação se contentasse com a rotina tacanha da vida acadêmica e doméstica? Que um homem cuja alma ansiava pelo som das ondas quebrando na costa da Cornualha se contentasse em conversar com velhinhas em um saguão de hotel de um balneário de classe média?

Que um poeta em quem a alegria brotava diante da visão e do aroma de lenha crepitando na grelha de uma estalagem rural quisesse ficar sentado diante da sua lareira elétrica com brasas simuladas? Como podemos compreender isso?

Talvez em seus anos de meia-idade e velhice não possamos fazer mais do que observar e nos admirar; ou então é possível que, lentamente, vejamos surgir um padrão.

PARTE IV
1925–1949 (I):

"NUMA TOCA NO CHÃO VIVIA UM HOBBIT"

1. Vida em Oxford

ATÉ O FIM DO SÉCULO XIX, a maioria dos *fellows*[25] de Oxford, isto é, a maioria dos professores da universidade, tinham de ser ordenados e não podiam se casar enquanto permanecessem no cargo. Os reformadores daquela era introduziram cargos não clericais e aboliram o requisito do celibato. Ao fazerem isso, mudaram a face de Oxford, alterando-a visivelmente, pois, nos anos que seguiram, uma maré de tijolos fluiu continuamente para o norte, partindo dos antigos limites da cidade e cobrindo os campos ao longo das estradas de Banbury e Woodstock à medida que os especuladores construíam centenas de casas para os novos professores casados. No início do século XX, o norte de Oxford era uma colônia concentrada de acadêmicos, suas esposas, seus filhos e seus criados, cujos habitantes ocupavam uma variedade de mansões que se estendia do gótico e suntuoso (completo com torreões e vitrais) à vila francamente suburbana. Igrejas, escolas e conjuntos de lojas foram erigidos para servir às necessidades dessa estranha comunidade, e logo restavam poucos hectares desocupados. No entanto, havia algumas construções ainda em andamento na década de 1920 e, em uma das ruas do norte de Oxford, Tolkien encontrou e comprou uma modesta casa nova, em forma de L e feita de tijolos claros, com uma ala que seguia em direção à rua. A família deixou Leeds no começo de 1926 e instalou-se na nova casa.

Ali, em Northmoor Road, permaneceram por 21 anos. Mais tarde, em 1929, uma casa vizinha maior foi desocupada pelo livreiro e editor Basil Blackwell, e os Tolkien decidiram comprá-la, mudando-se do no 22 para o no 20 no começo do ano seguinte. Essa segunda casa era larga e cinzenta, mais imponente que a vizinha, com pequenas janelas de caixilhos de chumbo e telhado alto de ardósia. Pouco tempo antes da mudança nasceu a quarta e a última criança do casal, a filha que Edith tanto esperara e que foi batizada Priscilla Mary Reuel.

Além desses dois incidentes, o nascimento de Priscilla em 1929 e a mudança de residência em 1930, a vida em Northmoor Road não teve

25 *Fellow*: graduado que recebe subvenção para pesquisa e geralmente combina esse trabalho com a docência. [N. T.]

eventos importantes; ou melhor, era uma vida padronizada, quase rotineira, na qual ocorriam interrupções de pouca importância, mas nenhuma alteração significativa. Assim, a melhor forma de descrevê-la talvez seja seguir Tolkien ao longo de um dia típico (apesar de inteiramente imaginário) no início de 1930.

É o dia de um santo, portanto começa cedo. O despertador toca às sete horas no quarto de Tolkien, um cômodo nos fundos da casa, na face leste, com vista para o jardim. Trata-se na verdade de um banheiro conjugado com toucador e há uma banheira no canto, mas ele dorme ali porque seus roncos incomodam Edith e porque ele se deita tarde, hábito que não combina com os dela. Assim, cada um tem o seu próprio quarto e um não incomoda o outro.

Ele levanta-se a contragosto (por natureza nunca foi de acordar cedo), decide fazer a barba após a missa e, de roupão, atravessa o corredor que leva aos quartos dos meninos para acordar Michael e Christopher. John, o primogênito, tem agora 14 anos e está em um internato católico em Berkshire, mas os dois mais jovens, com 11 e 7 anos respectivamente, ainda moram em casa.

Entrando no quarto de Michael, Tolkien quase tropeça em uma locomotiva de brinquedo que foi deixada no meio do chão. Pragueja consigo mesmo. Michael e Christopher têm no momento uma paixão por ferrovias e dedicaram todo um quarto do andar de cima a um traçado de via férrea. Também vão olhar as máquinas e fazem (com impressionante precisão) desenhos das locomotivas da Great Western Railway. Tolkien não entende nem realmente aprova o que chama "mania ferroviária"; para ele, ferrovias significam apenas barulho, sujeira e espoliação da zona rural. Mas tolera o passatempo e em certas ocasiões pode até se deixar ser persuadido a levá-los em expedições a uma estação distante para ver passar o Cheltenham Flyer.

Depois de acordar os meninos, veste a roupa habitual de um dia de semana, calças de flanela e paletó de tweed. Então, ele e os filhos, que vestem os paletós azuis-marinhos da Dragon School e calças curtas, tiram as bicicletas da garagem e partem pela silenciosa Northmoor Road, onde as cortinas das outras casas ainda estão fechadas, sobem a Linton Road e entram na larga Banbury Road, onde, de vez em quando, um carro ou um ônibus passa por eles a caminho da cidade. É uma manhã de primavera; as cerejeiras se debruçam sobre as calçadas exibindo suas flores.

Entram na cidade, pedalam pouco mais de um quilômetro até a igreja católica de Sto. Aloísio, um edifício desgracioso ao lado do hospital na Woodstock Road. A missa é às sete e meia, de forma que, na hora de voltar para casa, estão apenas alguns minutos atrasados para o desjejum, que é sempre servido às oito em ponto — estritamente falando, às sete e cinquenta e cinco, pois Edith gosta de manter os relógios da casa cinco minutos adiantados. Ouve-se o barulho de louça — Phoebe Coles, a diarista, acabou de chegar à cozinha. Phoebe, que usa um gorro de criada e trabalha na casa o dia todo, está com a família há alguns anos e, pelo que tudo indica, ficará por muitos mais — uma grande bênção, pois, antes de sua chegada, a família tinha dificuldades intermináveis por causa de criadas.

Durante o desjejum, Tolkien dá uma olhada no jornal, mas apenas superficialmente. Ele, como o amigo C.S. Lewis, considera as "notícias" de modo geral triviais e indignas de atenção, e ambos argumentam (para a irritação de muitos dos seus amigos) que a única "verdade" só pode ser encontrada na literatura. No entanto, ambos gostam das palavras-cruzadas.

Quando termina o desjejum, Tolkien vai para o gabinete acender a estufa. Não é um dia quente e a casa (como a maioria das casas da classe média inglesa da época) não tem aquecimento central, de modo que ele terá de acender um fogo alto para tornar o recinto habitável. Está com pressa, pois uma aluna vai chegar às nove horas e ele quer conferir as anotações da aula da manhã. Assim, ele remove um tanto afoitamente as cinzas da noite anterior, ainda estão quentes, pois ele trabalhou até tarde e só foi para a cama depois das duas horas da manhã. Aceso o fogo, lança sobre ele uma boa quantidade de carvão, fecha as portas da estufa, abre completamente o registro e então corre para cima para fazer a barba. Os meninos saem para a escola.

Não terminou de barbear-se quando toca a campainha da porta da frente. Edith vai atender e depois o chama; ele desce com metade do rosto ainda coberto de espuma. É apenas o carteiro, mas ele diz que há muita fumaça saindo da chaminé do gabinete — não seria melhor o Sr. Tolkien ver se está tudo em ordem? Tolkien corre para o gabinete e descobre que, como tantas vezes acontece, o fogo subiu pela estufa e está prestes a incendiar a chaminé. Ele abafa o fogo, agradece ao carteiro e troca com ele algumas observações sobre o cultivo de verduras de primavera. Começa então a abrir a correspondência, lembra que não acabou de se barbear e consegue ficar apresentável bem a tempo da chegada de sua aluna.

É uma jovem universitária que está estudando inglês médio. Às nove e dez da manhã, ela e Tolkien estão no gabinete, imersos no trabalho, discutindo o significado de uma palavra embaraçosa do *Ancrene Wisse* [Guia para Ermitãs]. Quem enfiasse a cabeça pela porta do gabinete não conseguiria vê-los, pois há um túnel de livros formado por uma dupla fileira de estantes e é só depois de passar por ele que o visitante consegue ver o resto do recinto. Há janelas em dois lados, uma na face sul, que dá para o jardim do vizinho, e outra na face oeste, com vista para a rua. A escrivaninha de Tolkien fica diante da janela sul, mas ele não está sentado lá; está de pé junto à lareira, balançando o cachimbo no ar enquanto fala. A aluna franze o cenho, confusa diante das complexidades do que ele está dizendo e da dificuldade de ouvir tudo com clareza, pois ele está falando muito depressa e às vezes de maneira indistinta. Mas ela começa a perceber os contornos do argumento e aonde ele quer chegar, e rabisca entusiasticamente em seu caderno. Quando termina a sua "hora" de supervisão, tarde, às dez e quarenta, ela sente que adquiriu um novo discernimento sobre a forma como os autores medievais escolhiam as palavras. Ela vai embora de bicicleta, refletindo que se todos os filólogos de Oxford pudessem ensinar dessa maneira a Escola de Inglês seria um lugar mais animado.

Depois de levá-la ao portão, Tolkien corre de volta ao gabinete e pega as anotações para a aula. Não teve tempo de conferi-las, mas espera que todos os dados necessários estejam ali. Leva também um exemplar do texto sobre o qual falará durante a aula, o poema anglo-saxão "Êxodo", ciente de que se acontecer o pior e suas anotações forem insuficientes ele sempre poderá improvisar uma exposição a partir do texto. Então, levando a pasta e a beca de mestre no cesto da bicicleta, ele pedala até a cidade.

Às vezes dá aulas em sua própria faculdade, Pembroke, mas esta manhã (como ocorre com mais frequência) seu destino são as Examination Schools, na High Street, um edifício opressivamente grandioso do fim do período vitoriano. Aulas sobre temas populares são dadas nos salões maiores, como a East School, onde hoje C.S. Lewis receberá um bom número de pessoas para a sua série de aulas sobre estudos medievais. O próprio Tolkien consegue um bom público nas suas aulas sobre *Beowulf*, destinadas a alunos não especializados. Hoje, porém, ele tratará de um texto que é leitura obrigatória apenas para uns poucos rapazes e moças da Escola de Inglês que optaram pelo curso de filologia. Assim, ele atravessa o corredor até uma saleta escura do piso térreo, onde oito ou dez estudantes, acostumados com a sua pontualidade, já esperam por ele envergando as suas becas. Ele veste a sua e inicia a aula no exato momento em que o som grave do sino de Merton, a 400 metros de distância, indica que são onze horas.

Tolkien conduz a aula com fluência, usando principalmente suas anotações, mas improvisando de vez em quando um ou outro acréscimo. Examina o texto verso a verso, discutindo o significado de certas palavras e expressões e os problemas que elas suscitam. Os estudantes o conhecem bem e são seguidores fiéis de suas aulas, não apenas por causa da interpretação esclarecedora dos textos, mas também porque *gostam* dele: gostam de suas piadas, estão acostumados com o seu jeito de falar aos borbotões e o acham muito humano, certamente mais humano que alguns dos outros professores, que dão aulas com um total descaso pelos alunos.

Ele não precisava ter se preocupado com a insuficiência das anotações. As badaladas do meio-dia e o ruído de pessoas no corredor o fazem parar bem antes que possa terminar de expor o material preparado. Na verdade, nos últimos dez minutos, deixou as anotações inteiramente de lado e esteve falando sobre um determinado aspecto da relação entre o gótico e o inglês antigo sugerido por uma palavra do texto. Agora recolhe seus papéis, conversa brevemente com um dos estudantes e então parte para dar lugar ao próximo professor.

No corredor, alcança C.S. Lewis e tem com ele uma conversa rápida. Gostaria que fosse segunda-feira, dia em que regularmente toma um quartilho de cerveja com Lewis e conversa com ele durante mais ou menos uma hora, mas nenhum dos dois tem tempo hoje e Tolkien precisa fazer algumas compras antes de ir para casa almoçar. Ele se despede de Lewis, pega a bicicleta e vai até a movimentada galeria da High Street conhecida como Mercado Coberto, onde tem de apanhar salsichas com o açougueiro Lindsey; Edith se esqueceu de incluí-las na encomenda semanal que foi entregue no dia anterior. Troca um gracejo com o Sr. Lindsey e visita também a papelaria na esquina da Market Street para comprar algumas pontas para sua pena. Volta para casa pela Banbury Road e consegue arrumar quinze minutos para escrever uma carta que deve há muito tempo a E.V. Gordon, falando sobre os planos de trabalho conjunto em uma edição de *Pérola*. Ele começa a datilografar a carta em sua máquina de escrever Hammond, uma máquina grande com tipos intercambiáveis em um disco giratório; seu modelo tem tipos itálicos e as letras anglo-saxãs *þ*, ð e æ. Edith toca a sineta do almoço antes que ele possa terminar.

Durante o almoço, com toda a família presente, o tema principal da conversa é a aversão de Michael pelas aulas de natação na escola e inicia-se um debate caloroso para determinar se um dedão inflamado deveria impedir o menino de entrar na água ou não. Após a refeição, Tolkien vai ao jardim para ver como estão indo as favas. Edith traz Priscilla para brincar no gramado e discute com ele se deveriam escavar o resto da antiga quadra de tênis para aumentar o tamanho da horta. Depois, enquanto Edith alimenta os canários e periquitos no viveiro ao lado da casa, ele sobe novamente na bicicleta e vai para a cidade, dessa vez para uma reunião no Departamento de Inglês.

A reunião é no Merton College, pois o departamento, exceto por uma apertada biblioteca no sótão das Examination Schools, não possui instalações próprias, e Merton é a faculdade mais intimamente associada a ele. O próprio Tolkien é membro do Pembroke College, mas não está muito envolvido com a instituição e, como todos os professores, sua primeira responsabilidade é para com o seu departamento. A reunião começa às duas e meia da tarde. Além dos outros professores — Wyld, que ocupa a cátedra de Língua e Literatura Inglesa, e Nichol Smith, professor de Literatura Inglesa —, estão presentes cerca de uma dúzia de dons, membros graduados, entre eles várias mulheres. Às vezes essas reuniões são bastante tensas, e o próprio Tolkien participou de alguns encontros em que, ao tentar propor reformas curriculares, foi alvo de duros ataques do partido da "literatura". Mas esses dias estão no passado e suas reformas foram aceitas e postas em prática. A reunião de hoje se ocupa principalmente de assuntos rotineiros, como as datas dos exames, detalhes menores do currículo e a questão dos fundos para a biblioteca do Departamento. Tudo isso toma tempo e a reunião termina quase às quatro horas da tarde. Tolkien tem apenas alguns minutos para ir à Biblioteca Bodleiana e consultar um livro que pediu no dia anterior. Ele volta para casa a tempo para o chá das crianças, às quatro e meia.

Após o chá consegue trabalhar por uma hora e meia na escrivaninha; termina a carta para E.V. Gordon e começa a preparar as anotações para a aula do dia seguinte. Quando a vida transcorre de acordo com o planejado, consegue preparar todas as aulas do curso antes do início do período, mas muitas vezes a falta de tempo o força a deixar o trabalho para os últimos instantes. Mesmo agora ele não avança muito, pois Michael quer que ele o ajude no seu trabalho de prosa latina e isso leva vinte minutos. Logo são seis e meia da tarde, e ele precisa trocar de roupa e vestir um *smoking*. Não costuma jantar fora mais do que uma ou duas vezes por semana, mas hoje à noite há convidados no Pembroke College e ele prometeu estar lá para conhecer o convidado de um amigo. Dá o nó em sua gravata preta com afobação e sobe de novo na bicicleta, deixando Edith, que vai jantar cedo em casa.

Chega à faculdade a tempo de tomar xerez no Salão dos Decanos. Sua posição em Pembroke é um tanto anômala, graças às práticas administrativas desconcertadas e desconcertantes de Oxford. Pode-se quase dizer que as faculdades *são* a universidade, pois a maioria do corpo docente é *fellow* e sua responsabilidade principal é instruir estudantes em suas próprias faculdades. Porém, os catedráticos estão em posição diferente. Basicamente, eles estão fora do sistema de colegiado, pois lecionam baseados em departamentos, seja qual for a faculdade a que seus alunos possam pertencer. No entanto, para que o catedrático não seja privado das amenidades sociais e outras conveniências da vida das faculdades, ele é incorporado a uma faculdade na condição de *fellow ex officio*. Isso às vezes causa ressentimentos, pois, em todas as circunstâncias, as faculdades elegem seus próprios membros, enquanto os professores nas condições de Tolkien são, até certo ponto, impingidos à faculdade. Tolkien acha que há ressentimentos contra ele no Pembroke College; a atmosfera no salão é, sem dúvida, grave e hostil. Ainda bem que há um aliado presente, R.B. McCallum, um novato, homem alegre, vários anos mais novo que Tolkien; e ele está agora esperando para lhe apresentar o seu convidado. O jantar acaba por ser agradável — e tragável, pois a comida é simples, sem qualquer traço daquela cansativa culinária francesa que, reflete Tolkien com desagrado, está começando a invadir os jantares solenes de várias faculdades.

Após o jantar ele apresenta suas desculpas e vai embora cedo, atravessando a cidade até o Balliol College, onde haverá uma reunião dos Coalbiters nos aposentos de John Bryson. Os *Kolbítar*, para usar o título islandês (significa aqueles que no inverno descansam tão perto do fogo que "mordem o carvão"), são um clube informal de leitura fundado por Tolkien mais ou menos nos moldes do Clube Viking de Leeds, com a diferença de que seus membros são todos acadêmicos. Reúnem-se à noite, várias vezes em cada período, para ler sagas islandesas. O comparecimento hoje está bom: George Gordon, agora o presidente do Magdalen College, Nevill Coghill, do Exeter College, C.T. Onions, do dicionário, Dawkins, professor de Grego Bizantino e Moderno, o próprio Bryson e — Tolkien nota com satisfação — C.S. Lewis, que o repreende ruidosamente pelo atraso. Estão atualmente lendo a *Saga de Grettir* e, como de costume, o próprio Tolkien dá início à leitura, já que ele é, com certeza, o maior especialista em islandês do clube. Ele retoma o trecho onde pararam da última vez, improvisando uma tradução fluente do texto que tem apoiado sobre os joelhos. Depois de ler algumas páginas, Dawkins toma o seu lugar. Sua leitura também é fluente, embora não tanto quanto a de Tolkien, mas, quando chega a vez dos demais, a leitura é muito mais lenta e ninguém traduz mais do que meia página, pois nenhum deles se considera mais do que principiante nessa língua. No entanto, essa é a finalidade dos Coalbiters, pois Tolkien organizou o clube para convencer os amigos de que vale a pena ler a literatura islandesa na sua língua original; ele encoraja seus passos vacilantes e aplaude seus esforços.

Depois de mais ou menos uma hora, chegam a um trecho adequado para uma interrupção, abrem a garrafa de uísque e discutem a saga. Escutam um poema indecente e muito engraçado que Tolkien acabou de escrever sobre outro membro do Departamento de Inglês. São mais de onze horas da noite quando se separam. Tolkien caminha com Lewis até o fim da Broad Street e então cada um segue seu caminho: Lewis vai pela Holywell Street em direção ao Magdalen College (ele é solteiro e normalmente pernoita na faculdade durante o período letivo) e Tolkien volta de bicicleta à Northmoor Road.

Edith foi se deitar e a casa está às escuras quando ele chega. Atiça o fogo na estufa e enche o cachimbo. Sabe que deveria trabalhar um pouco mais em suas anotações para a aula da manhã seguinte, mas não resiste à tentação de desenterrar da gaveta o manuscrito semiacabado de uma história que está escrevendo para divertir-se e aos filhos. Provavelmente, ele suspeita, é uma perda de tempo. Se pretende dedicar alguma atenção a esse tipo de coisa, deveria fazê-lo com *O Silmarillion*. Mas algo o atrai de volta, noite após noite, àquela historinha divertida — pelo menos ela parece divertir os meninos. Senta-se à escrivaninha, coloca uma ponta nova na pena (que ele prefere à caneta-tinteiro), desatarraxa a tampa do tinteiro, pega uma prova velha (que ainda traz no verso o ensaio de um candidato sobre a Batalha de Maldon), e começa a escrever: "Quando Bilbo abriu os olhos, perguntou-se se de fato fizera isso, pois estava tão escuro quanto de olhos fechados. Não havia ninguém por perto. Imagine só seu susto!"

Vamos deixá-lo agora. Ele continuará sentado à escrivaninha até uma e meia, duas horas da madrugada, ou talvez até mais tarde ainda, o silêncio interrompido apenas pelo arranhar da pena sobre o papel, enquanto à sua volta a Northmoor Road dorme.

2. Observando fotografias

São estes, portanto, alguns dos aspectos externos de sua vida: a rotina doméstica, as aulas, os preparativos para aulas, a correspondência, uma ou outra noite passada com os amigos — e, na verdade, a noite em que houvesse um jantar na faculdade e uma reunião dos Coalbiters na mesma data seria bastante incomum. Esses e outros eventos irregulares, como a reunião do departamento, foram incluídos num mesmo dia imaginário simplesmente para sugerir a gama de suas atividades. Um dia verdadeiramente comum seria mais desinteressante.

Ou talvez o leitor julgue desinteressantes *todos* os acontecimentos descritos aqui, destituídos de qualquer lampejo de excitação: as atividades triviais de um homem fechado em um modo de vida restrito, sem nada que possa interessar a qualquer pessoa que não esteja inserida nele. Tudo isso, diz o leitor, acender a estufa, ir de bicicleta para a aula, sentir-se mal acolhido em um salão da faculdade, tudo isso nada diz sobre o homem que escreveu *O Silmarillion*, *O Hobbit* e *O Senhor dos Anéis*, em nada contribui para explicar a natureza de sua mente e a maneira como sua imaginação era influenciada pelo seu ambiente. Certamente o próprio Tolkien teria concordado com isso. Uma de suas opiniões mais categóricas era que a investigação da vida de um autor revela muito pouco sobre como a sua mente funciona. Pode ser, mas, antes de abandonarmos nossa tarefa como completamente vã, talvez possamos adotar um ponto de vista um pouco mais próximo do que o escolhido para a descrição de um dia imaginário, chegar mais perto e observar, ou pelo menos arriscar algumas conjecturas sobre alguns dos aspectos mais evidentes da sua personalidade. E, depois disso, se não conseguirmos compreender melhor *por que* ele escreveu seus livros, pelo menos saberemos um pouco mais sobre o homem que os escreveu.

Poderíamos talvez começar com fotografias, que existem em abundância, pois os Tolkien tiravam e guardavam incontáveis instantâneos. Inicialmente não chegamos a lugar algum. Fotografias de Tolkien na meia-idade não revelam praticamente nada. Diante da câmera está um inglês comum de classe média, de compleição delicada e estatura mediana. É um pouco bonito e tem um rosto comprido — é praticamente tudo o que se pode dizer. Sem dúvida tem um olhar penetrante, que sugere uma mente vivaz, mas nada mais se revela — nada exceto seus trajes, que são excepcionalmente *comuns*.

Naturalmente, sua maneira de se vestir era, em parte o resultado das circunstâncias, da necessidade de sustentar uma família grande com uma renda relativamente baixa, que não lhe permitia gastos pessoais extravagantes. Mais tarde, quando se tornou um homem rico, ele sem dúvida permitiu-se o luxo de usar coletes coloridos. Mas sua escolha de trajes na meia-idade era também um sinal de aversão pelo dandismo, sentimento que compartilhava com C.S. Lewis. Nenhum deles suportava qualquer afetação no vestuário, que lhes parecia algo pouco masculino e, portanto, censurável. Lewis levou essa postura ao extremo, não somente comprando roupas indiferentes, mas também as usando com indiferença. Tolkien, sempre mais exigente, ao menos mantinha passadas as suas calças. Fundamentalmente, porém, ambos tinham a mesma atitude em relação à aparência, uma atitude que era compartilhada por muitos dos seus contemporâneos. Essa preferência por roupas masculinas simples talvez fosse em parte uma reação ao excessivo dandismo e à homossexualidade implícita dos "estetas", que deixaram sua primeira marca em Oxford na época de Wilde e ainda tinham sucessores na década de 1920 e no começo da década de 1930, adeptos de vestuário em tons delicados e de comportamentos com nuances ambíguas. Seu modo de vida era rejeitado por Tolkien e pela maioria dos seus amigos; daí sua preferência quase exagerada por paletós de tweed, calças de flanela, gravatas sem graça, sólidos sapatos marrons, próprios para caminhadas no campo, capas de chuva e chapéus de cores foscas e cabelos curtos. O modo de Tolkien se vestir também refletia alguns de seus valores positivos, o seu amor por tudo o que fosse moderado, sensato, discreto e inglês. Fora isso, porém, suas roupas não podiam nem sugerir a delicada e complexa natureza interior do homem que as usava.

O que mais podemos descobrir nas suas fotografias? Existe na maior parte delas algo tão óbvio que corremos o risco de não percebê-lo: o caráter quase que invariavelmente comum dos cenários. Em uma fotografia ele está sentado no jardim tomando chá; em outra, parado no sol no canto de sua casa; em outra, cavando a areia com os filhos em algum balneário. Começamos a crer que ele era inteiramente convencional na escolha dos lugares em que vivia e até mesmo dos lugares que visitava.

E é verdade. Ele morava em uma casa no norte de Oxford que, tanto por dentro como por fora, era quase que indistinguível de muitas centenas de outras naquele bairro — na verdade, era mais discreta que muitas das suas vizinhas. Nas férias, ele levava a família a locais comuns. Durante os anos centrais de sua vida, o período mais rico em criatividade, não saiu nem uma vez das Ilhas Britânicas. Isso se deve, mais uma vez, em parte às circunstâncias, à escassez de recursos, não à falta de vontade. Ele gostaria de ter imitado E.V. Gordon e visitado a Islândia, por exemplo. Mais tarde, quando tinha mais dinheiro e menos laços familiares, Tolkien fez algumas viagens ao exterior. Mas as viagens nunca desempenharam um papel preponderante em sua vida — simplesmente porque não tinha necessidade de estimular a imaginação com paisagens e culturas desconhecidas. O mais surpreendente é que também negava a si muitos estímulos que os lugares que conhecia e apreciava e que estavam perto do seu lar poderiam lhe proporcionar. É verdade que, enquanto teve um carro (de 1932 até o começo da Segunda Guerra Mundial), adorava explorar os vilarejos de Oxfordshire, principalmente os do leste do condado, mas, por hábito, não era um caminhante de longas distâncias e apenas uma ou duas vezes juntou-se a C.S. Lewis nas longas excursões a pé que eram parte tão importante da vida do amigo. Conhecia as montanhas de Gales, mas raramente as visitava; amava o mar, mas suas únicas viagens até ele assumiram a forma de férias em balneários comuns. Nesse caso, mais uma vez, a pressão da responsabilidade doméstica é uma explicação e, mais uma vez, a resposta não está completa. Aos poucos, começa a delinear-se em nossa mente a imagem de um homem que, de modo geral, não se importava muito com os lugares onde estava.

Por um lado, isso não é verdade, por outro é. Ele com certeza não era insensível ao seu ambiente, pois a destruição da paisagem pelo homem o deixava furioso. Eis a angustiada descrição, retirada do seu diário, de como voltou à paisagem de infância no moinho de Sarehole em 1933, quando levava a família de carro a Birmingham para visitar parentes:

"Omito a aflição que senti ao passar por Hall Green — que se tornou um enorme subúrbio dominado por bondes e sem significado, onde cheguei a me perder — e pelo que restou das queridas alamedas da infância, e até mesmo pelo portão do nosso chalé, agora rodeado por um mar de tijolos vermelhos. O velho moinho ainda está de pé e a casa da Sra. Hunt ainda avança até a estrada, no trecho em que esta sobe a colina, mas a encruzilhada além da lagoa, agora cercada, o lugar em que se encontravam a alameda onde cresciam campainhas e a alameda que dava no moinho é agora um cruzamento perigoso, cheio de automóveis e semáforos vermelhos. A casa do Ogro Branco (que as crianças estavam animadas para ver) tornou-se um posto de gasolina e a maior parte da Short Avenue e dos olmos entre ela e a encruzilhada desapareceu. Como invejo aqueles que não tiveram a preciosa paisagem da infância exposta a uma alteração tão violenta e particularmente hedionda."

Da mesma forma, ele não era indiferente aos danos causados à zona rural de Oxfordshire pela construção de aeródromos durante a guerra e pela "melhoria" das estradas. Mais tarde, quando suas opiniões mais firmes começaram a se transformar em obsessões, ele contemplava uma nova estrada, aberta no canto de um campo, e exclamava: "Lá vai o último terreno arável da Inglaterra!" Nessa época da vida ele dizia que não restara uma única floresta ou encosta intacta no país e que, se ainda existisse, ele se recusaria a visitá-la por temer encontrá-la contaminada pelo lixo. Em vez disso, optou por morar em ambientes onde as marcas da presença humana eram quase que excessivas: os subúrbios de Oxford e, mais tarde, de Bournemouth, lugares quase tão "sem significado" quanto o deserto de tijolos vermelhos que outrora fora Sarehole. Como podemos reconciliar tais perspectivas?

Novamente, parte da resposta está nas circunstâncias. Os lugares onde morava na realidade não eram escolhidos por ele: eram simplesmente os lugares onde, por uma série de razões, ele ia parar. Pode ser. Mas, nesse caso, por que sua alma não se rebelou contra eles? É possível responder que às vezes ele fazia isso, em voz alta para alguns amigos íntimos ou em particular no seu diário. Porém, durante a maior parte do tempo ele *não* o fazia e a explicação disso parece estar na sua crença de que vivemos em um mundo decaído. Se o mundo não houvesse decaído e o homem não estivesse corrompido pelo pecado, ele teria vivido uma infância tranquila com sua mãe em um paraíso — como Sarehole se tornara na sua memória. Mas a maldade do mundo havia lhe tirado a mãe (pois ele acreditava que ela morrera por causa da crueldade e da negligência da família), e agora até mesmo a paisagem de Sarehole era insensivelmente destruída. Em um mundo assim, onde eram impossíveis a perfeição e a verdadeira felicidade, que importância poderiam ter os lugares onde morava, as roupas que vestia ou os alimentos que comia (contanto que fossem simples)? Eram todas imperfeições temporárias; apesar de imperfeitas, eram meramente transitórias. Nesse sentido, sua postura diante da vida era profundamente cristã e ascética.

Há outra explicação para seu aparente descaso pelos aspectos externos da existência. Quando chegou à meia-idade, sua imaginação não necessitava mais do estímulo da experiência, ou melhor, recebera todos os estímulos necessários nos primeiros anos de vida, anos de eventos e de paisagens que mudavam; ela agora podia se nutrir das lembranças acumuladas. Eis como ele mesmo explicou esse processo, ao descrever a criação de *O Senhor dos Anéis*:

"Escreve-se tal história não a partir das folhas de árvores ainda a serem observadas, nem por meio da botânica e da ciência do solo; ela cresce como uma semente na escuridão, a partir do húmus das folhas da mente: a partir de tudo que foi visto, pensado ou lido, que foi há muito tempo esquecido, que desceu às profundezas. Sem dúvida seleciona-se muito, como fazem os jardineiros: o que cada um acrescenta ao preparar o seu adubo; e, evidentemente, a maior parte do meu húmus é feito de matéria linguística."

A matéria vegetal tem de decompor-se por um longo tempo antes de poder ser usada no enriquecimento do solo, e Tolkien diz aqui que foi quase que exclusivamente com experiências *antigas*, suficientemente dissociadas pelo tempo, que nutriu as sementes da sua imaginação. Experiências posteriores não foram necessárias e não foram procuradas.

Parece que descobrimos um pouco sobre ele examinando velhas fotografias. Assim, talvez valha a pena passarmos da observação da sua aparência e do seu ambiente à consideração de outra característica externa: sua voz e sua maneira de falar. Da adolescência até o fim de sua vida, a velocidade e a falta de clareza de sua fala foram notáveis, quase notórias. Na verdade, é fácil exagerar tais características e transformá-lo em uma caricatura cômica do professor que fica resmungando de forma inaudível consigo mesmo. Na realidade, não era bem assim. Falava, sim, depressa e não muito claramente, mas, uma vez acostumado com o maneirismo, o ouvinte tinha pouca dificuldade para entender a maior parte do que ele dizia. E a dificuldade era mais intelectual do que física. Ele passava depressa de uma ideia para outra e falava com tantas alusões, pressupondo que o ouvinte possuía um conhecimento igual ao seu, que todos, exceto os que tinham uma erudição comparável à sua, acabavam ficando para trás. Não que falar com demasiado refinamento seja necessariamente mais desculpável do que falar com demasiada rapidez, e Tolkien pode ser acusado com justiça de superestimar os poderes intelectuais dos seus ouvintes. Pode-se dizer também que ele não se preocupava com a clareza porque estava, na realidade, falando consigo mesmo, expondo suas próprias ideias, não tentando conversar. Isso certamente ocorria com frequência nos seus últimos anos de vida, quase que destituídos de companhia intelectual. O resultado era que simplesmente não estava acostumado a conversar e tendia a falar em monólogos. Mas, mesmo nesses dias, era possível desafiá-lo verbalmente, envolvê-lo em um diálogo verdadeiro, e ele escutava e respondia com entusiasmo.

Na verdade, ele nunca ostentou a marca do homem verdadeiramente egoísta, do homem que não escuta mais ninguém. Tolkien sempre escutou, sempre teve uma profunda consideração pelas alegrias e tristezas alheias. Assim, embora fosse sob muitos aspectos um homem tímido, fazia amigos com facilidade. Gostava de puxar conversa com um refugiado da Europa Central em um trem, com o garçom de um restaurante favorito, ou com um porteiro de hotel. Na companhia de tais pessoas sempre se sentia inteiramente feliz. Ele descreveu uma viagem de trem em 1953, quando voltava para casa depois de uma conferência sobre *Sir Gawain* em Glasgow: "Percorri todo o caminho de Motherwell a Wolverhampton na companhia de uma mãe escocesa e uma menininha, que salvei de ficarem em pé no corredor de um trem lotado; permitiram-lhes viajar de 'primeira' sem pagar porque eu disse ao inspetor que apreciava a sua companhia. Meu prêmio antes de nos despedirmos foi ser informado de que (enquanto eu almoçava) a menininha declarara: 'Gosto dele, mas não entendo uma palavra do que ele diz'. Ao que só consegui responder, de forma pouco convincente, que este último fato era universal, mas o primeiro não era tão comum."

Durante os últimos anos de sua vida, Tolkien fez amizade com o os motoristas de táxi cujos carros costumava tomar, com o policial que patrulhava as ruas em volta de seu bangalô de Bournemouth e com um *scout* da faculdade e sua esposa, que cuidaram dele no fim da vida. Não havia nenhum elemento de condescendência nessas amizades, ele simplesmente gostava de companhia e essas pessoas eram as que estavam mais próximas. Não que lhe faltasse consciência de classe, pelo contrário. Mas era precisamente por causa da certeza de sua própria posição na vida que não havia nada de presunção intelectual ou social nele. Sua visão do mundo, segundo a qual cada homem ocupava ou deveria ocupar uma "posição" específica, fosse alta ou baixa, implica, por um lado, que era um conservador antiquado. Mas, por outro, tornava-o extremamente compreensivo para com o próximo, pois verdadeiramente cruéis são aqueles que estão inseguros quanto à sua posição no mundo, que sentem a necessidade de se afirmar e, se necessário, de rebaixar outros homens para tanto. Tolkien era, no jargão moderno, "de direita" porque honrava seu monarca e seu país e não acreditava no governo do povo. No entanto, ele se opunha à democracia simplesmente porque acreditava que seus semelhantes não se beneficiariam dela. Certa vez escreveu: "Não sou 'democrata', nem que seja apenas porque a 'humildade' e a igualdade são princípios espirituais corrompidos pela tentativa de mecanizá-los e formalizá-los, com o resultado de que conseguimos não pequenez e humildade universais, mas grandeza e orgulho universais, até que algum orque apodere-se de um anel do poder — e então ficamos e estamos ficando com a escravidão." Quanto às virtudes de uma antiquada sociedade feudal, eis o que disse certa vez sobre o respeito aos superiores: "Tirar o chapéu para o senhor pode ser ruim à beça para o senhor, mas é bom à beça para você."

O que mais podemos observar? Talvez o relato imaginário de um dia típico nos diga algo pelo fato de começar com uma missa na igreja de Sto. Aloísio; e qualquer análise cuidadosa da sua vida tem de levar em conta a importância da sua religião. Seu compromisso com o cristianismo, e em particular com a Igreja Católica, era total. Não que a prática da fé fosse sempre uma fonte de consolo — ele se impunha um rigoroso código de conduta, especialmente no que dizia respeito a confessar-se antes da comunhão, e quando (como acontecia frequentemente) não tinha condições de se confessar, negava a si mesmo a comunhão e vivia em um patético estado de depressão espiritual. Outra fonte de infelicidade em seus últimos anos foi a introdução da missa no vernáculo, pois o uso do inglês na liturgia, em lugar do latim que conhecera e amara desde a infância, causava-lhe profunda mágoa. Contudo, mesmo durante uma missa em inglês na despojada igreja moderna de Headington, que passou a frequentar durante a aposentadoria, onde às vezes se irritava com o canto do coro infantil e o choro dos bebês, ao receber a comunhão ele experimentava uma profunda alegria espiritual, um estado de contentamento que não podia atingir de outra forma. Sua religião, portanto, era um dos elementos mais profundos e vigorosos da sua personalidade.

Em certo nível, sua devoção ao catolicismo pode ser explicada unicamente como um fato espiritual; em outro, estava muito intimamente relacionada com o seu amor pela mãe, que fizera dele um católico e que falecera (assim acreditava ele) pelo seu catolicismo. De fato, pode-se ver seu amor pela memória dela como um motivo dominante ao longo de toda a sua vida e sua obra. A morte da mãe o tornou pessimista, ou melhor, tornou seu espírito propenso a violentas oscilações de ânimo. Uma vez que a perdera, não havia segurança; seu otimismo natural era contrabalançado por uma profunda incerteza. Talvez como resultado disso nunca foi moderado: o amor, o entusiasmo intelectual, a repugnância, a raiva, a insegurança, a culpa, a alegria, cada sentimento que experimentava ocupava sua mente com exclusividade e força total e, naquele momento, não permitia que nenhuma outra emoção a modificasse. Assim, era um homem de contrastes extremos. Quando seu humor era sombrio, sentia que não havia esperança, nem para ele nem para o mundo. E, visto que frequentemente era esse estado de espírito que o impelia a registrar seus sentimentos no papel, seus diários tendem a mostrar apenas o lado triste da sua natureza. Porém, cinco minutos mais tarde, na companhia de um amigo, ele esquecia essa melancolia sombria e seu humor era o melhor possível.

Alguém tão fortemente guiado pelas emoções dificilmente se torna um cínico, e Tolkien nunca o foi, pois o seu interesse por tudo era profundo demais para que pudesse adotar uma postura de distanciamento intelectual diante das coisas. Na verdade, era incapaz de sustentar uma opinião sem entusiasmo, de ficar indiferente a qualquer tópico que o interessasse. Isso às vezes o levava a adotar posturas estranhas. Por exemplo, sua galofobia (quase inexplicável por si só) o deixava irado não só com o que considerava ser a influência perniciosa da culinária francesa na Inglaterra, mas com a própria Conquista Normanda, que lhe doía como se tivesse acontecido durante a sua vida. Essa força emocional refletia-se também na sua paixão pela perfeição em qualquer tipo de trabalho escrito e na sua incapacidade de deixar passar serenamente algum desastre doméstico. Mais uma vez, o seu interesse pelas coisas era muito profundo.

Se fosse orgulhoso, suas fortes emoções provavelmente teriam feito dele um homem insuportável. Mas, na verdade, era muito humilde. Isso não quer dizer que não tivesse consciência dos próprios talentos, pois sabia muito bem do que era capaz e acreditava firmemente na sua capacidade como estudioso e como escritor. Não considerava, porém, que esses talentos fossem particularmente importantes (tanto que mais tarde ficou espantado com a sua fama) e com certeza não sentia nenhum orgulho pessoal pelo próprio caráter. Longe disso, tinha uma visão quase trágica de si mesmo, de homem fraco — outra causa de suas intensas crises de pessimismo. Mas essa humildade produziu um outro resultado: um profundo senso de comédia, fruto da imagem que tinha de si mesmo, a de mais um débil membro da raça humana.

Podia rir de qualquer um, mas não mais do que de si mesmo, e sua completa falta de senso de dignidade podia fazer, e frequentemente fazia, com que se comportasse como um estudante bagunceiro. Ele era capaz, por exemplo, em uma festa de Ano Novo na década de 1930, de vestir um tapete islandês de pele de carneiro e pintar o rosto de branco para imitar um urso polar; ou então de se fantasiar de guerreiro anglo-saxão, com machado e tudo, e perseguir um estupefato vizinho rua abaixo. Mais velho, ele se deliciava em oferecer a lojistas desatentos a sua dentadura no meio de um punhado de troco. "Possuo", escreveu certa vez, "um senso de humor muito simples, que até mesmo meus críticos apreciativos acham cansativo."

Era um homem estranho e complexo, e essa tentativa de estudar sua personalidade não nos ensinou muito. Mas, nas palavras que C.S. Lewis atribui a um personagem de um de seus romances, "acontece que acredito que não se pode estudar os homens, pode-se apenas conhecê-los, o que é uma coisa bem diferente".

3. "ELE ESTEVE DENTRO DA LINGUAGEM"

QUEM SE INTERESSA POR TOLKIEN principalmente como o autor de *O Senhor dos Anéis* pode se assustar com a perspectiva de um capítulo que discute "Tolkien, o estudioso e o professor". Expressado desse modo, o tema com certeza parece muito enfadonho. Assim, a primeira coisa a ser dita é que não é enfadonho. Não havia dois Tolkiens, um acadêmico e um escritor. Eram o mesmo homem e seus dois lados sobrepunham-se de tal maneira que é impossível distingui-los — ou melhor, nem eram dois lados, mas sim expressões diferentes da mesma mente, da mesma imaginação. Assim, se quisermos compreender algo sobre sua obra de escritor, é melhor dedicarmos um pouco da nossa atenção ao exame do seu trabalho acadêmico.

A primeira coisa a ser compreendida é por que ele gostava de línguas. Sabemos bastante a esse respeito pelo relato de sua infância. O fato de ficar *emocionado* com os nomes galeses nos caminhões de carvão, o "brilho superficial" do grego, as estranhas formas das palavras góticas no livro que comprou por acaso, o finlandês do *Kalevala*, mostram que ele tinha uma sensibilidade incomum ao som e ao aspecto das palavras. Para Tolkien, elas preenchiam o espaço que a música ocupa na vida de muitos. Na verdade, a reação que as palavras provocavam nele era quase que inteiramente emocional.

Mas por que teria decidido se especializar em inglês arcaico? Seria mais provável que alguém tão apaixonado por palavras estranhas concentrasse sua atenção em línguas estrangeiras. A resposta novamente pode ser encontrada em sua capacidade de *emocionar-se*. Já sabemos de sua resposta emocional ao finlandês, ao galês e ao gótico, e devemos compreender que algo igualmente emocionante ocorreu quando começou a perceber que uma boa parte da poesia e da prosa da Inglaterra anglo-saxã fora escrita no dialeto falado pelos antepassados de sua mãe. Em outras palavras, tratava-se de algo remoto, mas ao mesmo tempo intensamente pessoal.

Já sabemos que estava profundamente ligado ao centro-oeste inglês por associá-lo com sua mãe. A família dela era de Evesham, e ele acreditava que esse município das West Midlands e a região circundante de Worcestershire fora o lar de sua família, os Suffield, por incontáveis gerações. Ele mesmo também passara grande parte da infância em Sarehole, um vilarejo das West Midlands. Aquela parte da zona rural inglesa exercia, portanto, uma forte atração emocional sobre ele, e, consequentemente, sua língua também o fascinava.

Certa vez, Tolkien escreveu a W.H. Auden: "Sou um habitante das West Midlands pelo sangue, e vi o antigo inglês médio das West Midlands como uma língua conhecida assim que coloquei meus olhos nele." *Uma língua conhecida*: algo que já lhe parecia familiar. Poderíamos considerar isso um absurdo, pois, como podia "reconhecer" uma língua que tinha 750 anos? No entanto, ele realmente acreditava nisso, que herdara uma tênue memória ancestral da língua falada por distantes gerações dos Suffield. E, assim que essa ideia lhe ocorreu, era inevitável que estudasse a língua cuidadosamente e fizesse dela o centro da obra de toda a sua vida como estudioso.

Isso não significa que tenha estudado apenas o inglês arcaico das West Midlands. Tornou-se versado em todos os dialetos do anglo-saxão e do inglês médio e (como vimos) também lia bastante em islandês. Além disso, durante os anos de 1919 e 1920, quando trabalhava no Dicionário de Oxford, familiarizou-se com um bom número de outras línguas germânicas primitivas. Consequentemente, quando começou a trabalhar na Universidade de Leeds em 1920, seu campo de conhecimento linguístico era notavelmente amplo.

Em Leeds e, mais tarde, em Oxford, demonstrou ser um bom professor. Não era perfeito na sala de aula, onde sua maneira rápida de falar e sua articulação pouco clara obrigavam os alunos a um enorme esforço de concentração para ouvi-lo. Também não era invariavelmente bom quando se tratava de explicar algo em termos claros, pois achava difícil deixar de lado tudo o que sabia sobre um tema e simplificá-lo para que seus alunos pudessem compreender tudo o que dizia. Invariavelmente, porém, ele dava vida ao tema e demonstrava o quanto importava para ele.

O exemplo mais celebrado, lembrado por todos a quem deu aulas, era a abertura de seu curso sobre *Beowulf*. Entrava na sala em silêncio, fixava a plateia com o olhar e subitamente começava a declamar em voz ressoante os versos iniciais do poema em anglo-saxão, começando com um grande grito de "*Hwæt!*" (a primeira palavra desse e de vários outros poemas em inglês antigo), que alguns estudantes acreditavam que fosse "Quietos!". Não era tanto uma recitação, mas uma representação dramática, uma encarnação de um bardo anglo-saxão no salão do hidromel, e impressionou gerações de estudantes porque os fez perceber que *Beowulf* não era apenas um texto obrigatório a ser lido para um exame, mas uma poderosa peça de poesia dramática. Como expressou um ex-aluno, o escritor J.I.M. Stewart: "Ele conseguia transformar uma sala de aula em um salão de hidromel, onde ele era o bardo e nós éramos os convidados que se banqueteavam e escutavam." Outro escritor que esteve presente nessas aulas foi W.H. Auden, que, muitos anos mais tarde, escreveu a Tolkien: "Acho que nunca lhe contei que experiência inesquecível foi para mim, como estudante, ouvi-lo recitar *Beowulf*. A voz era a voz de Gandalf."

Um dos motivos para a eficácia de Tolkien como professor era o fato de, além de filólogo, ser também escritor e poeta, um homem que não apenas estudava as palavras, mas que as usava para fins poéticos. Conseguia encontrar poesia no som das próprias palavras, como fizera desde a infância, mas tinha também uma compreensão de poeta de como a língua é usada. Isso foi expressado em uma frase memorável do seu obituário no *Times* (sem dúvida escrito por C.S. Lewis muito antes de Tolkien falecer), que fala de seu "discernimento excepcional, da linguagem da poesia e, ao mesmo tempo, da poesia da linguagem". Em termos práticos, isso queria dizer que conseguia mostrar a um aluno não apenas o que as palavras significavam, mas também *por que* o autor escolhera aquela determinada forma de expressão e como ela se encaixava em seu esquema de imagens. Ao fazê-lo, encorajava os estudiosos de textos antigos a tratá-los não como meros exemplares de uma língua em desenvolvimento, mas como uma literatura merecedora de apreciação e críticas sérias.

Mesmo quando tratava somente dos assuntos técnicos da linguagem, Tolkien era um professor apaixonado. Lewis sugere no obituário que isso em parte era produto da longa atenção que dispensara às suas línguas particulares, do fato de não ser simplesmente um estudioso, mas um inventor de línguas: "Por estranho que pareça, sem dúvida foi essa a fonte de toda aquela riqueza e concretude sem paralelo que mais tarde iriam torná-lo diferente de todos os outros filólogos. Ele esteve dentro da linguagem."

"Diferente de todos os outros filólogos" soa como um exagero, mas é a pura verdade. A filologia comparada nasceu na Alemanha, no século XIX, e, apesar de seus praticantes serem de uma exatidão rigorosa, seus escritos eram de um tédio quase que irredimível. O próprio mentor de Tolkien, Joseph Wright, formara-se na Alemanha e seus livros, embora constituam uma valiosa contribuição para a ciência da linguagem, não refletem praticamente nada da vigorosa personalidade de Wright. Por mais que amasse seu antigo professor, Tolkien talvez estivesse pensando também em Wright quando escreveu sobre "o filólogo de óculos, inglês, mas formado na Alemanha, onde perdeu a sua alma literária".

Tolkien jamais perdeu sua alma literária. Seus escritos filológicos invariavelmente refletem a riqueza de sua mente. Conferia mesmo aos mais intricados aspectos de seu tema uma graça de expressão e uma percepção do significado mais amplo do assunto. Em nenhum lugar isso está mais bem demonstrado do que em seu artigo (publicado em 1929) sobre o *Ancrene Wisse*, um livro medieval de instrução para um grupo de ermitãs, que provavelmente teve origem nas West Midlands. Em uma obra de notável e sutil erudição, Tolkien demonstrou que a linguagem de dois importantes manuscritos desse texto (um deles em uma faculdade de Cambridge, o outro na Biblioteca Bodleiana em Oxford) não era um mero dialeto sem polimento, mas sim uma linguagem literária, com uma tradição ininterrupta, anterior mesmo à Conquista. Exprimiu essa conclusão em termos vívidos — e deve-se levar em consideração que ele estava realmente falando do seu amado dialeto do centro-oeste como um todo:

"Essa língua não é algo há muito relegado às 'terras altas', lutando mais uma vez por expressão, numa emulação apologética do que lhe é superior ou por compaixão pelo decaído, mas sim uma que nunca 'decaiu' e que conseguiu, em tempos turbulentos, manter o porte de um cavalheiro, se bem que de um cavalheiro do interior. Tem tradições e alguma familiaridade com os livros e a pena, mas está também em contato íntimo com uma boa fala viva — um solo em algum lugar da Inglaterra."

Esse tipo de texto, vigoroso nas imagens, caracterizava todos os seus artigos e aulas, por mais obscuro ou pouco promissor que pudesse parecer o tema. Nesse aspecto, ele quase fundou uma nova escola de filologia. Certamente não houve ninguém antes dele que trouxesse tal humanidade, pode-se mesmo dizer tal emoção, ao assunto, e esse enfoque influenciou muitos de seus mais capazes alunos, que se tornaram, eles mesmos, distintos filólogos.

Deve-se dizer também que ele era extremamente cuidadoso. Enunciados abrangentes e categóricos como o que foi transcrito acima podem ter sido característicos na sua obra; não eram, porém, meras asserções, mas sim o produto de incontáveis horas de pesquisa minuciosa. Mesmo pelos padrões normalmente escrupulosos da filologia comparada, Tolkien era extraordinário. Sua preocupação com a exatidão não pode ser enfatizada em demasia e essa qualidade era duplamente valiosa por estar aliada a um talento para detectar padrões e relações. "Detectar" é um bom termo, pois não seria uma fantasia descabida imaginá-lo como um Sherlock Holmes linguístico, deduzindo, a partir de uma série aparentemente desconexa de fatos, verdades sobre algum tema de importância vital. Tolkien também demonstrou sua capacidade de "detectar" em um nível mais simples, pois, quando discutia uma palavra ou expressão com um aluno, citava um amplo leque de formas e expressões comparáveis em outras línguas. De forma semelhante, em conversas informais, divertia-se fazendo comentários inesperados sobre nomes, dizendo, por exemplo, que o nome "Waugh" é historicamente o singular de "Wales" (Gales).

Mas tudo isso provavelmente nos faz lembrar a imagem do estudioso em sua torre de marfim. O que ele *fazia*? Em termos práticos, o que significava ser professor de Anglo-Saxão em Oxford? A resposta mais simples é que significava uma boa quantidade de trabalho pesado. Os estatutos exigiam que Tolkien desse um mínimo de 36 palestras ou aulas por ano, mas ele não considerava esse número suficiente para abranger toda a matéria e, no segundo ano após ser eleito, deu 136. Em parte, isso ocorreu porque havia comparativamente poucos professores de Anglo-Saxão e Inglês Médio. Mais tarde, conseguiu a nomeação de um assistente, outro filólogo, professor excelente, se bem que intimidador, chamado Charles Wrenn, e então pôde adotar um programa de trabalho um pouco menos extenuante. Contudo, ao longo de toda a década de 1930, continuou a dar pelo menos o dobro do número obrigatório de palestras e aulas todos os anos, bem mais do que fazia a maioria dos seus colegas.

Assim, as aulas e seus preparativos ocupavam uma enorme proporção do seu tempo. Na verdade, essa carga pesada era às vezes mais do que podia administrar com eficiência e, ocasionalmente, abandonava um curso por não dispor de tempo suficiente para preparar as aulas. Oxford explorou avidamente esta falta e lhe conferiu a reputação de um professor que não conseguia preparar adequadamente as suas aulas quando, na verdade, ele as preparava com cuidado demais. Seu envolvimento era tão profundo que o impedia de dar a um tema um tratamento que não fosse absolutamente exaustivo. Consequentemente, ele muitas vezes se perdia considerando detalhes subsidiários e não conseguia concluir a exposição do tópico principal.

Seu trabalho também requeria que ele supervisionasse os estudos de pós-graduandos e aplicasse exames dentro da universidade. Além disso, ele realizou uma boa quantidade de trabalho como "*free-lancer*", atuando como examinador externo para outras universidades, pois, com quatro filhos para criar, precisava aumentar a sua renda. Durante as décadas de 1920 e 1930 fez frequentes visitas a várias das universidades britânicas na qualidade de examinador e passou horas incontáveis corrigindo provas. Após a Segunda Guerra Mundial restringiu essa atividade à aplicação regular de exames para a Universidade Católica da Irlanda, quando então passeava pelo Eire e fazia amigos. Isso era bem a seu gosto. Menos atraente, na verdade sempre um esforço desagradável, era a correção dos exames para a obtenção do Certificado Escolar (na época o exame obrigatório das escolas secundárias britânicas), o que fazia anualmente antes da guerra para ganhar dinheiro extra. Seu tempo teria sido mais bem empregado pesquisando ou escrevendo, mas a preocupação com a renda familiar fazia com que no verão gastasse muitas horas nessa tarefa irritante.

Boa parte da sua atenção era ocupada também por assuntos administrativos. É preciso entender que um catedrático de Oxford, ao contrário dos de muitas outras universidades, não está necessariamente em uma posição de poder dentro do seu departamento. Não tem autoridade sobre os tutores das faculdades, que provavelmente constituem a maior parte da equipe do departamento, pois são indicados por suas faculdades e não são responsáveis perante ele. Assim, se quiser iniciar alguma mudança importante de política, ele tem de adotar táticas persuasivas, não autoritárias. E, ao voltar a Oxford em 1925, Tolkien realmente queria efetuar uma mudança importante: reformar certos aspectos do currículo de Língua e Literatura Inglesa.

Depois da Primeira Guerra Mundial, aumentaram as desavenças entre os cursos de língua e de literatura e cada facção da Escola de Inglês — e eram realmente facções, com animosidades não apenas acadêmicas, mas pessoais — adorava intrometer-se no currículo da outra. A facção da "língua" fazia questão de que os alunos de "literatura" passassem boa parte do tempo estudando os ramos mais obscuros da filologia inglesa, enquanto o campo da "literatura" insistia que os alunos de "língua" reservassem muitas horas de suas especializações (anglo-saxão e inglês médio) para estudar as obras de Milton e Shakespeare. Tolkien acreditava que isso devia ser remediado. O que achava ainda mais lamentável era que os cursos linguísticos dessem considerável ênfase ao estudo da filologia teórica sem sugerir que os estudantes fizessem amplas leituras de textos antigos e medievais. Seu amor pela filologia sempre estivera fundamentado em um sólido conhecimento de literatura e ele estava determinado a mudar essa situação. Outra de suas propostas era ampliar o espaço ocupado pelo islandês no currículo, e foi essa esperança um dos motivos que o levou a formar o grupo dos Coalbiters.

Suas propostas necessitavam da aprovação de todo o departamento e, no início, ele encontrou bastante oposição. C.S. Lewis, que ainda não era seu amigo, estava entre os que votaram contra ele. No entanto, com o passar do tempo, Lewis e muitos outros passaram para o lado de Tolkien e lhe deram seu apoio ativo. Em 1931, ele conseguira ("além de minhas esperanças mais irracionais", escreveu no diário) obter aprovação geral para a maioria de suas propostas. O currículo revisto foi posto em operação e, pela primeira vez na história da Escola de Inglês de Oxford, obteve-se algo parecido com um verdadeiro *rapprochement* entre língua e literatura.

Além da responsabilidade das aulas e dos assuntos administrativos, os catedráticos de Oxford, como em qualquer outro lugar, devem dedicar boa parte do seu tempo à pesquisa. Os contemporâneos de Tolkien tinham grandes esperanças quanto ao seu trabalho nessa área, pois seu glossário para o livro de Sisam, a edição de *Sir Gawain e o Cavaleiro Verde* com E.V. Gordon e o artigo sobre os manuscritos de *Ancrene Wisse* demonstravam que possuía um domínio inigualável do inglês médio das West Midlands; esperava-se que continuasse a oferecer contribuições valiosas nessa área. Ele mesmo tinha intenção de fazê-lo: prometeu à Early English Text Society uma edição do manuscrito de Cambridge do *Ancrene Wisse* e fez amplas pesquisas sobre esse ramo do inglês medieval primitivo, essa língua com "o porte de um cavalheiro, se bem que de um cavalheiro do interior" que tanto amava. Mas a edição permaneceu incompleta por muitos anos e a maior parte do seu trabalho de pesquisa nunca foi publicado.

Um dos motivos era a falta de tempo. Ele decidira dedicar a maior parte de sua vida profissional em Oxford ao ensino, e isso bastava para limitar a sua capacidade de realização no campo da pesquisa. A correção de provas para prover o dinheiro necessário para o sustento da família também consumia tempo. Mas, além de tudo isso, havia a questão do perfeccionismo.

Tolkien era obcecado pela perfeição em obras escritas de qualquer espécie, fossem elas narrativas ou acadêmicas. Essa paixão nascia de seu envolvimento emocional com seu trabalho, que lhe permitia tratá-lo apenas com a mais absoluta seriedade. Nada chegava ao prelo sem ter sido antes revisto, reconsiderado e polido — e, nesse aspecto, ele era o oposto de C.S. Lewis, que enviava manuscritos para serem publicados sem ao menos uma segunda leitura. Lewis, bem consciente dessa diferença entre ambos, escreveu sobre Tolkien: "Seu padrão de autocrítica era alto e a simples ideia de publicação geralmente bastava para levá-lo a fazer uma revisão, no decorrer da qual lhe ocorriam tantas ideias novas que, quando os amigos esperavam pelo texto final de uma obra antiga, recebiam na verdade o primeiro rascunho de uma obra nova."

Esse é o principal motivo que levou Tolkien a permitir que apenas uma pequena proporção de suas obras fosse impressa. Mas o que chegou a publicar na década de 1930 foi uma importante contribuição aos estudiosos. Seu trabalho sobre os dialetos do *Reeve's Tale* [Conto do Feitor] de Chaucer é leitura obrigatória para quem quiser compreender as variações regionais do inglês do século XIV. (Foi lido perante a Philological Society em 1931, mas só foi publicado em 1934, e mesmo então com uma desculpa típica de Tolkien pela falta do que o autor ainda achava ser uma quantidade necessária de revisão e aprimoramento.) E sua palestra "*Beowulf: Os Monstros e os Críticos*", apresentada à Academia Britânica em 25 de novembro de 1936 e publicada no ano seguinte, é um marco na história da crítica desse grande poema anglo-saxão ocidental.

Beowulf, disse Tolkien na palestra, *é* um poema e não (como frequentemente haviam sugerido outros comentaristas) um mero aglomerado de tradições literárias confusas, ou um texto para exames acadêmicos. E descreveu, em termos caracteristicamente imaginosos, a maneira como os críticos anteriores haviam tratado a obra do poeta de *Beowulf* : "Um homem herdou um campo onde havia um acúmulo de pedras antigas, parte de um edifício mais velho. Algumas das pedras já haviam sido usadas na construção da casa onde ele morava de fato, não longe da velha casa de seus ancestrais. Ele tomou algumas das restantes e construiu uma torre. Mas seus amigos, ao chegarem, perceberam imediatamente (sem se darem ao trabalho de subir os degraus) que essas pedras haviam pertencido a uma construção mais antiga. Assim, derrubaram a torre, não sem muito esforço, para procurar entalhes e inscrições ocultas, ou para descobrir de onde os longínquos antepassados do homem haviam obtido seu material de construção. Alguns, suspeitando que houvesse um depósito de carvão no subsolo, começaram a escavá-lo à sua procura e se esqueceram até mesmo das pedras. Todos diziam: 'Esta torre é extremamente interessante'. Mas também diziam (depois de a terem derrubado): 'Em que desordem ela está!'. E até mesmo os descendentes do homem, que deveriam considerar as suas intenções, murmuravam: 'É um camarada tão esquisito! Imagine, usar essas pedras velhas só para construir uma torre sem sentido! Por que não restaurou a antiga casa? Ele não tinha senso de proporção'. Mas, do alto daquela torre, o homem pudera contemplar o mar."

Em sua palestra, Tolkien pleiteou a reconstrução daquela torre. Afirmou que, embora *Beowulf* tratasse de monstros e de um dragão, isso não o torna desprezível como poesia heroica. "Um dragão não é imaginação vã", disse à sua plateia. "Mesmo hoje em dia (a despeito dos críticos) é possível encontrar homens não alheios à lenda trágica e à história, que ouviram falar de heróis e de fato os viram, e que, no entanto, foram capturados pelo fascínio da serpe."

Esse era Tolkien falando não primariamente como filólogo ou mesmo como crítico literário, mas como contador de histórias. Assim como Lewis, ao falar sobre seu trabalho como filólogo, disse que "Ele esteve dentro da linguagem", poderíamos também observar que, quando falava do dragão de *Beowulf*, Tolkien falava como autor de *O Silmarillion* e — na época — de *O Hobbit*. Ele esteve no covil do dragão.

Desde que a palestra foi publicada, muitos leitores de *Beowulf* discordaram da visão estrutural do poema adotada por Tolkien. Contudo, mesmo um dos mais severos críticos de sua interpretação, seu antigo tutor, Kenneth Sisam, admitiu que a palestra tem uma "fineza de percepção e elegância de expressão" que a distinguem de muitas outras nessa área.

A palestra sobre *Beowulf* e o trabalho sobre o *Reeve's Tale* foram as únicas obras filológicas importantes publicadas por Tolkien na década de 1930. Ele planejava muito mais: além de seu trabalho sobre o *Ancrene Wisse*, pretendia preparar uma edição do poema anglo-saxão *Êxodo* e, de fato, quase a completou, mas o trabalho nunca alcançou uma forma que considerasse satisfatória. Também planejava realizar mais trabalhos com E.V. Gordon, em particular uma edição de *Pérola* (um acompanhamento natural para *Gawain*) e das elegias anglo-saxãs *The Wanderer* [O Errante] e *The Seafarer* [O Navegante]. Gordon e Tolkien, porém, estavam agora muito afastados geograficamente. Em 1931, Gordon, que fora nomeado sucessor de Tolkien em Leeds, deixou o posto para assumir uma cátedra na Universidade de Manchester e, apesar de se encontrarem e de trocarem correspondência com frequência, a cooperação demonstrou ser tecnicamente mais difícil do que quando estavam no mesmo lugar. Gordon trabalhou bastante nos três projetos, usando Tolkien como consultor e não como colaborador pleno, mas nada foi publicado até 1938. No verão desse ano, Gordon foi hospitalizado para uma operação de cálculos biliares. Aparentemente a operação foi bem-sucedida, mas sua condição se deteriorou subitamente e ele faleceu, aos 42 anos de idade, de uma doença renal antes insuspeita.

A morte de Gordon privou Tolkien não apenas de um grande amigo, mas também do colaborador profissional ideal; e a essa altura era evidente que *precisava* de um colaborador, nem que fosse apenas para obrigá-lo a entregar algum material ao editor.[26] Na verdade, havia travado conhecimento com outra filóloga que demonstrou ser uma boa

26 Tolkien pretendia completar a edição de *Pérola*, mas se viu incapaz de fazê-lo (a essa altura estava absorvido escrevendo *O Senhor dos Anéis*). Por fim, a obra foi revista e completada para publicação por Ida Gordon, viúva de E.V. Gordon, também filóloga.

parceira de trabalho, Simonne d'Ardenne, uma graduada belga que estudara inglês médio com ele e obtivera o Bacharelado em Literatura em Oxford no começo da década de 1930. Tolkien fez importantes contribuições para a sua edição da *Vida e Paixão de Sta. Juliana*, uma obra religiosa medieval escrita no dialeto do *Ancrene Wisse*. De fato, a *Juliana* de d'Ardenne paradoxalmente contém mais das opiniões de Tolkien sobre o inglês médio primitivo do que qualquer outro trabalho publicado em seu nome. Simonne d'Ardenne tornou-se professora em Liège, e os dois planejavam preparar uma edição de *Katerine*, outro texto em inglês médio ocidental do mesmo grupo. Mas a guerra interveio e a comunicação entre eles tornou-se impossível durante muito anos e, após 1945, nada foi produzido por eles exceto alguns artigos curtos sobre tópicos relacionados com o manuscrito do texto. Tolkien poderia ter trabalhado com Suzanne quando esteve na Bélgica, participando de um congresso filológico em 1951, mas, para sua tristeza, ela percebeu que a cooperação com ele já era impossível — Tolkien tinha sua atenção inteiramente voltada para suas histórias.

Contudo, mesmo considerando lamentável o fato de não ter publicado mais em sua área profissional, devemos levar em conta a sua ampla influência, pois suas teorias e deduções têm sido citadas (com ou sem o crédito devido) onde quer que se estude filologia inglesa.

Tampouco podemos esquecer as traduções que fez de *Pérola*, *Sir Gawain e o Cavaleiro Verde* e *Sir Orfeu*. Tolkien iniciou a tradução de *Pérola* em Leeds na década de 1920, atraído pelo desafio da complexa estrutura métrica e verbal do poema. Terminou-a em 1926, mas não fez nada para publicá-la até que Basil Blackwell propôs a sua publicação na década de 1940, em troca de uma quantia a ser creditada à conta altamente devedora de Tolkien na livraria de Blackwell em Oxford. A tradução foi composta, mas Blackwell esperou em vão que Tolkien escrevesse a introdução do volume e, por fim, o projeto foi abandonado. A tradução de *Gawain*, provavelmente iniciada na década de 1930 ou 1940, ficou pronta a tempo de ser transmitida em forma dramatizada pela BBC em 1953, com uma breve introdução do próprio Tolkien e uma palestra final mais longa. Após o sucesso de *O Senhor dos Anéis*, a editora Allen & Unwin resolveu publicar as traduções de *Gawain* e *Pérola* em um volume. Tendo isso em vista, Tolkien fez uma ampla revisão de ambas as traduções, porém, mais uma vez, era necessária uma introdução e ele achou extremamente difícil escrevê-la, indeciso quanto ao que deveria ser explicado ao leitor não erudito a quem se destinava o livro. Novamente, o projeto fracassou, e foi somente após a sua morte que as duas traduções foram publicadas, juntamente com uma versão em inglês moderno de um terceiro poema do mesmo período, *Sir Orfeu*, que Tolkien traduzira durante a guerra para um curso de cadetes em Oxford. A introdução ao volume foi montada por Christopher Tolkien a partir do material que pôde ser encontrado entre os papéis de seu pai.

Essas traduções foram, na verdade, as últimas obras publicadas de Tolkien na área da filologia, pois, embora não sejam acompanhadas por notas ou comentários, são o resultado de um minucioso estudo de 60 anos dos poemas e em muitos trechos proporcionam uma interpretação sólida e esclarecedora de passagens difíceis e ambíguas dos originais. E, o que é mais importante, elas trazem esses poemas a um público que não poderia tê-los lido em inglês médio e constituem, portanto, uma digna conclusão da obra de um homem que acreditava que a principal função do linguista é interpretar a literatura e que a principal função da literatura é proporcionar prazer.

4. JACK

QUANDO TOLKIEN RETORNOU A OXFORD em 1925, faltava um elemento em sua vida. Desaparecera com o rompimento do T.C.B.S. após a batalha do Somme, pois desde aqueles dias nunca mais tivera amizades com o mesmo nível de envolvimento emocional e intelectual. Continuara a manter contato com o outro membro sobrevivente do T.C.B.S., Christopher Wiseman, mas este agora estava muito ocupado com os seus deveres como diretor de uma escola particular metodista[27] e, quando os dois se encontravam, descobriam que havia pouco em comum entre eles.

Em 11 de maio de 1926, Tolkien participou de uma reunião do Departamento de Inglês no Merton College. Em meio aos rostos familiares destacava-se um recém-chegado, um homem de compleição robusta, de 27 anos, que usava roupas folgadas e que fora recentemente eleito *fellow* e tutor de Língua e Literatura Inglesa no Magdalen College. Era Clive Staples Lewis, conhecido entre os amigos como Jack.

A princípio os dois mantiveram-se cautelosamente arredios. Tolkien sabia que Lewis, apesar de medievalista, fazia parte da facção "literária" e, portanto, era um adversário em potencial, ao passo que Lewis escreveu em seu diário que Tolkien era "um sujeitinho polido, pálido, fluente", acrescentando que "não há ofensa nele: só precisa de uma ou duas palmadas". Lewis, porém, logo veio a sentir uma profunda afeição por aquele homem de rosto comprido e olhos penetrantes, que gostava de boa conversa, risada e cerveja, enquanto Tolkien passou a gostar da mente ágil de Lewis e do seu espírito generoso, enorme como as suas disformes calças de flanela. Em maio de 1927, Tolkien havia introduzido Lewis no grupo dos Coalbiters para participar das leituras de sagas islandesas. Começava uma longa e complexa amizade.

Quem quiser saber algo sobre a importância dessa amizade nas vidas desses dois autores deveria ler o ensaio de Lewis sobre a amizade em seu livro *Os Quatro Amores*. Está tudo lá: o relato de como dois companheiros se tornam amigos quando descobrem uma percepção

27 Queen's College Taunton, que teve John Suffield, avô de Tolkien, como um dos primeiros alunos.

compartilhada, como sua amizade não é ciumenta, mas busca a companhia de outros, como tais amizades são quase que uma necessidade entre os homens, como o maior prazer de todos é um grupo de amigos chegar a uma estalagem após um dia de dura caminhada: "Essas são as melhores reuniões", escreve Lewis, "quando colocamos nossos chinelos, nossos pés esticados em direção ao fogo da lareira e nossos drinques ao alcance de nossas mãos; quando o mundo inteiro, e algo além do mundo, se abre para nossas mentes à medida que falamos. E ninguém reivindica ou tem qualquer responsabilidade com o outro, mas todos são pessoas livres e iguais, como se tivessem se encontrado há uma hora, ao mesmo tempo que uma Afeição enternecida pelos anos nos envolve. A vida — vida natural — não possui dádiva melhor que essa para dar."[28]

Era disso que se tratava, dos anos de companheirismo, das excursões a pé, dos amigos reunidos nos aposentos de Lewis nas noites de quinta-feira. Era em parte o espírito da época — como o companheirismo masculino encontrado nos escritos de Chesterton; e era um sentimento compartilhado, se bem que com menos autoconsciência, por muitos homens da época. Há precedentes nas civilizações antigas e, mais próximo de nós como decorrência, em parte, da Primeira Guerra Mundial, onde tantos amigos morreram que os sobreviventes sentiam a necessidade de ficar bem próximos. Esse tipo de amizade era notável e ao mesmo tempo inteiramente natural e inevitável. Não era homossexual (Lewis rejeita essa sugestão com merecido escárnio) e, no entanto, excluía as mulheres. É o grande mistério da vida de Tolkien e pouco compreenderemos se tentarmos analisá-lo. Ao mesmo tempo, quem houver desfrutado uma amizade dessa espécie saberá exatamente de que se tratava. E, mesmo que isso nos seja negado, podemos encontrar algo assim em *O Senhor dos Anéis*.

Como começou? Talvez o "espírito nórdico" fosse a percepção compartilhada que deu início a tudo. Lewis era fascinado pela mitologia nórdica desde o começo da adolescência e, ao encontrar em Tolkien outra pessoa que se deleitava com os mistérios da Edda e as complexidades da lenda volsunga, percebeu que teriam muito que compartilhar. Começaram a se encontrar regularmente nos aposentos de Lewis no Magdalen College, quando então chegavam a ficar noite adentro conversando sobre os deuses e gigantes de Asgard ou discutindo a política da Escola de Inglês. Além disso, também trocavam

28 LEWIS, C.S. *Os Quatro Amores*. Rio de Janeiro: Thomas Nelson Brasil, 2017, p. 101.

impressões sobre a sua produção poética. Tolkien emprestou a Lewis o texto datilografado de seu longo poema, "A Gesta de Beren e Lúthien", e Lewis, após ler a obra, escreveu: "Posso dizer com toda a honestidade que há séculos não tenho uma noite tão deliciosa: e o interesse pessoal em ler a obra de um amigo teve muito pouco a ver com isso — eu o teria apreciado da mesma maneira como fosse o trabalho de um autor desconhecido que eu tivesse encontrado numa livraria." Ele enviou a Tolkien críticas detalhadas do poema, às quais, por brincadeira, deu a forma de uma crítica textual simulada completa, com nomes de estudiosos fictícios ("Pumpernickel", "Peabody" e "Schick") que sugeriam que os versos fracos do poema de Tolkien eram simplesmente o produto de erros dos copistas do manuscrito e não a obra autêntica do poeta. Tolkien divertiu-se, mas não aceitou nenhuma das emendas sugeridas por Lewis.[29] Contudo, reescreveu quase todos os trechos que Lewis criticara, de tal maneira que "A Gesta de Beren e Lúthien" revista mal podia ser considerada o mesmo poema. Lewis logo descobriu que isso era característico de seu amigo. "Ele tem apenas duas reações à crítica", observou. "Ou reescreve toda a obra desde o começo, ou então não dá a mínima importância."

Nessa época — no fim de 1929 — Lewis apoiava os planos de Tolkien para mudanças na Escola de Inglês. Os dois faziam intrigas e discutiam. Lewis escreveu a Tolkien em tom conspiratório: "Perdoe-me se o lembro, mas há orques disfarçados atrás de cada árvore." Juntos, empreenderam uma hábil campanha, e foi em parte graças ao apoio de Lewis no Conselho do Departamento de Inglês que Tolkien conseguiu a aceitação das suas propostas de reformulação do currículo em 1931.

Em *Surpreendido pela Alegria*, Lewis escreveu que a amizade com Tolkien "marcou o colapso de dois antigos preconceitos. Quando vim ao mundo fui prevenido (implicitamente) para nunca confiar em um papista, e quando vim ao corpo docente de Inglês (explicitamente), para nunca confiar em um filólogo. Tolkien era ambas as coisas". Vencido o segundo preconceito, a amizade concentrou-se no primeiro.

Lewis, filho de um advogado de Belfast, fora criado como um protestante de Ulster. Na adolescência, professara o agnosticismo, ou melhor, descobrira que para ele o maior prazer não estava no cristianismo, mas nas mitologias pagãs. Contudo, ele reviu esse ponto de vista. Em meados da década de 1920, após obter uma classificação de Primeira Classe

29 Christopher Tolkien, em sua edição de *As Baladas de Beleriand*, comenta que diversas sugestões de C.S. Lewis foram na verdade aceitas por Tolkien, advindo daí uma nova versão do poema, e que Humphrey Carpenter já corrigira essa afirmação no livro *Os Inklings*. [N. T.]

na Escola de Inglês (antes disso, conseguira o mesmo feito duas vezes em Letras Clássicas) e vivendo precariamente como tutor, alcançou o que veio a chamar sua "Nova Visão", a crença de que o "mito" cristão transmite tanta verdade quanto a maioria dos homens pode compreender. Em 1926, avançou ainda mais, chegando à conclusão de que, ao procurar pela fonte do que chamava Felicidade, estava na verdade procurando por Deus. Logo ficou evidente que teria de aceitar ou rejeitar Deus. Nesse momento crítico, tornou-se amigo de Tolkien.

Em Tolkien ele encontrou uma pessoa com o espírito e a verve de um intelectual e que, mesmo assim, era um cristão devoto. Durante os primeiros anos da amizade, passaram horas juntos nas novas instalações do Magdalen College, Tolkien refestelado em uma das despojadas poltronas de Lewis no centro da grande sala de estar, enquanto Lewis, com o cachimbo na mão pesada, as sobrancelhas franzidas por trás de uma nuvem de fumaça, caminhava de um lado para outro, falando, escutando, voltando-se subitamente para exclamar "*Distinguo,* Tollers! *Distinguo*!", quando o outro, também envolto em fumaça, fazia uma afirmação ampla demais. Lewis discutia, mas em termos de crença convencia-se cada vez mais de que Tolkien tinha razão. No verão de 1929 chegou a professar o teísmo, uma simples fé em Deus. Mas ainda não era cristão.

Geralmente as discussões com Tolkien tinham lugar na segunda--feira pela manhã, quando conversavam durante uma ou duas horas e depois tomavam uma cerveja no Eastgate, um pub próximo. Mas, no dia 19 de setembro de 1931, um sábado, encontraram-se no final da tarde. Lewis convidara Tolkien para jantar em Magdalen e tinha mais outro convidado, Hugo Dyson, que Tolkien conhecera no Exeter College em 1919. Dyson era então professor assistente de Literatura Inglesa na Universidade de Reading e visitava Oxford com frequência. Era cristão e um homem de sagacidade felina. Após o jantar, Lewis, Tolkien e Dyson saíram para tomar ar. Era uma noite de ventos fortes, mas eles seguiram em frente pela Addison's Walk enquanto discutiam o propósito dos mitos. Lewis, apesar de já ser um crente, ainda não conseguia compreender a função de Cristo no cristianismo, não conseguia perceber o significado da Crucificação e da Ressurreição. Disse que tinha de entender o propósito desses eventos — ou, como diria mais tarde em uma carta a um amigo, "como a vida e a morte de outra pessoa (quem quer que fosse) há 2 mil anos pode ajudar-nos aqui e agora — exceto na medida em que seu *exemplo* nos possa ajudar".

À medida que a noite passava, Tolkien e Dyson lhe mostraram que estava fazendo uma exigência totalmente desnecessária. Quando encontrava a ideia de sacrifício na mitologia de uma religião pagã, ele a admirava e se emocionava com ela; a ideia da deidade que morre e renasce sempre tocara sua imaginação desde que lera a história do deus nórdico Balder. Mas dos Evangelhos (diziam eles) ele estava exigindo algo a mais, um significado claro além do mito. Não poderia transferir seu apreço comparativamente tácito pelo mito para a história verdadeira?

"Mas", disse Lewis, "mitos são mentiras, mesmo que sejam mentiras envoltas em prata."[30] "Não", disse Tolkien, "não são."

E, indicando as grandes árvores do bosque de Magdalen, cujos ramos se curvavam ao vento, enveredou por uma linha diferente de argumentação:

"Você chama uma árvore de árvore", disse, "e não pensa mais na palavra. Mas não era 'árvore' até que alguém lhe desse esse nome. Você chama uma estrela de estrela e diz que é só uma bola de matéria que se move numa trajetória matemática. Mas isso é meramente como você a vê. Nomeando e descrevendo as coisas desta maneira, você está apenas inventando seus próprios termos para elas. E assim como a fala é uma invenção sobre objetos e ideias, assim também o mito é uma invenção sobre a verdade.

Viemos de Deus e inevitavelmente os mitos que tecemos, apesar de conterem erros, refletem também um fragmento da verdadeira luz, da verdade eterna que está com Deus. De fato, apenas ao criar mitos, ao se tornar 'subcriador' e inventar histórias, é que o Homem pode se aproximar do estado de perfeição que conhecia antes da Queda. Nossos mitos podem ser mal orientados, mas se dirigem, ainda que vacilantes, para o porto verdadeiro, ao passo que o 'progresso' materialista conduz apenas a um enorme abismo e à Coroa de Ferro do poder do mal."

Expondo essa crença na *verdade* inerente da mitologia, Tolkien desnudara o cerne de sua filosofia como escritor, o credo que jaz no coração de *O Silmarillion*.

Dyson, à sua própria maneira, afirmou o mesmo que Tolkien. "Quer dizer", perguntou Lewis, "que a história de Cristo é simplesmente um mito verdadeiro, um mito que nos afeta da mesma forma que os outros, mas um mito que *realmente aconteceu*? Nesse caso, começo a compreender."

Finalmente o vento os fez entrar e a conversa prosseguiu nos aposentos de Lewis até as três da madrugada, quando Tolkien foi para

30 O relato dessa conversa baseia-se no poema "Mythopoeia" de Tolkien, ao qual também deu os títulos "Misomythos" e "Philomyth to Misomyth". Um manuscrito está marcado "Para C.S.L.".

casa. Após se despedirem dele na High Street, Lewis e Dyson ficaram andando de um lado para outro no claustro de Magdalen, ainda conversando até o céu clarear.

Doze dias depois, Lewis escreveu ao amigo Arthur Greeves: "Acabo de me converter da crença em Deus à crença definitiva em Cristo — no cristianismo. Tentarei explicar isso em outra ocasião. Minha longa conversa noturna com Dyson e Tolkien teve muito a ver com isso."

Nesse meio tempo, Tolkien, enquanto fiscalizava as Examination Schools, compunha um longo poema registrando o que dissera a Lewis. Chamou-o de "Mythopoeia", a criação de mitos. E escreveu em seu diário: "A amizade com Lewis compensa muita coisa e, além de dar prazer e conforto constantes, fez-me muito bem pelo contato com um homem ao mesmo tempo honesto, valente, intelectual — um erudito, um poeta e um filósofo — e um amante, ao menos após longa peregrinação, de Nosso Senhor."

Lewis e Tolkien continuaram encontrando-se com frequência. Tolkien lia *O Silmarillion* em voz alta e Lewis o encorajava a prosseguir e completar a obra. Tolkien mais tarde disse sobre isso: "A dívida impagável que devo a ele não foi 'influência' como se compreende normalmente, mas sim puro encorajamento. Por muito tempo, ele foi minha única plateia. Foi só por ele que cheguei a ter a ideia de que minhas 'coisas' poderiam ser mais do que um passatempo pessoal."

A conversão de Lewis ao cristianismo marcou o início de uma nova etapa na amizade com Tolkien. No começo da década de 1930, os dois passaram a depender menos um do outro e a procurar a companhia de outros homens. Em *Os Quatro Amores*, Lewis afirma que "longe de ser o número necessário para amizade, dois nem mesmo é o melhor número", e sugere que cada amigo acrescentado a um grupo traz à luz alguma característica especial nos demais. Tolkien experimentara isso no T.C.B.S., e o grupo de amigos que agora começava a se reunir era a expressão definitiva do princípio do T.C.B.S., do impulso "gregário" que Tolkien sentia desde a adolescência. Esse grupo era conhecido como "Os Inklings".

O grupo começou a se formar por volta da época (início da década de 1930) em que os Coalbiters pararam de se reunir, depois de terem lido todas as principais sagas islandesas e por fim a Edda Antiga. "Os Inklings" originalmente era o nome de uma sociedade literária fundada em 1931 por um estudante do University College chamado Tangye Lean. Lewis e Tolkien frequentavam as suas reuniões, durante as quais eram lidas e criticadas obras inéditas dos seus membros. Depois que Lean deixou Oxford, o clube se manteve vivo, ou melhor, seu nome, meio por brincadeira, foi transferido para o círculo de amigos que se reunia em torno de Lewis em intervalos regulares.

Os Inklings hoje são parte da história da literatura e já se escreveu muita coisa sobre eles, a maior parte em um tom excessivamente solene. Não eram nada mais (e nada menos) que um grupo de amigos, homens, cristãos, a maioria dos quais se interessava por literatura. Várias pessoas foram apontadas como "membros" neste ou naquele período, quando na verdade não havia um sistema formalizado de associação. Alguns participavam mais ou menos regularmente em diferentes períodos, ao passo que outros eram apenas visitantes ocasionais. Lewis era o núcleo invariável, sem o qual qualquer reunião teria sido inconcebível. Uma lista de outros nomes revelará muito pouco sobre a verdadeira natureza do grupo, mas, caso os nomes importem, além de Lewis e Tolkien (quase sempre presentes), entre os que participaram das reuniões, antes e durante a guerra, estavam o major Warren Lewis, irmão de C.S. Lewis, conhecido como "Warnie", R.E. Havard, um médico de Oxford que frequentava as casas de Lewis e Tolkien, Owen Barfield, amigo de Lewis desde longa data (se bem que, sendo advogado em Londres, Barfield raramente comparecia às reuniões) e Hugo Dyson.

A organização do grupo era absolutamente informal. Não se deve imaginar que as mesmas pessoas aparecessem semana após semana ou mandassem desculpas quando não podiam comparecer. Ainda assim, havia certos elementos invariáveis. O grupo, ou diversos membros dele, encontrava-se pela manhã em algum dia de semana em um pub, geralmente era às terças-feiras no Eagle and Child [Águia e Criança], conhecido familiarmente como "Bird and Baby" [Pássaro e Bebê]. No entanto, durante a guerra, quando a cerveja era escassa e os pubs estavam apinhados de soldados, seus hábitos eram mais flexíveis. Nas noites de quinta-feira, eles se encontravam na grande sala de estar de Lewis em Magdalen, depois das nove horas. Faziam chá, acendiam os cachimbos e então Lewis dizia, retumbante: "Bem, ninguém tem nada para ler?" Alguém surgia com um manuscrito e começava a lê-lo em voz alta — podia ser um poema, uma história, um capítulo. Em seguida vinham as críticas: às vezes elogios, às vezes censuras, pois não eram uma sociedade de admiração mútua. Podia haver mais leituras, mas logo os trâmites do grupo acabavam se transformando em conversas de todos os tipos, às vezes debates acalorados, que iam até tarde da noite.

No fim dos anos 30, os Inklings foram uma parte importante da vida de Tolkien, e entre suas contribuições às assembleias estiveram leituras do manuscrito ainda inédito de *O Hobbit*. Quando a guerra irrompeu em 1939, outro homem foi recrutado para o grupo de amigos.

Era Charles Williams, que trabalhara para a Oxford University Press no escritório de Londres e que, com o resto da equipe, fora transferido para Oxford. Williams tinha 50 e tantos anos, seus pensamentos e obras — era romancista, poeta, teólogo e crítico — já eram conhecidos e respeitados, se bem que por um reduzido círculo de leitores. Em particular, os seus "thrillers espirituais" (como foram denominados), romances que tratam de eventos sobrenaturais e místicos em um ambiente mundano, haviam encontrado um público pequeno, mas entusiástico. Lewis conhecia e admirava Williams havia algum tempo, mas Tolkien só o encontrara uma ou duas vezes, e, depois de sua entrada no grupo, adotou para com ele uma postura complexa.

Williams, com seu rosto peculiar ("meio anjo, meio macaco", como disse Lewis), seu terno azul muito pouco oxfordiano, o cigarro pendurado na boca e um maço de provas tipográficas embrulhadas no *Time & Tide* debaixo do braço, era uma pessoa de um grande encanto natural. Tolkien relembrou 20 anos depois: "Gostávamos um do outro e gostávamos de conversar (principalmente em gracejos)." Mas acrescentou: "Não tínhamos nada para dizer um ao outro em níveis mais profundos (ou mais elevados)." Em parte isso ocorria porque, embora Williams tenha apreciado os capítulos de *O Senhor dos Anéis* apresentados ao grupo na época, Tolkien não gostava dos livros de Williams, ou, pelo menos, daqueles que lera. Declarou que achava a obra dele "totalmente estranha e às vezes de muito mau gosto, ocasionalmente ridícula". E talvez sua reserva em relação a Williams, ou ao lugar de Williams entre os Inklings, não fosse inteiramente intelectual. Lewis acreditava, e declarou em *Os Quatro Amores*, que amigos de verdade não podem se enciumar quando outro se junta a eles. Mas, nesse caso, Lewis estava falando dele próprio, não de Tolkien. Obviamente, havia um pouco de ciúme ou ressentimento da parte de Tolkien, e não sem causa, pois agora o foco do entusiasmo de Lewis deslocava-se quase que imperceptivelmente para Williams. Muito tempo depois, Tolkien escreveria que "Lewis era um homem muito impressionável" e mencionaria, em outro contexto, a "influência dominante" que, segundo ele, Williams exercera sobre Lewis, especialmente sobre o seu terceiro romance, *Aquela Fortaleza Medonha*.

Assim, a chegada de Williams a Oxford marcou o princípio de uma terceira fase na amizade de Tolkien e Lewis, um leve distanciamento da parte de Tolkien, que provavelmente o próprio Lewis mal chegava a perceber. Outro elemento contribuía para o arrefecimento da relação, algo ainda mais sutil: a crescente reputação de Lewis como apologista cristão. Como Tolkien desempenhara um papel tão importante no retorno do amigo ao cristianismo, sempre lamentou que

Lewis houvesse começado a frequentar a igreja anglicana local, retomando as práticas religiosas da infância, em vez de se tornar católico como ele. Tolkien nutria um profundo ressentimento pela Igreja da Inglaterra, um ressentimento que às vezes estendia aos seus edifícios; dizia que a apreciação da beleza destes era perturbada pela tristeza de saber que haviam sido corrompidos (a seu ver), ao serem arrebatados do seu catolicismo de direito. Quando Lewis publicou uma alegoria em prosa contando a história de sua conversão, com o título *O Regresso do Peregrino*[31], Tolkien considerou o título irônico. "Lewis tinha de regressar", disse. "Ele não voltaria ao cristianismo por uma nova porta, mas pela velha: ao menos no sentido de que, ao retomar o cristianismo, também retomaria, ou ressuscitaria, os preconceitos tão persistentemente implantados na infância e na mocidade. Tornou-se novamente um protestante da Irlanda no Norte."

Em meados dos anos 40, Lewis recebia bastante publicidade ("demais", disse Tolkien, "para o seu gosto ou de qualquer um de nós") por causa de seus escritos cristãos, *O Problema do Sofrimento* e *Cartas de Um Diabo a Seu Aprendiz*. Ao observar a fama crescente do amigo no campo da religião, Tolkien talvez se sentisse na posição de um mestre ultrapassado pelo aluno que conquista uma fama quase que injustificada. Certa vez, referiu-se a Lewis, de forma não exatamente elogiosa, como "O Teólogo de Todo Mundo".

Mas, se alguma dessas ideias estava presente na mente de Tolkien no início dos anos 40, estava muito abaixo da superfície. Ainda sentia por Lewis um afeto quase ilimitado — na verdade, é possível que ainda tivesse esperanças de que o amigo viesse a se converter ao catolicismo. E os Inklings continuavam a lhe proporcionar prazer e incentivo. "*Hwæt! we Inclinga*", escreveu parodiando os versos iniciais de *Beowulf*, "*on ærdagum searopancolra snyttru gehierdon*". "Eis que ouvimos nos dias antigos da sabedoria dos Inklings de mentes astutas; como esses sábios sentavam-se juntos em suas deliberações, habilmente recitando o saber e o engenho da canção, meditando sinceramente. Isso era alegria verdadeira!"

31 O título *O Regresso do Peregrino* é uma referencia ao clássico *The Pilgrim's Progress*, de John Bunyan. [N. T.]

5. Northmoor Road

"O QUE FAZIAM AS MULHERES enquanto isso? Como vou saber? Sou um homem e nunca espionei os mistérios da Bona Dea." Assim escreve C.S. Lewis em *Os Quatro Amores*, enquanto especula sobre a história da amizade masculina. Esse é o corolário inevitável de uma vida centrada na companhia de homens e em grupos como os Inklings: as mulheres ficam de fora.

Edith Tolkien recebeu apenas uma educação limitada em um internato de meninas que, apesar do bom nível no ensino de música, era apenas medíocre nas outras matérias. Passou alguns anos em uma pensão de Birmingham, depois um período em Cheltenham em um lar de classe média, nitidamente não intelectual e, finalmente, um longo tempo morando com Jennie, uma prima de meia-idade com pouquíssima instrução. Não teve oportunidade de continuar sua educação nem de cultivar sua mente. Mais do que isso, perdeu uma grande parte da sua independência. Preparara-se para uma carreira de professora de piano e, quem sabe, de solista, mas a perspectiva simplesmente se esvanecera, primeiro porque não sentira a necessidade imediata de ganhar a vida e depois porque se casara com Ronald Tolkien. Naquela época, em circunstâncias normais, não se cogitava que uma esposa de classe média continuasse a ganhar a vida depois de casada, pois isso seria uma indicação de que o marido não conseguia ganhar o suficiente sozinho. Assim, tocar piano tornou-se um mero passatempo, embora ela continuasse a tocar regularmente até a velhice e sua música deleitasse Ronald. Ele não a incentivou a empreender qualquer atividade intelectual, em parte porque não considerava que isso fosse necessário para o seu papel de esposa e mãe, e em parte porque a postura que assumira em relação a ela durante o namoro (exemplificada por seu termo favorito para ela, "pequenina") não estava associada à sua vida intelectual. Tolkien mostrava a Edith um lado da sua personalidade completamente diverso do que exibia aos seus amigos homens. Assim como, com os colegas, gostava de ser um homem entre homens, em casa esperava viver no que considerava primordialmente um mundo feminino.

Apesar disso, Edith poderia ter contribuído positivamente para a vida de seu marido na universidade. Várias esposas de professores de Oxford conseguiam fazê-lo. Algumas mulheres de sorte, como Lizzie, esposa de Joseph Wright, eram elas mesmas peritas na matéria dos maridos e podiam ajudá-los no trabalho. Muitas outras que, como Edith, não tinham formação universitária podiam por meio de uma hábil administração doméstica transformar seus lares em uma espécie de centro social para os amigos dos maridos e, desse modo, participar de boa parte da sua vida.

Infelizmente, o caso de Edith foi bem diferente. Ela tendia a ser tímida, pois tivera uma vida social muito limitada na infância e na adolescência e quando foi morar em Oxford, em 1918, ficou amedrontada com o que encontrou. Ela, Ronald e o bebê (e sua prima Jennie, que continuaria a viver com eles até que se mudassem para Leeds) moravam em aposentos modestos em uma rua secundária da cidade e, aos olhos de alguém que não conhecia Oxford, a universidade parecia uma fortaleza quase impenetrável, uma falange de edifícios imponentes onde homens de aspecto importante caminhavam de um lado para outro trajando becas, o lugar onde Ronald desaparecia todos os dias para trabalhar. Quando a universidade se dignava a cruzar a soleira de sua porta, fazia-o na pessoa de jovens educados, mas desajeitados, amigos de Ronald que não sabiam conversar com mulheres e aos quais ela não sabia o que dizer, pois simplesmente não havia nenhum ponto de contato entre seus mundos. Pior ainda, as visitas podiam ser esposas de professores, como a aterradora Sra. Farnell, mulher do reitor de Exeter, cuja presença amedrontava até mesmo Ronald. Essas mulheres apenas confirmavam a crença de Edith de que a universidade era inacessível na sua eminência. Elas vinham de suas impressionantes residências nas faculdades ou de suas mansões com torreões no norte de Oxford, arrulhavam condescendentes para o bebê John e, antes de partir, deixavam seus cartões de visita na bandeja do saguão (*um* cartão com seu próprio nome, *dois* cartões com o nome do marido), indicando que a Sra. Tolkien deveria naturalmente *retribuir* a visita após um breve intervalo. Edith, porém, não tinha coragem. O que poderia dizer àquela gente se fosse às suas casas? Como conversaria com aquelas mulheres altivas, que falavam sobre gente de quem ela nunca ouvira falar: filhas de professores, primos portadores de títulos e outras anfitriãs de Oxford? Ronald preocupava-se, pois sabia que seria uma tremenda impropriedade sua esposa não seguir a rígida etiqueta de Oxford. Persuadiu-a a retribuir uma visita a Lizzie Wright que, apesar de muito culta, não era como a maioria das esposas de professores, pois tinha muito da franqueza e do bom senso do marido. Ainda assim, Ronald teve de levá-la até a porta dos Wrights, tocar a campainha e depois sair correndo. Todos os outros cartões de visita ficaram juntando pó, as visitas não tiveram retorno e tornou-se notório que a esposa do Sr. Tolkien *não visitava ninguém* e, portanto, deveria ser discretamente excluída da ronda de jantares e recepções.

Então os Tolkien mudaram-se para Leeds e Edith descobriu que lá as coisas eram diferentes. As pessoas viviam em casas comuns e modestas e não havia aquela bobagem dos cartões de visita. Perto da sua casa, no St. Mark's Terrace, morava a esposa de outro professor que ia visitá-la com frequência. Edith começou também a encontrar vários alunos de Ronald, que iam até a sua casa para aulas particulares ou para o chá, e passou a gostar bastante de muitos deles. Vários desses alunos tornaram-se amigos da família e continuaram a manter contato com ela e a visitá-la. Edith apreciava os bailes informais da universidade e mesmo as crianças (John, Michael e, no final de sua permanência em Leeds, Christopher) não eram esquecidas, pois a universidade organizava esplêndidas festas de Natal onde o vice-reitor costumava vestir-se de Papai Noel. Mais tarde, Ronald conseguiu comprar uma casa maior em Darnley Road, longe da fumaça e da sujeira da cidade. Contrataram uma criada e uma babá para as crianças. De modo geral, Edith estava contente.

Mas então, de repente, estavam de volta a Oxford. A primeira casa em Northmoor Road foi comprada por Ronald enquanto Edith ainda estava em Leeds, sem que ela jamais a tivesse visto, e ela achou que era pequena demais. Os meninos mais velhos haviam pegado uma micose depois de usar o pente de um estúdio fotográfico em Leeds e tiveram de ser submetidos a um tratamento prolongado e caro. Depois da recuperação, passaram a frequentar a Dragon School onde, inicialmente, sentiram-se infelizes no meio da turbulência dos outros garotos. Edith engravidou novamente. Foi só após o nascimento de Priscilla, em 1929, e depois de se mudarem para a casa vizinha maior, em 1930, que pôde sentir-se estabelecida.

Mesmo assim, a vida familiar nunca chegou a recuperar o equilíbrio que atingira em Leeds. Edith começou a sentir-se ignorada por Ronald. No que diz respeito ao tempo, ele até que ficava bastante em casa, pois grande parte de sua atividade como professor era realizada lá e não costumava sair mais do que uma ou duas noites por semana. Tratava-se, na verdade, de uma questão afetiva. Ele era amoroso e atencioso, preocupava-se muito com a sua saúde (tanto quanto ela se preocupava com a dele) e era sempre solícito em questões domésticas. Contudo, ela podia perceber que um lado de sua personalidade só vinha à tona quando estava na companhia de homens da sua espécie. Mais especificamente, ela notava, ressentida, a devoção que ele tinha por Jack Lewis.

As crianças gostavam das visitas de Lewis a Northmoor Road porque ele não as tratava com condescendência e lhes dava livros de E. Nesbit. Na frente de Edith, porém, ele era tímido e desajeitado. Assim, ela não conseguia compreender por que Ronald gostava tanto da sua companhia e começou a sentir um pouco de ciúme. Havia outras dificuldades. Durante a infância, ela tivera uma vida doméstica das mais limitadas e, portanto, não tinha nenhum modelo no qual pudesse se basear para administrar a casa. Não é de surpreender que camuflasse sua insegurança com autoritarismo, exigindo que as refeições fossem servidas com rigorosa pontualidade, que as crianças comessem até a última migalha e que os criados realizassem o serviço de modo impecável. Por baixo de tudo isso ela se sentia muito solitária. Enquanto Ronald estava fora ou no gabinete, tinha por companhia apenas os criados e os filhos. A sociedade de Oxford estava gradativamente se tornando menos rígida, mas ela não confiava nessa sociedade, com exceção de Agnes, esposa de Charles Wrenn, fez poucas amigas nas famílias dos demais professores. Sofria também de graves dores de cabeça que podiam prostrá-la durante um dia inteiro ou mais.

Ronald logo percebeu que Edith não estava satisfeita com Oxford e, mais especificamente, com os amigos dele. Deu-se conta, na verdade, de que sua necessidade de amizades masculinas não era inteiramente compatível com a vida de casado. Acreditava, no entanto, que esse era um dos tristes fatos de um mundo decaído, mas que um homem tinha o direito a prazeres masculinos e, se necessário, deveria insistir neles. A um dos filhos que pretendia casar-se, escreveu: "Há muitas coisas que um homem sente serem legítimas apesar de causarem encrenca. Ele que não minta a seu respeito, à esposa ou namorada! Que as elimine — ou, se valerem a briga, que insista. Tais assuntos podem surgir frequentemente — o copo de cerveja, o cachimbo, as cartas que não são escritas, o outro amigo etc., etc. Se as reivindicações do outro lado realmente não forem razoáveis (como às vezes não o são entre pessoas que realmente se amam e nos casamentos mais felizes), será muito melhor que sejam resolvidas com uma recusa inequívoca e uma 'encrenca' do que com subterfúgios."

Havia também o problema da atitude de Edith frente ao catolicismo. Antes de se casarem, Ronald a persuadira a deixar a Igreja da Inglaterra e tornar-se católica, e na época ela se melindrara um pouco com isso. Nos anos seguintes, ela quase desistira de ir à missa. Na segunda década de casamento, seus sentimentos anticatólicos tornaram-se mais exacerbados e, quando a família retornou a Oxford em 1925, ela não escondia o seu ressentimento quando Ronald levava as crianças à igreja. Em parte, isso se devia ao fato dele insistir em confissões frequentes de forma rígida, quase medieval, e Edith sempre detestara confessar seus pecados a um padre. Ele também não conseguia discutir o assunto racionalmente com ela, certamente não com a lucidez que demonstrava nas suas argumentações teológicas com Lewis; mostrava-lhe apenas a sua ligação emocional com a religião, que ela não conseguia compreender. Ocasionalmente, a raiva contida explodia em ataques de fúria, mas, finalmente, após uma dessas explosões, em 1940, houve uma reconciliação verdadeira entre Edith e Ronald, quando ela explicou seus sentimentos e disse que desejava retomar a prática da sua religião. Ela não voltou a frequentar a igreja regularmente, mas, pelo resto da vida, não exibiu mais nenhum sinal de ser contrária ao catolicismo, demonstrando mesmo um grande interesse pelos assuntos da igreja, de modo que dava a impressão de ser uma ativa frequentadora até mesmo para os amigos católicos.

De certa forma, Ronald e Edith viviam vidas separadas em Northmoor Road, dormindo em quartos diferentes e mantendo horários diferentes. Ele trabalhava até tarde, em parte por ter pouco tempo durante o dia, mas também porque só conseguia sentar-se à escrivaninha sem interrupções após ela ter se deitado. Durante o dia, ele mal começava a trabalhar e ela o convocava para alguma tarefa doméstica ou para tomar chá com um amigo. Por mais que as suportasse com paciência, essas interrupções frequentes, que em si nada mais eram que uma compreensível exigência de afeto e atenção, deixavam-no profundamente irritado.

Seria errado, porém, ver Edith como alguém totalmente alheia ao trabalho do marido. Durante esses anos ele não compartilhou seus escritos com Edith na mesma medida em que o fizera em Great Haywood. Desde então ela não fora incentivada a participar em suas obras e, entre os seus manuscritos, apenas as primeiras páginas de "O Livro dos Contos Perdidos" estão na letra dela. Inevitavelmente, porém, ela compartilhou o interesse da família enquanto ele escrevia *O Hobbit* e *O Senhor dos Anéis* e, embora não estivesse bem familiarizada com os detalhes dos livros e não os compreendesse profundamente, essa faceta da vida de Ronald não lhe era inacessível. Na verdade, ela foi a primeira pessoa a ler duas de suas histórias, *Folha de Cisco* e *Ferreiro do Bosque Maior*, e ele sempre se sentiu animado e encorajado com a aprovação dela.

Ronald e Edith tinham muitos amigos em comum. Alguns tinham ligações com a vida acadêmica de Ronald, como Rosfrith Murray (filha de Sir James Murray, o editor original do Oxford Dictionary) e seu sobrinho Robert Murray, e antigos alunos e colegas dele, como Simonne d'Ardenne, Elaine Griffiths, Stella Mills e Mary Salu. Contudo, todos eram amigos da família, parte tanto da vida de Edith quanto da de Ronald, e isso por si só era uma força que contribuía para uni-los. Ela e Ronald não falavam sempre das mesmas coisas às mesmas pessoas e, à medida que envelheciam, cada um foi seguindo seu caminho nesse aspecto — Ronald ficava discorrendo sobre um topônimo inglês, aparentemente alheio ao fato de que Edith, no mesmo instante, conversava com a mesma pessoa sobre o sarampo de um neto. Mas isso era algo que os hóspedes regulares aprendiam a enfrentar.

Esses amigos e outros que conheceram Ronald e Edith Tolkien ao longo dos anos nunca duvidaram do profundo afeto que os unia, visível, por um lado, nas pequenas coisas: na preocupação quase absurda que cada um demonstrava pela saúde do outro, no cuidado com que escolhiam e embrulhavam seus respectivos presentes de aniversário; e, por outro lado, nos assuntos importantes: no modo como Ronald voluntariamente abandonou tamanha parcela de sua vida de aposentado para dar a Edith os derradeiros anos em Bournemouth, que ele achava que ela merecia, no orgulho que ela demonstrava pela fama de seu marido como autor.

Uma importante fonte de alegria era o amor que tinham pela família. Uma força, talvez a mais poderosa em seu casamento, que os manteve unidos até o fim de suas vidas. Eles adoravam discutir e ruminar cada detalhe da vida dos filhos e, mais tarde, dos netos. Ficaram muito orgulhosos quando Michael ganhou a Medalha George na Segunda Guerra Mundial pelo serviço como artilheiro antiaéreo, defendendo aeroportos na Batalha da Grã-Bretanha, e sentiram um orgulho semelhante quando John foi ordenado sacerdote pela Igreja Católica, logo após a guerra. Tolkien era imensamente bondoso e compreensivo como pai, nunca se envergonhando de beijar os filhos em público, mesmo depois que se tornaram adultos, e nunca reprimindo suas demonstrações de afeto e amor.

Se para nós, que lemos a respeito tantos anos mais tarde, a vida em Northmoor Road parece enfadonha e rotineira, devemos nos dar conta de que não era assim que a família a enxergava na época. Para eles, era uma vida cheia de acontecimentos. Houve a inesquecível ocasião, em 1932, quando Tolkien comprou seu primeiro carro, um Morris Cowley apelidado de "Jo" em virtude das duas primeiras letras de seu registro. Depois de aprender a dirigir, ele foi com toda a família visitar o irmão Hilary na sua plantação de frutas em Evesham. Durante a viagem, "Jo" teve dois pneus furados e derrubou parte de um muro de pedras perto de Chipping Norton. Edith recusou-se a viajar novamente no carro durante meses — não sem alguma razão, pois Tolkien era mais audaz que habilidoso no volante. Quando acelerava em uma rua movimentada de Oxford para entrar em uma rua lateral, ignorava todos os outros veículos e gritava "*Ataque-os e eles debandam!*" — e de fato debandavam. "Jo" foi mais tarde substituído por um segundo Morris que serviu até o início da Segunda Guerra Mundial, quando o racionamento de gasolina tornou impossível mantê-lo. A essa altura Tolkien percebera os danos que o motor de combustão interna e as novas estradas estavam infligindo à paisagem e, após a guerra, não comprou outro carro e nem voltou a dirigir.

O que mais restou na lembrança dos filhos? Longas horas de verão escavando o asfalto da velha quadra de tênis da 20 Northmoor Road para ampliar a horta sob a supervisão do pai, que (assim como a mãe) era um jardineiro entusiasmado, embora deixasse a John a maior parte do trabalho prático do cultivo de verduras e da poda de árvores, preferindo concentrar sua atenção nas roseiras e no gramado, do qual removia todas as ervas daninhas imagináveis. Os primeiros anos na 22 Northmoor Road, quando houve uma sucessão de jovens babás irlandesas que contavam histórias folclóricas sobre trols. Visitas ao teatro que o pai sempre parecia apreciar, apesar de afirmar que não aprovava o teatro. O caminho de bicicleta à missa matutina na igreja de Sto. Aloísio, ou na de S. Gregório, na Woodstock Road, ou no convento carmelita ali perto. O barril de cerveja na carvoeira atrás da cozinha que costumava pingar, fazendo (dizia a mãe) com que a casa cheirasse como uma cervejaria. Tardes de julho e agosto passeando de barco no rio Cherwell (era só descer a estrada), flutuando no barco alugado por uma temporada, descendo ao longo dos Parques até a Ponte Magdalen, ou, melhor ainda, rio acima em direção a Water Eaton e Islip, onde podiam tomar chá e fazer piqueniques na margem. Caminhadas através dos campos até Wood Eaton, procurando borboletas e voltando depois ao longo do rio, onde Michael se escondia no oco de um velho salgueiro; caminhadas em que seu pai parecia ter um estoque infinito de conhecimento sobre árvores e plantas. Férias de verão à beira-mar em Lyme Regis, quando o velho padre Francis Morgan vinha de Birmingham para juntar-se a eles, constrangendo as crianças com seus modos ruidosos e turbulentos, assim como, 25 anos antes, já constrangera Ronald e Hilary em Lyme. As férias da família em Lamorna Cove, na Cornualha, em 1932, com Charles Wrenn, a esposa e a filha, ocasião em que Wrenn e Tolkien competiram nadando com chapéus panamá e cachimbos acesos. Foi sobre essas férias que Tolkien escreveu mais tarde: "Havia um curioso personagem local, um velho que costumava perambular trocando fofocas e conhecimento sobre o clima e esse tipo de coisa. Para divertir meus meninos chamei-o de Feitor Gamgi, e o nome se tornou parte da tradição familiar para chamar velhinhos do tipo. A escolha de Gamgi deu-se primeiramente pela aliteração, mas não o inventei. Na verdade era o nome quando eu era pequeno (em Birmingham) para 'fibra de algodão'." E as férias em Sidmouth, com caminhadas pelas colinas e maravilhosas lagoas de rochas à beira-mar, quando o pai começava a escrever *O Senhor dos Anéis*. Os passeios de carro aos vilarejos a leste de Oxford nas tardes de outono — Worminghall, Brill, Charlton-on--Otmoor — ou para o oeste, em Berkshire, onde subiam a White Horse Hill para ver a mamoa[32] conhecida como Forja de Wayland. As lembranças de Oxford, do campo e das histórias que seu pai lhes contava.

32 No original, *barrow*. Trata-se de um outeiro feito de terra ou pedra usado como local de sepultamento ou como monumento aos mortos. Os mais antigos datam do Neolítico. [N. T.]

6. O CONTADOR DE HISTÓRIAS

ESSAS HISTÓRIAS HAVIAM COMEÇADO NOS anos em que a família viveu em Leeds. John, o filho mais velho, muitas vezes tinha dificuldades para pegar no sono. Quando isso acontecia, seu pai sentava-se na beira da cama e contava-lhe uma história sobre "Carrots", um menino ruivo que entrava em um relógio de pêndulo do tipo cuco e vivia uma série de estranhas aventuras.

Dessa forma, Tolkien descobriu que podia usar a imaginação que estava criando as complexidades de *O Silmarillion* para inventar histórias mais simples. Ele tinha um senso de humor afável e infantil que se manifestava — à medida que seus filhos cresciam — nas ruidosas brincadeiras com os garotos e nas histórias que contava a Michael quando ele tinha pesadelos. Essas histórias, inventadas nos primeiros dias de Northmoor Road, tinham como protagonista o irreprimível vilão "Bill Stickers", um homem enorme que sempre conseguia escapar impune. Seu nome fora tirado de um aviso em um portão em Oxford que dizia COLADORES DE CARTAZES SERÃO PROCESSADOS[33] e uma fonte semelhante produziu o nome do justiceiro que estava sempre perseguindo Stickers, o major "Road Ahead"[34].

As histórias de "Bill Stickers" nunca foram escritas, mas outras foram. No verão de 1925, quando tirou férias com a família em Filey, Tolkien compôs uma longa história para John e Michael. Michael havia perdido um cachorro de brinquedo na praia e para consolá-lo o pai começou a inventar e a narrar as aventuras de Rover, um cãozinho que aborrece um feiticeiro, é transformado em um brinquedo e depois é esquecido na praia por um garotinho. Mas isso é apenas o começo, pois Rover é encontrado pelo mago da areia, Psamatos Psamatides, que lhe devolve o poder de mover-se e o envia para visitar a Lua, onde vive muitas aventuras estranhas, em especial um encontro com o Dragão Branco. Tolkien escreveu essa história com o título de *Roverando*. Muitos anos depois, ele, hesitantemente, a ofereceu a seus editores como uma possível sucessora para *O Hobbit*, mas na

33 Em inglês, *Bill Stickers* significa "Coladores de Cartazes". [N. T.]

34 *Major Road Ahead* significa "Estrada Principal à Frente". [N. T.]

ocasião a história não foi considerada adequada e Tolkien não voltou a oferecê-la.

O entusiasmo dos filhos por *Roverando* incentivou-o a escrever mais histórias para diverti-los. Muitas começaram bem, mas nunca foram concluídas. Algumas, de fato, nunca passaram de algumas frases, como a história de Timothy Titus, um homem muito pequeno que é chamado de "Tim Tit" pelos amigos. Entre outras histórias que foram iniciadas, mas logo abandonadas havia o conto de Tom Bombadil, que se passa nos "Dias do Rei Bonhedig" e descreve um personagem que, com certeza, estava destinado a ser o herói do conto: "Tom Bombadil era o nome de um dos mais antigos habitantes do reino, mas era um sujeito robusto e cordial. De botas, tinha quatro pés de altura e três de largura. Usava um chapéu alto com uma pena azul, sua jaqueta era azul e suas botas eram amarelas."

No papel, a história não passou desse ponto, mas Tom Bombadil era uma figura bem conhecida na família Tolkien, já que o personagem tinha como modelo um boneco holandês que pertencia a Michael. O boneco tinha um esplêndido aspecto com sua pena no chapéu, mas John não gostava dele e certo dia o enfiou no vaso sanitário. Tom foi resgatado e sobreviveu para tornar-se o herói de um poema, "As aventuras de Tom Bombadil", publicado na *Oxford Magazine* em 1934. O poema relata os encontros de Tom com Fruta d´Ouro, filha da Mulher do Rio com o Velho Salgueiro-Homem, que o prende no seu tronco oco (uma ideia, disse Tolkien certa vez, provavelmente inspirada nos desenhos de árvores de Arthur Rackham), com uma família de texugos e com uma "Cousa Tumular", o fantasma de um túmulo pré-histórico do tipo encontrado nas colinas de Berkshire, próximas a Oxford. Por si só, o poema parece o esboço de algo mais longo e, em 1937, quando possíveis sucessores de *O Hobbit* estavam sendo discutidos, Tolkien sugeriu a seus editores que poderia expandi-lo, explicando que Tom Bombadil devia representar "o espírito da (minguante) zona rural de Oxford e Berkshire". A ideia não foi aceita pelos editores, mas Tom e suas aventuras acabaram se tornando parte de *O Senhor dos Anéis*.

Em 1932, a compra de um carro e os subsequentes infortúnios de Tolkien ao volante o levaram a escrever outra história infantil, *Sr. Boaventura*. Trata-se de um conto sobre um homem alto e magro que vive em uma casa alta e estreita e que compra um automóvel amarelo-vivo por cinco xelins e sofre notáveis consequências (e um bom número de colisões). A história foi abundantemente ilustrada por Tolkien com tinta e lápis de cor, o texto foi escrito em uma bela caligrafia e o trabalho foi encadernado em um pequeno volume.

Sr. Boaventura deve um pouco a Beatrix Potter pelo seu humor irônico e a Edward Lear pelo estilo de seus desenhos, embora a abordagem de Tolkien seja menos grotesca e mais delicada que a de Lear. Como *Roverando* e o poema sobre Bombadil, essa história também foi mostrada aos editores de Tolkien em 1937 e foi recebida com muito entusiasmo. Foram feitos acertos preliminares para sua publicação, não tanto como um sucessor de *O Hobbit*, mas como um divertido tapa-buraco até que a verdadeira continuação ficasse pronta. No entanto, as figuras multicoloridas significavam custos mais altos e os editores perguntaram a Tolkien se não poderia desenhá-las em estilo mais simples. Ele concordou, mas não conseguiu tempo para realizar a tarefa e o manuscrito de *Sr. Boaventura* ficou engavetado durante anos até ser vendido à Universidade Marquette, nos Estados Unidos, juntamente com os manuscritos das histórias publicadas de Tolkien.[35]

O fato de *Sr. Boaventura* ser tão abundantemente ilustrado — de ter, na verdade, sido construído em função dos desenhos — é uma indicação de como Tolkien estava levando a sério o desenho e a pintura. Ele nunca abandonara por completo seu passatempo de infância e, quando estudava em Oxford, ilustrou vários de seus próprios poemas usando aquarela, tintas coloridas ou lápis, começando a desenvolver um estilo que sugeria o seu gosto pelas gravuras japonesas, mas com um tratamento bastante pessoal da linha e da cor. A atividade foi interrompida pela guerra e pelo trabalho, mas, em 1925, voltou a desenhar com regularidade e um dos primeiros resultados concretos foi uma série de ilustrações para *Roverando*. Mais tarde, durante as férias em Lyme Regis, em 1927 e 1928, desenhou cenas de O *Silmarillion*. Elas mostram como Tolkien visualizava com clareza as paisagens onde suas lendas se passavam, pois em diversos desenhos a própria paisagem de Lyme foi absorvida pelas histórias e envolvida em mistério.

Nessa época ele já era um artista muito talentoso, embora, ao desenhar pessoas, não demonstrasse a mesma habilidade que tinha ao desenhar paisagens. Era melhor em retratar suas amadas árvores e, como Arthur Rackham (cuja obra admirava), conseguia dar às raízes e aos ramos retorcidos uma mobilidade sinistra que era ao mesmo tempo absolutamente fiel à natureza.

35 *Sr. Boaventura* não foi a única composição de Tolkien inspirada no transporte motorizado. *The Bovadium Fragments* (composto, talvez, no início dos anos 60) é uma parábola da destruição de Oxford (*Bovadium*) pelos *motores* fabricados pelo *Daemon* de *Vaccipratum* (uma referência a Lord Nuffield e sua fábrica de motores em Cowley), que bloqueiam as ruas, asfixiam os habitantes e explodem facilmente.

O talento de Tolkien como contador de histórias e como ilustrador combinavam-se no mês de dezembro, quando chegava uma carta de Papai Noel para as crianças. Em 1920, quando John tinha 3 anos de idade e a família estava prestes a mudar-se para Leeds, Tolkien escrevera um bilhete para o filho, com uma caligrafia trêmula, assinando "Seu dedicado P. No.". Desde então, passou a compor uma carta semelhante a cada Natal. Depois desse início singelo, as *Cartas do Papai Noel* tornaram-se maiores e passaram a incluir muitos personagens, como o Urso Polar que mora com Papai Noel, o Homem de Neve que é o seu jardineiro, um elfo chamado Ilbereth que é seu secretário, elfos da neve, gnomos e uma legião de gobelins malévolos que vivem nas cavernas sob a casa de Papai Noel. A cada Natal, muitas vezes em cima da hora, Tolkien escrevia um relato dos recentes acontecimentos no Polo Norte usando a letra trêmula de Papai Noel, as maiúsculas semelhantes a runas do Urso Polar, ou a graciosa caligrafia de Ilbereth. Acrescentava então desenhos, escrevia o endereço no envelope (com sobrescritos tais como "Via gnomo. Urgência imediata!"), pintava e recortava um selo do correio do Polo Norte extremamente realista e, por fim, entregava a carta. Isso era feito de várias maneiras. A mais simples era deixá-la na lareira como se tivesse sido trazida pela chaminé e fazer alguns ruídos estranhos de manhãzinha que, juntamente com uma pegada marcada com neve no tapete, indicavam que o próprio Papai Noel os visitara. Mais tarde, o carteiro local tornou-se cúmplice e costumava ele mesmo entregar as cartas — assim, como as crianças podiam não acreditar? De fato, elas continuaram acreditando até que cada uma chegasse à adolescência e descobrisse, por acaso ou dedução, que seu pai era o verdadeiro autor das cartas. Mesmo assim, nada que pudesse destruir a ilusão das crianças mais novas era dito.

Além de se entreterem com as histórias do pai, os filhos Tolkien tinham as estantes sempre repletas de livros infantis. Boa parte de suas leituras era constituída pelos favoritos de infância do próprio Tolkien, como as histórias de "Curdie" de George MacDonald e as coleções de contos de fadas de Andrew Lang, mas também possuíam contribuições mais recentes à literatura infantil, como *A Maravilhosa Terra dos Snergs* de E.A. Wyke-Smith, publicada em 1927. Tolkien observou que seus filhos divertiam-se muito com os snergs, "uma raça de pessoas somente um pouco mais altas do que uma mesa comum, mas que possuem ombros largos e grande força".

O próprio Tolkien só encontrava tempo ou disposição para ler uma quantidade limitada de ficção, em geral os romances contemporâneos mais leves. Gostava das histórias de John Buchan e também leu parte da obra de Sinclair Lewis; certamente conhecia *Babbitt*, o romance publicado em 1922 que tinha como protagonista um homem de negócios americano de meia-idade cuja vida bem organizada gradativamente escapa ao seu controle.

O cadinho onde se processa a criação literária às vezes contém estranhos ingredientes, e tanto a *Terra dos Snergs* quanto *Babbitt* desempenharam um pequeno papel em *O Hobbit*. Tolkien escreveu a W.H. Auden que o primeiro "provavelmente foi uma fonte inconsciente: para os Hobbits, não de algo mais", e disse a um entrevistador que a palavra *hobbit* "pode ter alguma ligação com o Babbitt de Sinclair Lewis. Certamente não com coelho (*rabbit*), como alguns pensam. Babbitt tem a mesma presunção burguesa que os hobbits. Seu mundo é o mesmo lugar limitado".

Há menos mistérios em torno das origens de outra história que Tolkien escreveu nos anos 30, em parte talvez para divertir os filhos, mas principalmente para agradar a si mesmo. Trata-se de *Mestre Giles d'Aldeia*, cujo território, "O Pequeno Reino", é Oxfordshire e Buckinghamshire e que, evidentemente, surgiu das implicações do topônimo Worminghall (que significa "salão do réptil" ou "salão do dragão"), um vilarejo alguns quilômetros a leste de Oxford. A primeira versão da história, consideravelmente mais curta do que o texto finalmente publicado, é um simples conto cujo humor vem mais dos acontecimentos que do estilo da narrativa. Essa obra também foi oferecida como um possível sucessor para *O Hobbit* e, como os outros, foi considerada excelente, mas recusada por não corresponder às expectativas dos editores.

Alguns meses depois, no início de 1938, Tolkien devia ler um ensaio sobre contos de fadas para uma sociedade estudantil do Worcester College. Mas o ensaio não havia sido escrito e, à medida que o dia se aproximava, Tolkien decidiu ler *Mestre Giles* em seu lugar. Pensou que podia fazer algumas melhorias e, na reformulação que se seguiu, transformou a obra em uma história mais longa, de humor mais refinado. Poucas noites depois a leu no Worcester College. "Fiquei muito surpreso com o resultado", registrou mais tarde. "O público aparentemente não se entediou — na verdade, em geral teve convulsões de riso." Quando ficou evidente que a continuação de *O Hobbit* levaria um tempo considerável para ficar pronta, ele ofereceu aos editores o *Mestre Giles* revisado e a obra foi aceita com entusiasmo, mas os atrasos provocados pela guerra e a insatisfação de Tolkien com a escolha de um ilustrador fizeram com que o livro fosse publicado apenas em 1949, com desenhos de uma jovem artista chamada Pauline Diana Baynes. Tolkien gostou muito do estilo "medieval" dos desenhos e escreveu: "São mais que ilustrações, são um tema colateral." O sucesso da Srta. Baynes com *Mestre Giles* fez com que ela fosse escolhida como ilustradora das histórias de Nárnia de C.S. Lewis e, mais tarde, da antologia de poemas de Tolkien e de *Ferreiro do Bosque Maior*. Ela e o marido tornaram-se mais tarde amigos dos Tolkien.

Mestre Giles não atraiu muita atenção na época em que foi publicado e atingiu um público amplo apenas quando o sucesso de *O Senhor dos Anéis* se refletiu sobre as vendas dos demais livros de Tolkien. Em certa época, Tolkien pensou em escrever uma continuação e esboçou a trama com certo detalhe: a ação se desenrolaria no mesmo lugar e giraria em torno do filho de Gil, George Worming, e de um pajem chamado Suet, e reapresentaria o dragão Chrysophylax. Contudo, em 1945, a paisagem de Oxfordshire que Tolkien tanto amava estava marcada pela guerra. Tolkien escreveu aos editores: "A continuação [de *Mestre Giles*] está planejada, mas ainda não foi escrita e provavelmente permanecerá assim. O coração se afastou do Pequeno Reino, e os bosques e as planícies são aeródromos e alvos para exercícios de bombardeios."

Embora às vezes tocassem sentimentos profundos, os contos que Tolkien escreveu para os filhos nos anos 20 e 30 eram, na verdade, *jeux d'esprit*. Seu compromisso real era com temas mais grandiosos, tanto em verso quanto em prosa.

Continuou a trabalhar em seu longo poema "A Gesta de Beren e Lúthien" e nos versos aliterantes que contavam a história de Túrin e do dragão. Em 1926, mandou esses e outros poemas para R.W. Reynolds, seu antigo professor de Literatura Inglesa na King Edward's School, e pediu sua apreciação crítica. Reynolds aprovou as peças curtas enviadas por Tolkien, mas não demonstrou muito entusiasmo pelos principais poemas mitológicos. Sem se desencorajar, e incentivado pela opinião favorável de C.S. Lewis ao poema sobre Beren e Lúthien, Tolkien continuou trabalhando em ambos. Contudo, embora o poema sobre Túrin chegasse a mais de 2 mil versos, e a "Gesta" a mais de 4 mil, nenhum foi completado e, na época em que Tolkien começou a revisar *O Silmarillion* (depois de escrever *O Senhor dos Anéis*), provavelmente já desistira de incorporá-los ao texto publicado do ciclo. Ainda assim, ambos os poemas foram importantes no desenvolvimento das lendas, principalmente a "Gesta", que contém a versão mais completa da história de Beren e Lúthien.

Os poemas também foram significativos para a evolução técnica de Tolkien como escritor. Os dísticos rimados das estrofes iniciais da "Gesta" têm às vezes um ritmo monótono e rimas banais, mas, à medida que Tolkien adquiria mais experiência nesse estilo, o poema foi se tornando muito mais seguro e apresenta vários trechos excelentes. Os versos de Túrin são aliterantes, uma versão moderna da forma de versificação anglo-saxã nos quais Tolkien demonstra grande habilidade. Este trecho descreve a infância e a adolescência de Túrin no reino élfico de Doriath:

> *"Ele sabe tradição, aprecia o saber,*
> *mas a sorte o segue em desejos poucos;*
> *o que fez muitas vezes ao revés se tornou;*
> *o que prezou desperdiçou, o desejo não obteve;*
> *Amigos e amores não muitos achou,*
> *nem apreço pronto pelo aspecto tristonho.*
> *Com sombra no coração, risonho quase nunca,*
> *pela dor ardida dos seus dias jovens.*
> *Já adulto era tido rematado em força*
> *e na arte das armas; no alto cantar,*
> *com mestria de menestrel, era triste a melodia."*[36]

Ao adaptar e modernizar esse antigo estilo poético para seus propósitos, Tolkien realizava um feito incomum e de notável vigor. É uma pena que tenha escrito — ou publicado — tão poucos poemas aliterantes, pois eles eram muito mais adequados à sua imaginação do que os esquemas de versificação modernos.

Escreveu outros poemas bastante longos durante os anos 30, nem todos diretamente ligados à sua própria mitologia. Um deles, inspirado nas lendas célticas da Bretanha, era *Aotrou e Itroun* ["Senhor e Senhora" em bretão], cujo manuscrito mais antigo data de setembro de 1930. O poema conta a história de um senhor sem filhos que obtém uma poção de uma feiticeira, ou "Corrigan" (o termo genérico bretão para uma pessoa da raça das fadas). Como resultado da poção mágica, a esposa do senhor dá à luz gêmeos, mas a Corrigan exige como pagamento que o senhor se case com ela e a recusa dele tem consequências trágicas. *Aotrou e Itroun* foi publicado alguns anos mais tarde pelo amigo e colega

36 Much lore he learned, and loved wisdom, / but fortune followed him in few desires; / oft wrong and awry what he wrought turned; / what he loved he lost, what he longed for he won not; / and full friendship he found not easily, / nor was lightly loved for his looks were sad. / He was gloomy-hearted, and glad seldom / for the sundering sorrow that seared his youth. / On manhood's threshold he was mighty holden / in the wielding of weapons; and in weaving song / he had a minstrel's mastery; but mirth was not in it.

filólogo de Tolkien, Gwyn Jones, na *Welsh Review*. É escrito em versos aliterantes e também incorpora um esquema de rimas.

Há outro importante poema desse período, composto em versos aliterantes, mas sem rimas. Trata-se *A Queda de Arthur*, a única incursão de Tolkien no ciclo arthuriano, cujas lendas ele apreciava desde a infância, apesar de considerá-las "demasiado opulentas, fantásticas, incoerentes e repetitivas demais". As histórias arthurianas também não o satisfaziam enquanto mitos por se referirem explicitamente ao cristianismo. Tolkien não mencionou o Graal em seu poema arthuriano, mas iniciou uma versão pessoal da Morte d'Arthur, onde o rei e Gawain vão à guerra em "terras saxãs", mas voltam depois de saber da traição de Mordred. O poema não foi concluído, mas recebeu a aprovação de E.V. Gordon e R.W. Chambers, catedrático de Inglês na Universidade de Londres, que o considerou "excelente — realmente heroico, independentemente de seu valor como prova de que a métrica de *Beowulf* pode ser usada no inglês moderno". Também é interessante por ser uma das poucas obras escritas em que Tolkien trata explicitamente da paixão sexual, descrevendo o desejo não correspondido de Mordred por Guinever (a forma como Tolkien decidiu escrever seu nome):

"Ele dorme em leito estéril. Fantasmas negros
de desejo insaciado e insólita fúria
assaltaram-lhe a vontade na matina enfadonha."[37]

Mas a Guinever de Tolkien não é a heroína trágica apreciada pela maioria dos escritores arthurianos. Em vez disso, é descrita como

"a inclemente senhora,
formosa e mágica, temível fada
que caminha no mundo pra tormento dos homens."[38]

Embora tivesse abandonado *A Queda de Arthur* em meados dos anos 1930, em 1955 Tolkien escreveu que esperava completá-la. A obra, porém, permaneceu incompleta.

37 His bed was barren; there black phantoms / of desire unsated and savage fury / in his brain had brooded till bleak morning.

38 lady ruthless, / fair as fay-woman and fell-minded, / in the world walking for the woe of men.

Uma ou duas vezes Tolkien afastou-se do mítico, lendário e fantástico e chegou a escrever um conto convencional para adultos ambientado no mundo moderno. Os resultados não foram notáveis, demonstrando que sua imaginação precisava do mito e da lenda para atingir seu potencial pleno. E, de fato, a maior parte de sua atenção ainda estava ocupada por *O Silmarillion*. Depois de realizar inúmeras revisões e de reordenar as principais histórias do ciclo, decidiu abandonar a forma "Eriol", o nome do navegante original a quem eram contadas as histórias, e substituí-la por "Ælfwine", ou "amigo dos elfos". Tolkien também passava muito tempo (provavelmente mais do que dedicava às histórias propriamente ditas) na elaboração das línguas e dos alfabetos élficos; acabara de inventar um novo alfabeto que inicialmente chamou de "quenyático" e depois "fëanoriano", e a partir de 1926 passou a usá-lo em seu diário. Frequentemente ele também voltava sua atenção à geografia e a outros tópicos subsidiários dentro do ciclo de lendas.

No final dos anos 30, todo esse trabalho em *O Silmarillion* resultara em um grande volume de manuscritos, muitos em uma caligrafia requintada. Tolkien, porém, ainda não tomara nenhuma medida para a publicação de qualquer parte da obra. Na verdade, poucas pessoas sabiam da sua existência. A única pessoa fora da família que tinha conhecimento do fato era C.S. Lewis. Dentre os membros da família, o mais assíduo ouvinte das histórias era Christopher, o terceiro filho de Tolkien. O menino, escreveu Tolkien no seu diário, tornara-se "uma pessoa nervosa, irritadiça, intratável, atormentada, insolente. No entanto, há nele algo de intensamente adorável, pelo menos para mim, justamente por causa da semelhança entre nós". No início dos anos 30, Christopher aninhava-se à noite perto da estufa do gabinete para se aquecer e, imóvel, ficava escutando o pai contar (mais de improviso que a partir do texto) sobre as guerras élficas contra o poder escuro e sobre a perigosa viagem de Beren e Lúthien ao coração da fortaleza de ferro de Morgoth. Não eram meras histórias, eram lendas que adquiriam vida à medida que seu pai falava, relatos vívidos de um mundo sombrio onde orques abomináveis e um sinistro Necromante vigiavam o caminho e um terrível lobo de olhos vermelhos estraçalhava um por um os companheiros élficos de Beren; mas também de um mundo onde as três grandes joias élficas, as Silmarils, brilhavam com uma luz estranha e poderosa, um mundo onde, contrariando todas as probabilidades, a busca podia ser vitoriosa.

Os sentimentos de Tolkien pelo seu terceiro filho talvez tenham contribuído para que começasse um novo livro. Mais explicitamente, este devia suas origens a C.S. Lewis, que um dia disse: "Tollers, há muito pouco do que realmente gostamos nas histórias. Receio que teremos de tentar escrever algumas nós mesmos." "Concordamos", disse Tolkien, "que ele deveria tentar uma 'viagem espacial' e eu deveria tentar uma 'viagem no tempo'." Decidiram também que cada história deveria conduzir à descoberta do Mito.

A história de Lewis foi *Além do Planeta Silencioso*, que acabou sendo o primeiro livro da sua trilogia "Ransom"[39]. Tolkien respondeu ao desafio com uma história chamada "A Estrada Perdida", onde dois viajantes no tempo, pai e filho, descobrem a mitologia de *O Silmarillion* ao viajarem à terra de Númenor.

A lenda de Tolkien sobre Númenor, a grande ilha no Oeste dada aos homens que auxiliaram os Elfos nas guerras contra Morgoth, provavelmente foi composta algum tempo antes de "A Estrada Perdida", no fim dos anos 20 ou no início dos anos 30. Uma de suas origens é o pesadelo que o perturbava desde a infância, a sua "assombração de Atlântida" onde "tinha o terrível sonho da Onda inelutável, ora saindo do mar calmo, ora elevando-se sobre as verdejantes terras do interior". Quando Sauron (o tenente de Morgoth que já aparecera no longo poema sobre Beren e Lúthien) engana os habitantes de Númenor, fazendo com que desobedeçam a um mandamento divino e naveguem para o Oeste em direção às terras proibidas, ergue-se uma grande tormenta, uma enorme onda abate-se sobre Númenor e toda a ilha é lançada no abismo. Atlântida submergiu.

A história de Númenor combina a lenda platônica de Atlântida com as qualidades imaginativas de *O Silmarillion*. No fim, Tolkien conta como o mundo, após o desastre de Númenor, tem a sua forma alterada e as terras do Oeste são "removidas para sempre dos círculos do mundo". O próprio mundo é curvado, no entanto a Rota Plana até o

39 Este livro e os seguintes foram lidos por Lewis diante dos Inklings à medida que iam sendo escritos. Os dois primeiros mereceram a aprovação quase irrestrita de Tolkien (se bem que não admirasse todos os nomes inventados por Lewis) e, em parte, foi graças ao seu apoio que *Além do Planeta Silencioso*, rejeitado por duas editoras, acabou por ser aceito por The Bodley Head e publicado em 1938. Ele gostou de *Perelandra* ainda mais que da primeira história, mas, quando Lewis começou a ler *Aquela Fortaleza Medonha* para os Inklings, Tolkien registrou: "Receio que chega a lugar algum"; e a maior familiaridade com o livro não o fez mudar de opinião. Considerava-o estragado pela influência da mitologia arthuriano-bizantina de Charles Williams.

Tolkien reconheceu que o personagem Ransom, o herói filólogo das histórias de Lewis, talvez fosse parcialmente inspirado nele. Em 1944, escreveu a seu filho Christopher: "Como filólogo, posso ter alguma parte nele, e reconheço algumas de minhas opiniões e ideias lewisificadas nele".

Antigo Oeste ainda resta para aqueles que conseguirem encontrá-la. É a "Estrada Perdida" que dá nome ao novo livro.

"A Estrada Perdida" (ao contrário do conto de Númenor ao qual devia servir de introdução) é claramente uma espécie de autobiografia idealizada. Seus protagonistas são um pai e seu filho. O pai, um professor de História chamado Alboin (a forma lombarda de "Ælfwine"), inventa línguas, ou melhor, descobre que palavras lhe são transmitidas, palavras que parecem ser fragmentos de línguas antigas e esquecidas. Muitas dessas palavras referem-se à queda de Númenor e a história se interrompe, inacabada, quando Alboin e seu filho partem em sua viagem pelo tempo em busca da própria Númenor. A história é um tanto pesada quando retrata o relacionamento entre pai e filho da forma como Tolkien gostaria que fosse, e é notável que nem Alboin, nem seu pai (que aparece no início da história) têm de se preocupar com esposas, já que enviuvaram ainda jovens. A história provavelmente foi lida para os Inklings. Certamente Lewis escutou a lenda de Númenor, pois refere-se a ela em *Aquela Fortaleza Medonha* usando a grafia incorreta "Numinor". (Ele também tomou emprestado de Tolkien quando deu como primeiro nome "Elwin", uma versão de "Ælfwine", ao seu herói Ransom, e, mais uma vez, quando chamou o Adão e a Eva de *Perelandra* de "Tor e Tinidril", que Tolkien considerava "certamente um eco" de Tuor e Idril de "A Queda de Gondolin".)

"A Estrada Perdida" foi abandonada ("devido à minha lentidão e incerteza", disse Tolkien) logo depois que os viajantes do tempo chegam a Númenor. Mas Tolkien retomou o tema da viagem no tempo como forma de introduzir a lenda de Númenor no final de 1945, quando começou a escrever "Os Documentos do Clube Notion". A história tem os próprios Inklings (debilmente disfarçados) como ponto de partida, e dessa vez são dois professores de Oxford, membros do clube literário informal que dá nome à obra, que partem em uma viagem pelo tempo. Mas, como sua antecessora, a história é interrompida no final da narrativa introdutória, com uma descrição apenas superficial da viagem no tempo propriamente dita. "Os Documentos do Clube Notion" capta grande parte do espírito dos Inklings, embora Tolkien mal esboce um retrato dos amigos. Parte da história chegou a ser impressa, um poema sobre a viagem medieval de S. Brendan, uma lenda que Tolkien adaptou à sua mitologia. Com o título *Imram* ("viagem" em gaélico), o poema foi publicado no *Time & Tide* em 1955. A história em si é um tanto pobre, um monumento melancólico a uma história promissora e inacabada.

Assim, durante os anos 1920 e 1930, a imaginação de Tolkien percorria duas trilhas diferentes que não se encontravam. De um lado estavam as histórias compostas por mera diversão, muitas vezes especificamente para o entretenimento de seus filhos. Do outro estavam os temas mais grandiosos, às vezes arthurianos ou célticos, mas geralmente associados com as suas próprias lendas. Nesse meio tempo, nada estava sendo impresso além de uns poucos poemas na *Oxford Magazine*, que indicavam aos seus colegas que Tolkien se divertia com tesouros de dragões e homenzinhos engraçados com nomes como Tom Bombadil — um passatempo inofensivo, pensavam, se bem que um pouco infantil.

Algo estava faltando, algo que unisse as duas facetas de sua imaginação e produzisse uma história heroica e mítica e, ao mesmo tempo, afinada com a imaginação popular. Naturalmente, ele não se deu conta disso e, quando a peça que faltava repentinamente surgiu, não lhe atribuiu nenhum significado especial.

Foi em um dia de verão, quando ele estava sentado à janela do gabinete da Northmoor Road corrigindo provas do School Certificate. Anos mais tarde, relembrou: "Um dos candidatos misericordiosamente havia deixado uma página sem nada escrito (a melhor coisa que pode acontecer a um examinador) e escrevi nela: '*Numa toca no chão vivia um hobbit*'. Nomes sempre geram uma história na minha mente. No fim, achei que seria melhor eu descobrir como eram os Hobbits. Mas isso é apenas o começo."

PARTE V
1925–1949 (II):
A TERCEIRA ERA

1. O Sr. Bolseiro entra em cena

NA VERDADE, A PEÇA QUE faltava estivera com ele o tempo todo. Era o lado Suffield da sua personalidade.

O sentimento arraigado de que seu lar era a zona rural do centro-oeste inglês havia definido, desde os tempos de estudante, a natureza do trabalho erudito de Tolkien. Os mesmos motivos que o haviam levado a estudar *Beowulf*, *Gawain* e o *Ancrene Wisse* criaram um personagem que incorporava tudo o que ele amava no centro-oeste da Inglaterra: o Sr. Bilbo Bolseiro, o hobbit.

Podemos perceber certos precedentes superficiais para essa invenção: os snergs, o nome Babbitt e, nas histórias do próprio Tolkien, o Tom Bombadil original de um metro e vinte e o minúsculo Timothy Titus. Mas isso não nos diz muito. O elemento pessoal é mais revelador. Na história, Bilbo Bolseiro, filho da vivaz Belladona Tûk, uma das três notáveis filhas do Velho Tûk, descendente também dos respeitáveis e sensatos Bolseiros, é um indivíduo de meia-idade nada aventureiro, que veste roupas sensatas, mas gosta de cores vivas e aprecia comida simples. Contudo, há algo estranho no seu caráter que desperta quando a aventura começa. John Ronald Reuel Tolkien, filho da enérgica Mabel Suffield, uma das três notáveis filhas do velho John Suffield (que viveu quase até os 100 anos), descendente também dos respeitáveis e sensatos Tolkien, era um indivíduo de meia-idade com tendência ao pessimismo, que vestia roupas sensatas, mas gostava de coletes coloridos quando podia se dar a esse luxo e apreciava comida simples. Mas havia algo incomum no seu caráter que já se manifestara na criação de uma mitologia e o levava agora a começar esta nova história.

O próprio Tolkien tinha plena consciência da semelhança entre o criador e a criação. "Sou de fato um hobbit", escreveu certa vez, "em tudo exceto no tamanho. Gosto de jardins, de árvores e terras aráveis não mecanizadas; fumo um cachimbo e gosto de uma boa comida simples (não refrigerada), mas detesto a culinária francesa; gosto de, e ainda ouso vestir nestes dias sem brilho, coletes ornamentais. Gosto muito de cogumelos (tirados de um campo); possuo um senso de humor muito simples (que até mesmo meus críticos apreciativos acham cansativo); durmo tarde e acordo tarde (quando possível). Não viajo muito." E, como que para enfatizar o paralelo pessoal, Tolkien escolheu para a casa do hobbit o nome *Bag End* [Bolsão], o nome que davam à fazenda de sua tia Jane em Worcestershire. O condado de onde se originavam os Suffield e onde seu irmão Hilary cultivava a terra naquela época é, dentre todos os distritos do centro-oeste inglês, O Condado dos hobbits. Tolkien escreveu sobre ele: "Qualquer canto daquele condado (por mais belo ou esquálido que seja) está para mim em um indefinível caminho para 'casa' como nenhuma outra parte do mundo." Mas a Vila dos Hobbits propriamente dita, com seu moinho e seu rio, não se encontra em Worcestershire, mas em Warwickshire, agora meio escondido no cinturão de tijolos vermelhos de Birmingham, mas ainda identificável como a Sarehole onde Ronald Tolkien passou quatro de seus anos de formação.

Os hobbits não devem suas origens meramente a paralelos pessoais. Certa vez Tolkien disse a um entrevistador: "Os Hobbits são apenas gente rústica inglesa que criei pequenos em tamanho porque isso reflete o alcance geralmente pequeno da sua imaginação — não o alcance pequeno da sua coragem ou dos seus poderes latentes." Dito de outra maneira, os hobbits representam a combinação de imaginação reduzida e grande coragem que, como Tolkien vira nas trincheiras durante a Primeira Guerra Mundial, frequentemente conduzia à sobrevivência a despeito de todas as probabilidades. "Sempre fiquei impressionado", disse certa vez, "com o fato de que estamos aqui, vivos, por causa da coragem indômita de gente bem pequena frente a probabilidades impossíveis."

De certa maneira, é errado falar dos hobbits como a "peça que faltava" para que as duas facetas da imaginação de Tolkien durante os anos 20 e 30 pudessem se encontrar e se fundir; errado ao menos cronologicamente, pois Tolkien provavelmente começou a escrever *O Hobbit* logo no início desse período. Seria mais exato dizer que foi apenas quando concluiu e publicou o livro — na verdade, apenas quando começou a escrever a continuação — que ele percebeu a importância dos Hobbits e viu que eles tinham um papel crucial a desempenhar em sua mitologia. Em si, *O Hobbit* começou meramente como mais uma história para diversão. Além disso, quase sofreu o destino de tantas outras e permaneceu inacabado.

Embora possamos perceber com clareza por que Tolkien começou a escrever a história, é impossível determinar exatamente quando o fez. O manuscrito não fornece nenhuma indicação da data e o próprio Tolkien era incapaz de lembrar-se das origens precisas do livro. Em um relato disse: "Não tenho certeza, mas acho que 'Uma Festa

Inesperada' (o primeiro capítulo) foi escrito às pressas antes de 1935, mas certamente após 1930, quando me mudei para a 20 Northmoor Road." Em outro lugar escreveu: "Em uma folha em branco rabisquei 'Numa toca no chão vivia um hobbit'. Não sabia e não sei por quê. Não fiz nada a respeito por um longo tempo, e por alguns anos não fui além do Mapa de Thror. Porém, tornou-se *O Hobbit* no início dos anos 30." A lembrança de um hiato entre a ideia original e a composição do texto principal da história é confirmada por uma anotação de Tolkien em uma página do primeiro capítulo original: "Única página preservada da primeira cópia rabiscada de *O Hobbit*, que não passou do primeiro capítulo." Em 1937, logo após a publicação do livro, Christopher Tolkien registrou (em sua carta ao Papai Noel) este relato das origens do livro: "Papai escreveu faz um tempão e leu para John, para Michael e para mim nas nossas 'leituras' de inverno depois do chá da tarde, mas os capítulos finais eram bem toscos e nem estavam datilografados; ele terminou há mais ou menos um ano." E, escrevendo a seus editores durante o mesmo ano, Tolkien declarou: "Meu filho mais velho tinha 13 anos quando ouviu o folhetim. Este não tinha um apelo junto aos mais novos, que tiveram de crescer sucessivamente a ele."

Essas declarações levam à conclusão de que o livro foi iniciado em 1930 ou 1931 (quando John, o filho mais velho, tinha 13 anos). Certamente existia um texto datilografado completo (ao qual faltavam somente os capítulos finais) a tempo de ser mostrado a C.S. Lewis no fim de 1932. No entanto, John e Michael Tolkien não creem que esse seja o panorama completo, pois se lembram claramente de terem ouvido certos elementos da história no gabinete da 22 Northmoor Road, isto é, antes de 1930. Eles não têm certeza se o que ouviram na época era necessariamente uma história *escrita*: acreditam que pode muito bem ter sido certo número de contos improvisados que mais tarde foram absorvidos por *O Hobbit* propriamente dito.

O manuscrito de *O Hobbit* sugere que a composição efetiva da parte principal da história aconteceu em um período comparativamente breve: a tinta, o papel e o estilo caligráfico são consistentes ao longo do trabalho, as páginas estão numeradas consecutivamente e quase não há divisões em capítulos. Parece também que Tolkien escreveu a história com fluência e pouca hesitação, pois, comparativamente, há poucas rasuras ou revisões. Originalmente o dragão chamava-se "Pryftan", o nome "Gandalf" pertencia ao anão principal e o mago chamava-se "Bladorthin". O nome do dragão foi logo alterado para "Smaug", do verbo germânico *smugan*, que significa "espremer através de um buraco" — Tolkien disse que era "um gracejo filológico menor". Mas o nome "Bladorthin" foi mantido durante algum tempo e só quando o rascunho estava bem avançado é que o anão principal recebeu o novo nome de "Thorin Escudo de Carvalho" e o nome "Gandalf" (tirado, como todos os nomes dos anãos, da Edda Antiga) foi dado ao mago, ao qual se adequava perfeitamente em virtude do seu significado em islandês, "elfo-feiticeiro" e, portanto, "mago".

Assim, a história começou como um simples divertimento pessoal. Com certeza Tolkien inicialmente não tinha intenção alguma de relacionar o mundo burguês e confortável de Bilbo Bolseiro com a vasta paisagem mitológica de *O Silmarillion*. Gradativamente, no entanto, elementos da sua mitologia começaram a aparecer na obra. Inevitavelmente, uma conexão foi sugerida pelos anãos, pois "dwarves" [anãos] haviam desempenhado um papel na obra anterior, e quando no primeiro capítulo de *O Hobbit* o mago mencionava "o Necromante", havia aí uma referência à lenda de Beren e Lúthien. Logo ficou evidente que a viagem de Bilbo Bolseiro e seus companheiros passava por um canto daquela Terra-média cuja história antiga fora relatada em *O Silmarillion*. Nas palavras de Tolkien, esse era "o mundo no qual o Sr. Bolseiro se extraviou". E se os acontecimentos da nova história se passavam evidentemente muito tempo depois dos de *O Silmarillion*, então, já que as crônicas anteriores registravam a história da Primeira e da Segunda Era da Terra-média, parecia que *O Hobbit* estava destinado a ser uma história da Terceira Era.

"Escreve-se tal história", disse Tolkien, "a partir do húmus das folhas da mente", e embora ainda possamos detectar a forma de algumas folhas — a caminhada alpina de 1911, os gobelins dos livros de "Curdie" de George Macdonald, um episódio de *Beowulf* onde um cálice é roubado de um dragão adormecido —, não é esse o ponto essencial da metáfora de Tolkien. Pouco se aprende passando o ancinho por uma pilha de adubo para descobrir quais plantas mortas entraram na sua composição. É muito melhor observar o seu efeito sobre as plantas em desenvolvimento que ele está fertilizando. E em *O Hobbit*, o húmus das folhas da mente de Tolkien nutriu uma rica vegetação com a qual bem poucos livros de literatura infantil podem se comparar.

Pois *O Hobbit* é uma história para crianças. Apesar de tê-la integrado à sua mitologia, Tolkien não permitiu que se tornasse esmagadoramente séria ou que seu tom ficasse muito adulto. Ao contrário, manteve a intenção original de divertir os próprios filhos e, talvez, os de outros. Na verdade, essa intenção é muito consciente e deliberada no primeiro rascunho, que contém um grande número de "apartes" como "Agora vocês sabem o suficiente para continuarmos" e "Como veremos no final". Mais tarde, removeu muitos deles, mas alguns permanecem no texto publicado — para pesar dele, pois passou a vê-los com maus olhos e a crer que dirigir-se às crianças com condescendência é um grande erro em uma história. "Não faça caso dos jovens!", escreveu certa vez. "Não estou interessado na 'criança' como tal, moderna ou não, e certamente não tenho intenção de travar conhecimento com ela na metade do caminho, ou a um quarto do caminho. É algo equivocado de se fazer, de qualquer forma, inútil (quando aplicado aos estúpidos) ou pernicioso (quando imposto aos talentosos)." Mas, ao escrever *O Hobbit*, Tolkien ainda sofria do que viria a denominar as "ilusões contemporâneas sobre 'contos de fadas' e crianças" — ilusões às quais mais tarde renunciaria conscientemente.

A composição da história progrediu com fluência até o trecho próximo do fim em que o dragão Smaug está prestes a morrer. Nesse episódio Tolkien hesitou e experimentou novas direções para a narrativa em anotações rascunhadas — algo que faria com frequência em *O Senhor dos Anéis*, mas que parece ter feito raramente em *O Hobbit*. Essas anotações sugerem que Bilbo Bolseiro poderia esgueirar-se para dentro do covil do dragão e apunhalá-lo. "Bilbo enterra sua pequena faca mágica", escreveu. "Espasmos do dragão. Estraçalha as paredes e a entrada do túnel." Mas essa ideia, que se adequava mal ao caráter do hobbit e não dava a Smaug uma morte suficientemente grandiosa, foi rejeitada em favor da versão publicada, onde o dragão é morto pelo arqueiro Bard. E então, logo após ter descrito a morte do dragão, Tolkien abandonou a história.

Ou, para ser mais exato, não escreveu mais nenhuma parte dela. Para os filhos, havia narrado uma conclusão improvisada da história, mas, como disse Christopher Tolkien, "os capítulos finais eram bem toscos e nem estavam datilografados". Na verdade, nem haviam sido escritos. A versão datilografada da história quase acabada, executada com os tipos pequenos e bem-feitos da máquina Hammond e usando itálicos nas canções, era às vezes mostrada a amigos privilegiados, juntamente com os mapas que a acompanhava (e talvez já algumas ilustrações), mas não saía com frequência do gabinete de Tolkien, onde jazia incompleta e com probabilidade de assim permanecer. Os meninos estavam crescendo e não pediam mais "leituras de inverno", de modo que não havia motivo para terminar *O Hobbit*.

Entre as poucas pessoas a quem foi mostrada a versão datilografada de *O Hobbit* estava uma estudante chamada Elaine Griffiths, que fora aluna de Tolkien e se tornara amiga da família. Por recomendação dele, ela foi empregada pela editora George Allen & Unwin de Londres para revisar a tradução de *Beowulf* feita por Clark Hall, uma popular "cola" dos estudantes. Certo dia, em 1936 (algum tempo após *O Hobbit* ter sido abandonado), um membro da equipe da Allen & Unwin foi a Oxford para falar sobre o projeto com Elaine Griffiths. Era Susan Dagnall, que estudara inglês em Oxford na mesma época que Elaine e a conhecia bem. Por meio dela soube da existência da história infantil notável e inacabada que o professor Tolkien escrevera. Elaine sugeriu que Susan fosse a Northmoor Road e tentasse pedir emprestado o texto datilografado. Susan Dagnall foi, encontrou-se com Tolkien e lhe pediu o texto. Levou-o para Londres, leu-o e decidiu que certamente valia a atenção da Allen & Unwin. Porém, a história era interrompida logo após a morte do dragão. Ela mandou o texto de volta a Tolkien pedindo que o concluísse, de preferência logo, para que o livro pudesse ter sua publicação prevista para o ano seguinte.

Tolkien começou a trabalhar. Em 10 de agosto de 1936 escreveu: "*O Hobbit* está agora quase terminado e os editores clamam por ele." Tolkien empregou o filho Michael, que sofrera um corte profundo na mão direita em uma janela da escola, para ajudar usando a mão esquerda na datilografia. O trabalho foi concluído na primeira semana de outubro e o texto datilografado foi enviado aos escritórios da Allen & Unwin, perto do Museu Britânico, com o título *O Hobbit*, ou *Lá e de Volta Outra Vez*.

Stanley Unwin, presidente da empresa, acreditava que os melhores juízes de livros infantis eram as crianças, assim, entregou *O Hobbit* ao seu filho Rayner, de 10 anos, que o leu e escreveu este relatório:

> Bilbo Bolseiro era um hobbit que vivia em sua toca de hobbit e *nunca* saía para aventuras. Finalmente Gandalf, o mago, e seus anões o persuadiram a ir. Foi muito emocionante combater contra gobelins e wargs. Finalmente chegaram à montanha solitária; Smaug, o dragão que a guarda, é morto e após uma espetacular batalha contra os gobelins ele voltou para casa — rico! Esse livro, com a ajuda de mapas, não precisa de nenhuma ilustração é bom e deve agradar a todas as crianças entre 5 e 9 anos.

O menino ganhou um xelim pelo relatório e o livro foi aceito para publicação.

A despeito do que Rayner Unwin escrevera, decidiu-se que *O Hobbit* necessitava de ilustrações. Tolkien era modesto quanto aos seus dotes artísticos e quando, por sugestão dos editores, apresentou alguns desenhos que fizera para a história, comentou: "As gravuras parecem principalmente provar para mim apenas que o autor não sabe desenhar." Mas a Allen & Unwin não concordou e aceitou com prazer oito das suas ilustrações em preto e branco.

Embora Tolkien fizesse alguma ideia dos processos envolvidos na produção de livros, surpreendeu-se com o número de dificuldades e desilusões dos meses seguintes. Na verdade, as maquinações e às vezes a franca incompetência dos editores e impressores continuaram a espantá-lo até o fim de sua vida. Os mapas de *O Hobbit* tiveram de ser redesenhados porque os originais tinham cores demais. O plano de Tolkien, colocar o mapa geral na guarda e o mapa de Thror no interior do texto do primeiro capítulo, não foi seguido. Os editores decidiram que ambos os mapas seriam colocados nas guardas e, consequentemente, sua ideia de incluir "escrita invisível", que apareceria quando o mapa de Thror fosse colocado contra a luz, teve de ser abandonado. Tolkien teve também de gastar muito tempo com as revisões — se bem que a culpa fosse inteiramente sua. Quando as provas paginadas chegaram à Northmoor Road em fevereiro de 1937, decidiu que teria de fazer alterações substanciais em várias partes do livro, pois enviara o original sem conferi-lo com a sua habitual minúcia e agora estava descontente com uma série de trechos da história. Em particular, não gostava de muitos "apartes" condescendentes aos leitores juvenis e percebia também uma série de incoerências na descrição da topografia, detalhes que somente o leitor mais perspicaz e cuidadoso perceberia, mas que ele, com sua paixão pela perfeição, não poderia deixar passar. Em poucos dias, as provas estavam cheias de alterações. Com sua típica consideração com os impressores, certificou-se de que suas revisões ocupassem uma área impressa idêntica à das palavras originais — embora estivesse desperdiçando o seu tempo, pois os impressores decidiram recompor todas as seções que ele revisara.

O Hobbit foi publicado em 21 de setembro de 1937. Tolkien estava um pouco apreensivo com a reação de Oxford, especialmente porque na época ele era detentor de uma bolsa de pesquisa Leverhulme, e observou: "Agora acharei muito difícil fazer com que as pessoas acreditem que esse não é o maior fruto da 'pesquisa' de 1936–37." Não precisava ter-se preocupado: a princípio Oxford quase não prestou atenção.

Alguns dias após sua publicação, o livro recebeu um elogio nas colunas do *Times*. "Todos os que apreciam o tipo de livro infantil que pode ser lido e relido pelos adultos", escreveu o autor da resenha, "devem tomar nota de que uma nova estrela apareceu nessa constelação. Ao olho treinado, alguns personagens parecerão quase mitopeicos". O olho em questão era de C.S. Lewis, na época crítico regular do *Times Literary Supplement*, que conseguira inserir no jornal-matriz essa observação sobre o livro do amigo. Naturalmente, fez também uma resenha entusiástica da obra no próprio *Supplement*. Houve reações igualmente entusiasmadas de muitos outros críticos, embora alguns se divertissem apontando a inépcia da publicidade da editora, que comparava o livro a *Alice no País das Maravilhas* simplesmente porque ambos eram obras de professores de Oxford. E havia, ainda, algumas vozes discordantes, entre elas a do crítico que escreveu (um tanto enigmaticamente) em *Junior Bookshelf*: "Não aparece a corajosa liberdade da verdadeira aventura."

A primeira edição de *O Hobbit* esgotou-se no Natal. Foi feita uma apressada reimpressão, na qual foram incluídas quatro das cinco ilustrações coloridas que Tolkien desenhara para o livro. Aparentemente ele nunca as oferecera à Allen & Unwin e só quando passaram pelo escritório da editora a caminho da Houghton Mifflin, que editaria o livro nos Estados Unidos, é que a sua existência foi descoberta. A edição norte-americana, publicada alguns meses depois, também recebeu a aprovação da maioria dos críticos e ganhou o prêmio de melhor livro juvenil da temporada do *New York Herald Tribune*. Stanley Unwin percebeu que tinha em seu catálogo um *best-seller* infantil. Escreveu a Tolkien: "No ano que vem um grande público estará clamando para ouvir mais de você sobre Hobbits!"

2. "O NOVO HOBBIT"

ALGUMAS SEMANAS APÓS A PUBLICAÇÃO de *O Hobbit*, Tolkien foi a Londres e almoçou com Stanley Unwin para discutir um possível sucessor do livro. Achou que o editor, baixo, de olhos brilhantes e barbudo, parecia-se "exatamente com um dos meus anãos, só que não acho que ele fume". O editor certamente não fumava, nem bebia álcool (vinha de uma família estritamente não conformista) e ele também achou Tolkien estranho. Unwin soube que Tolkien queria publicar uma grande obra mitológica chamada *O Silmarillion*, embora este admitisse que não era muito adequada como sucessora das aventuras de Bilbo Bolseiro; disse também que tinha várias histórias infantis curtas, *Sr. Boaventura, Mestre Giles d'Aldeia* e *Roverando*, e um romance inacabado chamado "A Estrada Perdida". Unwin pediu a Tolkien que mandasse todos os manuscritos ao seu escritório na Museum Street.

Os originais foram enviados e lidos. As histórias infantis foram todas apreciadas, mas nenhuma delas era sobre hobbits, e Stanley Unwin tinha certeza de que era isso o que as pessoas que haviam gostado do primeiro livro queriam. Quanto a "A Estrada Perdida", era obviamente inadequado a uma plateia juvenil. Porém, *O Silmarillion* constituía um problema mais complexo.

O manuscrito dessa longa obra — ou melhor, o monte de manuscritos — chegara à editora em um estado um tanto quanto desordenado e a única seção obviamente contínua parecia ser o longo poema "A Gesta de Beren e Lúthien". Assim, o poema foi entregue para apreciação a um leitor da editora. O leitor não fez muito caso dele, na verdade, foi muito rude ao avaliar os dísticos rimados. Mas se apressou em dizer que achara cativante a versão em prosa da história de Beren e Lúthien — Tolkien presumivelmente a anexara ao poema com o propósito de completar a história, pois o poema propriamente dito estava inacabado. "Aqui o conto prossegue em um ritmo vigoroso", dizia o relatório recebido por Stanley Unwin e, entusiasmado (se bem que usando elogios um tanto disparatados), prosseguia: "Ele é contado com uma brevidade e uma dignidade pitoresca que cativam o interesse do leitor a despeito de seus nomes celtas de embaralhar a vista. A obra possui algo daquela beleza louca de olhos brilhantes que deixa perplexos todos os anglo-saxões diante da arte celta."

Não há provas de que alguma outra parte de *O Silmarillion* tenha sido lida pela Allen & Unwin nessa ocasião. Ainda assim, Stanley Unwin escreveu a Tolkien em 15 de dezembro de 1937:

> *O Silmarillion* contém muito material maravilhoso; na verdade, mais do que um livro em si, é uma mina a ser explorada na composição de mais livros como *O Hobbit*. Creio que essa foi, em parte, a sua própria opinião, não foi? O que necessitamos desesperadamente é de outro livro para reforçar nosso sucesso com *O Hobbit*, e, infelizmente, nenhum desses manuscritos (o poema e o próprio *Silmarillion*) satisfaz nossas necessidades plenamente. Ainda espero que o senhor se inspire a escrever outro livro sobre o Hobbit.

Em sua carta, Unwin também transmitiu a Tolkien os cumprimentos entusiasmados, se bem que mal orientados, do leitor sobre a seção que examinara de *O Silmarillion*.

Tolkien respondeu (em 16 de dezembro de 1937):

> Minha principal alegria é por saber que *O Silmarillion* não foi rejeitado com desdém. Tenho sofrido de um sentimento de medo e privação, bastante ridículo, desde que liberei essa tolice amada e particular; e creio que se ela tivesse parecido uma tolice ao senhor eu me sentiria realmente arrasado. Mas agora certamente terei esperanças de um dia ser capaz, ou de ter os meios, de publicar *O Silmarillion*! O comentário de seu leitor me dá prazer. Sinto muito que os nomes embaralhem sua vista — pessoalmente, acredito (e aqui creio que sou um bom juiz) que eles são bons e são boa parte do efeito. São coerentes e consistentes, e criados a partir de duas fórmulas linguísticas relacionadas, de maneira que eles alcançam uma realidade não totalmente alcançada ao meu gosto por outros inventores de nomes (digamos, Swift ou Dunsany!). Desnecessário dizer que eles não são celtas! Nem o são os contos.
>
> Não achava que algo do que entreguei ao senhor seria satisfatório. Mas eu desejava saber se alguma parte do material possuía algum valor exterior não pessoal. Acredito estar claro que, fora isso, uma

> continuação ou sucessor para *O Hobbit* é necessário. Prometo dar atenção a essa questão. Mas tenho certeza de que o senhor entenderá quando digo que a construção de uma mitologia (e dois idiomas) elaborada e consistente ocupa por demais a mente, e as Silmarils estão no meu coração. De modo que só Deus sabe o que acontecerá. O Sr. Bolseiro começou como um conto cômico entre convencionais e inconsistentes anãos de contos de fadas dos Grimm, e acabou atraído para a borda disso — de maneira que até mesmo Sauron, o terrível, espiou por cima da borda. E o que mais hobbits podem fazer? Eles podem ser cômicos, mas sua comédia é suburbana, a menos que seja colocada junto de coisas mais elementares. Mas a verdadeira diversão a respeito dos orques e dragões (na minha opinião) ocorreu antes da época dos hobbits. Quem sabe uma nova linha (mesmo que similar)?

Stanley Unwin provavelmente não compreendeu boa parte dessa carta, mas, de qualquer forma, Tolkien estava realmente pensando em voz alta e começando a planejar, pois apenas três dias depois, em 19 de dezembro de 1937, escreveu a Charles Furth, membro da equipe editorial de Allen & Unwin: "Escrevi o primeiro capítulo de uma nova história sobre Hobbits — 'Uma festa muito esperada'."

A nova história começava de modo muito semelhante à primeira sobre Hobbits. O Sr. Bilbo Bolseiro da Vila dos Hobbits dá uma festa para comemorar seu aniversário e, após discursar para seus convidados, coloca o anel mágico que conseguiu em *O Hobbit* e desaparece. A razão para seu desaparecimento nesse primeiro rascunho é que Bilbo "não tinha mais nenhum dinheiro ou joias" e estava partindo em busca de mais ouro de dragões. Nesse ponto a primeira versão do capítulo de abertura se interrompe, inacabada.

Tolkien ainda não tinha uma ideia clara do tema da nova história. No final de *O Hobbit* afirmara que Bilbo "permaneceu muito feliz até o fim de seus dias, e estes foram extraordinariamente longos". Assim, como o hobbit podia viver novas aventuras dignas desse nome, sem contradizer essa afirmativa? E ele não explorara a maior parte das possibilidades do caráter de Bilbo? Então, Tolkien decidiu introduzir um novo hobbit, filho de Bilbo — e lhe dar o nome de uma família de coalas de brinquedo pertencente a seus filhos, "Os Bingos". Riscou então "Bilbo" no primeiro rascunho e por cima escreveu "Bingo".

Ocorreu-lhe, então, outra ideia e ele anotou um lembrete (como faria muitas vezes durante a invenção dessa nova história): "Fazer da *devolução do anel* um motivo."

O anel, afinal, era um elo com o livro anterior e um dos seus poucos elementos que não havia sido plenamente desenvolvido. Bilbo o conseguira acidentalmente com o viscoso Gollum sob as Montanhas Nevoentas. Seu poder de tornar invisível quem o usasse fora plenamente explorado em *O Hobbit*, mas bem que poderia ter outras propriedades. Tolkien fez mais algumas anotações: "O Anel: qual é a sua origem? Necromante? Não muito perigoso, se usado para bons fins. Mas cobra sua penalidade. Ou a pessoa o perde, ou perde *a si mesma*." Reescreveu o capítulo inicial, chamando o herói de "Bingo Bolger-Bolseiro" e o tornou sobrinho, não filho de Bilbo. Datilografou-o e, no começo de fevereiro de 1938, o enviou a Allen & Unwin perguntando se Rayner, o filho de Stanley Unwin que escrevera o relatório original sobre *O Hobbit*, se importaria de lhe dar sua opinião a respeito.

Stanley Unwin escreveu em 11 de fevereiro dizendo que Rayner lera o texto e estava maravilhado: "Vá em frente."

Tolkien sentiu-se incentivado, mas respondeu: "Acho muito fácil escrever capítulos de abertura — e por enquanto a história não está se desenrolando. Desperdicei tanto no 'Hobbit' original (o qual não pretendia que tivesse uma continuação) que é difícil encontrar alguma coisa nova naquele mundo." Mesmo assim, começou a trabalhar de novo e escreveu um segundo capítulo que intitulou "Três não é demais". Contava como Bingo e seus primos Odo e Frodo partiam sob as estrelas em uma jornada pelo campo.

"Histórias tendem a sair de controle", Tolkien escreveu a seu editor algumas semanas mais tarde, "e essa tomou uma direção não premeditada." Ele se referia à aparição, que não planejara, de um sinistro "Cavaleiro Negro" que evidentemente está procurando pelos hobbits. Era na verdade a primeira de várias reviravoltas não premeditadas que a história sofreria. Inconscientemente, e normalmente sem antecipação, Tolkien desviava sua história do estilo jovial de *O Hobbit* em direção a algo mais sombrio e grandioso, e mais próximo em concepção ao *Silmarillion*.

Foi escrito um terceiro capítulo, sem título, mas essencialmente o mesmo capítulo que acabou sendo publicado como "Atalho até cogumelos". Então, Tolkien datilografou tudo o que escrevera (e reescrevera) e mais uma vez enviou a Rayner Unwin para comentários. Novamente o garoto o aprovou, apesar de dizer que havia "conversa hobbit em demasia" e perguntou como o livro se chamaria.

Como, de fato? E, muito mais importante, Tolkien ainda não tinha uma ideia clara do tema do livro, nem tinha muito tempo para dedicar ao assunto. Além das atividades que normalmente exigiam a sua atenção — aulas, exames, administração, pesquisa —, havia a preocupação adicional de um misterioso mal cardíaco diagnosticado no filho Christopher. O menino, que como os irmãos fora recentemente internado em uma escola católica de Berkshire, teve de ficar deitado em casa por muitos meses. O pai lhe dedicou muito tempo e cuidado e, durante muitas semanas, a nova história não foi reconsiderada. Tolkien fizera uma anotação no fim dos três capítulos que já escrevera: "Bingo vai tomar alguma providência em relação ao Necromante que planeja um ataque ao Condado. Eles têm de encontrar Gollum e descobrir onde ele obteve o anel, pois 3 são necessários." Mas, por mais promissor que isso possa ter parecido inicialmente, não produziu resultados imediatos e, em 24 de julho de 1938, ele escreveu a Charles Furth da Allen & Unwin: "A continuação para *O Hobbit* permaneceu onde havia parado. Ela perdeu minha estima, e não tenho ideia do que fazer com ela."

Pouco tempo depois, ele recebeu a notícia da morte de E.V. Gordon no hospital, e esse golpe contribuiu mais ainda para atrasar a nova história. Nessa época, porém, Tolkien começou a organizar suas ideias sobre o tema central do Anel e começou a escrever um diálogo entre Bingo e o elfo Gildor, explicando sua natureza. É, diz o elfo, um de vários anéis que foram feitos pelo Necromante e parece que *ele* está à sua procura. Os Cavaleiros Negros, explica o elfo, são "Espectros do Anel" que se tornaram permanentemente invisíveis por meio de outros anéis. As ideias finalmente começavam a fluir e Tolkien escreveu um trecho de diálogo entre Bingo e o mago Gandalf onde se determina que o Anel seja levado por muitas centenas de milhas até a sombria terra de Mordor e lá arremessado em "uma das Fendas da Terra" onde arde um grande fogo. Essa base era suficiente para continuar a história e conduziu os hobbits à casa de Tom Bombadil. Feito isso, Tolkien escreveu a Allen & Unwin, em 31 de agosto de 1938, dizendo que o livro estava "fluindo, e saindo muito de controle. Chegou até por volta do Capítulo VII e avança na direção de metas deveras inesperadas". Então, Tolkien viajou de férias para Sidmouth com a família, inclusive Christopher, cuja saúde melhorara bastante.

Lá trabalhou muito na história, levando os hobbits a uma estalagem em um vilarejo chamado "Bri", onde encontraram um estranho personagem, outro elemento não premeditado na narrativa. Nos primeiros rascunhos Tolkien descreveu esse indivíduo como "um hobbit de aspecto esquisito e rosto moreno", chamando-o "Troteiro". Mais tarde ele seria remodelado como um homem de estatura heroica, o rei cuja volta ao poder dá título ao terceiro volume do livro, mas naquela ocasião Tolkien sabia tanto quanto os hobbits sobre quem era ele. A composição continuou, levando Bingo a Valfenda e, por volta dessa época, Tolkien rabiscou em uma folha solta: "Hobbits demais. Também Bingo Bolger-Bolseiro é um nome ruim. Que seja Bingo=Frodo". Mas debaixo disso escreveu: "Não - agora estou acostumado demais com Bingo." Havia também o problema de determinar por que o Anel parecia tão importante para todos — esse elemento ainda não fora estabelecido com clareza. Subitamente lhe ocorreu uma ideia e escreveu: "O anel de Bilbo acabou se mostrando o *único Anel dominante* — todos os outros tinham voltado a Mordor: mas esse havia se perdido."

O único anel dominante que controlava todos os demais; o anel que era a fonte e o instrumento do poder de Sauron, o Senhor Sombrio de Mordor; o anel que devia ser levado à sua destruição pelos Hobbits, ou, do contrário, o mundo todo cairia sob o domínio de Sauron. Agora tudo se encaixava e a história ascendeu do nível "juvenil" de *O Hobbit* à esfera do romance grandioso e heroico. Havia até um nome para ela: quando escreveu novamente a respeito para a Allen & Unwin, Tolkien referiu-se ao livro como *O Senhor dos Anéis*.

O que ocorrera era quase inevitável. Tolkien não queria realmente escrever mais histórias como *O Hobbit*, queria continuar com a atividade séria de sua mitologia. E era isso que agora podia fazer. A nova história se ligara firmemente ao *O Silmarillion* e iria adquirir a dignidade de propósito e o estilo elevado do livro mais antigo. É verdade que os Hobbits ainda eram Hobbits, gente pequena de pés peludos e nomes engraçados como Bolseiro e Gamgi (a piada familiar sobre o "Feitor Gamgi" o levara a incluir um personagem com esse nome e, mais importante, à invenção de seu filho "Sam", que desempenharia um papel vital na história). Em certo sentido, os hobbits haviam saído do livro anterior e entrado na história por acaso. Mas agora, pela primeira vez, Tolkien percebeu o significado dos hobbits na Terra-média. O tema de sua nova história era amplo, mas estaria centralizado na coragem dessa gente pequena, e o coração do livro poderia ser encontrado nas estalagens e nos jardins do Condado, a representação de Tolkien de tudo o que mais amava na Inglaterra.

Agora que a natureza plena da história se tornara evidente, passaram a ocorrer menos falhas ou reconsiderações. Depois das férias em Sidmouth, Tolkien gastou muitas horas do outono de 1938 dando prosseguimento à narrativa, de modo que no fim do ano já se encontrava no que acabaria por se tornar o Livro II. Geralmente ele trabalhava à noite, como era seu costume, aquecido pela idiossincrática estufa na lareira de seu gabinete em Northmoor Road, escrevendo no verso de velhas folhas de provas — de modo que grande parte de *O Senhor dos Anéis* está entremeada com fragmentos de ensaios há muito esquecidos escritos por estudantes. Cada capítulo começava com um rascunho rabiscado e frequentemente ilegível, em seguida vinha uma revisão com letra mais cuidadosa e, finalmente, um texto datilografado na máquina Hammond. A única alteração importante que ainda restava era a questão do nome do herói. Após um breve período no verão de 1939, quando pensou em mudar tudo o que fizera até então e começar tudo de novo, mas tendo Bilbo como herói — presumivelmente baseado no princípio de que o herói do primeiro livro tinha de ser o herói do segundo —, Tolkien voltou à sua intenção de usar o personagem Bingo, mas como o nome tornara-se totalmente insuportável para ele diante da natureza séria que a história adquirira, mudou-o para Frodo, um nome que já pertencia a um personagem secundário. E, assim, o nome Frodo permaneceu.

Por volta da época em que Tolkien decidiu dar ao livro o título de *O Senhor dos Anéis*, Chamberlain assinou o tratado de Munique com Hitler. Tolkien, como muitos outros na época, não suspeitava tanto das intenções alemãs quanto das da Rússia soviética; escreveu que tinha "uma aversão a ficar de qualquer lado que inclua a Rússia", e acrescentou: "Pode-se imaginar que, em última análise, a Rússia provavelmente é muito mais responsável pela atual crise e pela escolha do momento que Hitler." No entanto, isso não significa que localizar Mordor (a sede do mal em *O Senhor dos Anéis*) no leste seja uma referência alegórica à política mundial contemporânea, pois, segundo o próprio Tolkien, tratava-se de uma "simples necessidade narrativa e geográfica". Em outra ocasião, ele distinguiu cuidadosamente alegoria e aplicabilidade: "Desagrada-me cordialmente a alegoria em todas as suas manifestações e, desde que me tornei velho e cauteloso o bastante para detectar sua presença, sempre me desagradou. Prefiro muito mais a história, verdadeira ou imaginada, com sua variada aplicabilidade ao pensamento e à experiência dos leitores. Penso que muitos confundem 'aplicabilidade' com 'alegoria', mas uma repousa na liberdade do leitor, e a outra na dominação proposital do autor." Como C.S. Lewis escreveu sobre *O Senhor dos Anéis*: "Essas coisas não foram criadas para refletir qualquer situação particular no mundo real. Foi o inverso; os eventos reais começaram, horrivelmente, a se conformar ao modelo que ele livremente inventara."

Tolkien esperava continuar trabalhando no livro nos primeiros meses de 1939, mas houve infindáveis perturbações, entre elas o compromisso de apresentar, no início de março, a Palestra Andrew Lang na Universidade de St. Andrews. Ele escolhera o tópico prometido à sociedade de estudantes do Worcester College no ano anterior como assunto: contos de fadas. Era um tema adequado à ocasião — merecera considerável atenção do próprio Lang e era uma presença constante na mente de Tolkien durante a composição de *O Senhor dos Anéis*. *O Hobbit* era claramente destinado a crianças e *O Silmarillion* a adultos, mas ele tinha consciência de que *O Senhor dos Anéis* não se prestava a uma classificação tão facilmente. Em outubro de 1938 escreveu a Stanley Unwin dizendo que a história estava "esquecendo-se das 'crianças', tornando-se mais assustadora do que *O Hobbit*". E acrescentou: "Ela pode mostrar-se bastante inadequada." Contudo, ele acreditava sinceramente que os contos de fadas não se destinavam necessariamente a crianças e decidiu dedicar grande parte da palestra à demonstração desse argumento.

O ponto crucial fora abordado no poema "Mythopoeia", escrito para C.S. Lewis muitos anos antes, e ele decidiu citá-lo na palestra:

O coração do homem não se compõe de mentiras,
mas retira alguma sabedoria do único sábio,
e ainda o relembra. Embora há muito alheado,
o Homem não está totalmente perdido ou mudado.
Degradado talvez, mas não destronado,
mantém os farrapos do domínio outrora seu:
o Homem, Subcriador, a luz refratada
através da qual um único Branco se fende
em muitos tons, e infinitamente combinada
em formas vivas que se movem de uma mente à outra.
Embora tenhamos preenchido todas as frestas do mundo
com Elfos e Gobelins, ousado moldar
Deuses e suas casas com a escuridão e a luz,
e semeado a semente de dragões — era nosso direito
(usado ou abusado). Esse direito não decaiu:
ainda criamos pela lei na qual fomos criados.[40]

40 The heart of man is not compound of lies, / but draws some wisdom from the only Wise, / and still recalls Him. Though now long estranged, / Man is not wholly lost nor wholly changed. / Dis-graced he may be, yet is not de-throned, / and keeps the rags of lordship once he owned: / Man, Sub-creator, the refracted light / through whom is

"O Homem, Subcriador", de certa forma, era um novo modo de expressar o que se costuma chamar "a suspensão voluntária da descrença", e Tolkien fez desse tema o argumento central da palestra.

"O que acontece de fato", escreveu, "é que o criador da história é um 'subcriador' de sucesso. Ele faz um mundo secundário no qual nossa mente pode entrar. Dentro dele, o que ele relata é 'verdade', concorda com as leis daquele mundo. Portanto acreditamos, enquanto estamos, por assim dizer, do lado de dentro. No momento em que surge a incredulidade, o encanto se rompe; a magia, ou melhor, a arte fracassou. Estamos então de novo no mundo primário, olhando de fora o pequeno e malogrado mundo secundário."

Na palestra, desenvolveu uma série de teses, talvez até em demasia para uma argumentação inteiramente convincente. Mas, no fim, afirmou em termos vigorosos que não há função mais elevada para o homem do que a "subcriação" de um Mundo Secundário, tal como ele fazia em *O Senhor dos Anéis*, e exprimiu a sua esperança de que, em certo sentido, essa história e toda a mitologia a ela relacionada pudessem ser consideradas "verdadeiras". "Todo escritor que cria um mundo secundário", declarou, "deseja, em certa medida, ser um verdadeiro criador, ou pretende estar se baseando na realidade: acha que a qualidade peculiar desse mundo secundário (se não todos os detalhes) seja derivada da realidade, ou flua para ela." Chegou mesmo a afirmar que criar uma história como a que estava escrevendo era um empreendimento especificamente cristão. "O cristão", disse, "pode perceber que todas as suas inclinações e faculdades têm um propósito que pode ser redimido. É tão grande a generosidade com que foi tratado que talvez agora possa, razoavelmente, ousar imaginar que na Fantasia ele poderá de fato ajudar o desabrochamento e múltiplo enriquecimento da criação."

A palestra foi apresentada em St. Andrews em 8 de março de 1939 (a data muitas vezes foi situada erroneamente em 1938 e 1940), e depois Tolkien retornou com entusiasmo redobrado à história cujo propósito justificara. Por insistência do editor, ela começara como uma mera "continuação" de *O Hobbit*, mas agora, após a expressão de seus elevados propósitos na palestra, o Anel era para ele tão importante quanto

splintered from a single White / to many hues, and endlessly combined / in living shapes that move from mind to mind. / Though all the crannies of the world we filled / with Elves and Goblins, though we dared to build / Gods and their houses out of dark and light, / and sowed the seed of dragons — 'twas our right / (used of misused). That right has not decayed: / we make still by the law in which we're made.

as Silmarils. Na verdade, agora estava claro que *O Senhor dos Anéis* não era tanto uma continuação de *O Hobbit*, mas antes uma continuação de *O Silmarillion*. Todos os aspectos da obra anterior desempenhavam um papel na nova história: a mitologia, que lhe conferia um fundo histórico e um sentido de profundidade, as línguas élficas, que ele desenvolvera de maneira tão minuciosa e completa ao longo de mais de 25 anos, e até mesmo o alfabeto fëanoriano, que usara no seu diário de 1926 a 1933, era agora empregado nas inscrições élficas da história. Ainda assim, para os amigos, Tolkien continuava a se referir à história em termos modestos como "o novo Hobbit" ou "a continuação do Hobbit".

Com esse título, a história foi lida para os Inklings capítulo após capítulo e foi recebida com muito entusiasmo, embora nem todos ficassem encantados com a prosa de "estilo elevado" que começou a predominar no livro. Tolkien abandonara o tom relativamente coloquial dos capítulos iniciais por um modo de expressão que se tornava cada vez mais arcaico e solene. Tinha plena consciência disso; tratava-se na verdade de uma postura inteiramente voluntária, que na época chegou a ser discutida por ele por escrito — assim como as intenções do livro haviam sido discutidas na palestra de St. Andrews. Dessa vez, o contexto foi a introdução à tradução revisada de *Beowulf* feita por Clark Hall. Elaine Griffiths não conseguira completar a revisão e, como Tolkien não dispunha de tempo, encarregou da tarefa o seu colega Charles Wrenn, que na época estava na Universidade de Londres. Wrenn completou o trabalho rapidamente, mas a Allen & Unwin teve de esperar muitos meses antes de convencer Tolkien a organizar seus pensamentos o suficiente para escrever a introdução que prometera para o volume. Quando afinal a escreveu, esta acabou por se revelar uma discussão prolongada dos princípios da tradução e, particularmente, um argumento a favor da adoção de um "estilo elevado" no tratamento de temas heroicos. Conscientemente ou não, ele estava na realidade discutindo *O Senhor dos Anéis*, que nessa época (início de 1940) chegara à metade do que viria a ser o Livro II.

Na introdução, para justificar o estilo elevado, Tolkien declarou: "Estaremos sabiamente conscientes da nossa própria frivolidade se preferirmos 'golpear' ou 'desferir golpes' a *bater* e *espancar*, a 'elocução' e o 'discurso' à *fala* e à *conversa*, os 'valorosos e intrépidos gentis-homens' de outrora aos nobres *bem-educados*, *ilustres* ou *finos* (visões de colunas sociais e gordos na Riviera)." A partir desse instante, passou a pôr em prática esses conceitos estilísticos cada vez mais em *O Senhor dos Anéis*. Era quase que inevitável, pois, à medida que a história se tornava mais grandiosa em escala e propósito, mais assumia o estilo de O *Silmarillion*. Tolkien, no entanto, não reformulou o estilo dos primeiros capítulos, escritos em um tom muito mais leve. Ele próprio, ao reler o livro 25 anos mais tarde, observou: "O primeiro volume é mesmo muito diferente do resto."

O início da guerra, em setembro de 1939, não teve nenhum efeito imediato sobre a vida de Tolkien, mas, durante essa época, para seu inevitável pesar, a vida familiar sofreu mudanças com a partida dos meninos. John, o filho mais velho que estudara inglês na antiga faculdade do pai, o Exeter College, estava sendo educado para o sacerdócio em Roma e, mais tarde, foi evacuado para Lancashire com seus colegas de estudo. Michael passou um ano no Trinity College e depois se tornou artilheiro antiaéreo. Christopher, recuperado da doença, voltou à escola por um breve período antes de seguir o irmão e entrar para o Trinity College. Apenas Priscilla, a caçula da família, ainda morava em casa. O padrão normal de vida na Northmoor Road sofreu algumas perturbações: as empregadas tornavam-se escassas, às vezes era preciso alojar pessoas de localidades evacuadas, havia galinhas no jardim para aumentar o suprimento de ovos e Tolkien trabalhava em turnos no serviço de vigilância contra ataques aéreos, dormindo na cabana pequena e úmida que servia de quartel-general local. Não houve, porém, ataques aéreos alemães a Oxford, e Tolkien não foi obrigado, como vários professores, a trabalhar para o Ministério da Guerra ou outras entidades governamentais.

À medida que a guerra prosseguia, o caráter da universidade passava por grandes alterações, pois muitos cadetes foram enviados a Oxford para participar de "cursos rápidos" antes de assumir seus deveres de oficiais. Tolkien organizou um currículo para cadetes navais na Escola de Inglês e modificou muitas de suas aulas para adequá-las a públicos menos especializados. Em termos gerais, no entanto, sua vida era muito parecida com o que fora antes da guerra e sua aflição diante do prosseguimento das hostilidades devia-se tanto a razões ideológicas quanto pessoais. "As pessoas nesta terra", escreveu em 1941, "parecem ainda não ter percebido que temos nos alemães inimigos cujas virtudes (e elas são virtudes) de obediência e patriotismo são coletivamente maiores do que as nossas. Tenho nesta Guerra um ardente ressentimento particular contra aquele maldito tampinha ignorante chamado Adolf Hitler, que está arruinando, pervertendo, fazendo mau uso e tornando para sempre amaldiçoado aquele nobre espírito setentrional, uma contribuição suprema para a Europa, que eu sempre amei e tentei apresentar sob sua verdadeira luz."

Muitos anos depois, Tolkien recordou que a composição de *O Senhor dos Anéis* sofreu uma interrupção de quase um ano no final de 1940, no trecho em que a Comitiva descobre o túmulo de Balin em

Moria. Se isso é verdade — e outros indícios parecem confirmar que houve um hiato por volta dessa época —, esse foi apenas o primeiro de vários atrasos ou hesitações importantes na composição, nenhum deles atribuível a alguma causa externa específica.[41]

Quando voltou ao trabalho, Tolkien traçou linhas gerais para o fim da história — que, ele imaginava, exigiria apenas mais alguns capítulos — e começou a esboçar o episódio em que dois dos hobbits encontram Barbárvore, o ser que é a expressão definitiva do amor e do respeito de Tolkien pelas árvores. Ao terminar esse capítulo, ele elaborou a maneira de falar de Barbárvore, "*Hrum, Hroom*", inspirando-se (como disse a Nevill Coghill) na retumbante voz de C.S. Lewis.

No início, a Allen & Unwin esperava que a nova história estivesse pronta para publicação apenas alguns anos após o lançamento de *O Hobbit*. Essa esperança se desvanecera e, em 1942, até mesmo *O Hobbit* original teve de sair de catálogo quando o estoque de exemplares foi queimado na *blitz* de Londres. Mas Stanley Unwin continuou interessado no progresso do "novo Hobbit" e, em dezembro de 1942, recebeu uma carta de Tolkien que relatava: "A história aproxima-se agora do término. Espero conseguir um pouco de tempo livre nessas férias e posso ter esperanças de terminá-lo no início do ano que vem. Ela alcançou o Capítulo XXXI e serão necessários pelo menos mais seis para terminá-la (esses já estão esboçados)."

Contudo, o Capítulo XXXI (o número original de "Escombros e destroços") situava-se apenas no fim do que viria a ser o Livro III; haveria não seis, mas 31 capítulos adicionais antes de o livro estar completo. Tolkien tentou trabalhar na história durante os meses seguintes e conseguiu desenvolvê-la um pouco mais. Mas, no verão de 1943, teve de admitir que estava "empacado".

Um dos motivos era o seu perfeccionismo. Não contente em escrever um livro volumoso e complexo, achava que cada detalhe isolado deveria se ajustar de maneira satisfatória ao esquema total. A geografia, a cronologia e a nomenclatura tinham de ser inteiramente coerentes. Ele recebeu alguma ajuda na geografia, pois seu filho Christopher desenhou um elaborado mapa do território abordado pela história. O próprio Tolkien fazia esboços de mapas desde que começara a trabalhar no livro: "Se for criar uma história complicada,

---

41 Nos comentários em *O Retorno da Sombra*, sexto volume da série *A História da Terra-média*, Christopher Tolkien demonstra que essa interrupção realmente aconteceu no final de 1939. [N. T.]

você deve trabalhar com um mapa; senão nunca irá mapeá-la depois", disse certa vez. Mas o mapa não era suficiente, e ele fazia cálculos intermináveis de tempo e distância, dispondo os eventos da história em tabelas elaboradas onde constavam datas, dias da semana, horas e às vezes até mesmo a direção do vento e a fase da lua. Tudo isso era em parte a sua habitual busca da perfeição, em parte o prazer puro da "subcriação", mas principalmente a preocupação de fornecer uma imagem totalmente convincente. Muito tempo depois, ele disse: "Eu queria que as pessoas simplesmente entrassem nessa história e a considerassem (em certo sentido) historicamente verdadeira."

A criação de nomes também ocupou muito a sua atenção, como era inevitável, pois as línguas inventadas a partir das quais desenvolvia os nomes eram simultaneamente a força motora da sua mitologia e, por si só, uma atividade fundamental do seu intelecto. Mais uma vez, as línguas élficas quenya e sindarin, agora mais elaboradas do que na época em que iniciara *O Silmarillion,* 25 anos antes, tinham um papel preponderante na criação de nomes e eram usadas na composição de poemas e canções élficas. A história também exigia a invenção de, no mínimo, rudimentos de diversas outras línguas, e tudo isso consumia tempo e energia. Além disso, a história havia chegado a um ponto em que se dividia em diversas cadeias de eventos independentes e complexos e, embora Tolkien acreditasse que levaria apenas dois ou três capítulos para conduzir Frodo e Sam Gamgi até Mordor, ainda não se sentia capaz de enfrentar a necessidade de solucionar a complexidade dos acontecimentos simultâneos em Gondor e Rohan. Ele levara quase seis anos para que a história chegasse a tal ponto — como encontraria tempo e energia para terminá-la e, ainda, completar e revisar *O Silmarillion*, que clamava por atenção? Estava com 51 anos, cansado e receoso de não conseguir realizar nada. Já ganhara a reputação de postergar suas obras filológicas quase que indefinidamente e isso, embora entristecedor, às vezes o divertia. Mas nunca terminar sua mitologia era uma perspectiva apavorante e desanimadora.

Certo dia, por volta dessa época, Lady Agnew, que morava em frente à sua casa na Northmoor Road, contou-lhe que estava preocupada por causa de um grande choupo que, segundo ela, impedia o seu jardim de receber sol e poderia desabar em cima de sua casa durante uma ventania. Tolkien achou isso ridículo. "Qualquer vento que pudesse ter arrancado a árvore pela raiz e a arremessado na casa dela teria demolido a mulher e a casa sem qualquer ajuda da árvore." Mas o choupo já fora podado e mutilado e, embora conseguisse salvá-lo na ocasião,

Tolkien começou a pensar a respeito. Afinal, ele estava "preocupado com a minha própria Árvore interior", sua mitologia — parecia haver uma analogia.

Certa manhã, acordou com um conto na cabeça e o anotou às pressas. Era a história de um pintor chamado Cisco, um homem que, como Tolkien, "se preocupava"[42] com detalhes: "Demorava-se muito numa única folha, tentando captar sua forma, seu brilho, o cintilar das gotas de orvalho nas suas bordas. Mas queria pintar uma árvore inteira, com todas as folhas no mesmo estilo, e todas diferentes. Havia um quadro em particular que o preocupava. Começara com uma folha ao vento e tornou-se uma árvore; e a árvore cresceu, lançando inúmeros galhos e as mais fantásticas raízes. Pássaros estranhos pousaram nos galhos e ele precisou lhes dar atenção. Então, em toda a volta da árvore e atrás dela, através das lacunas entre as folhas e os ramos, começou a se abrir uma paisagem."

Na história, que recebeu o nome de *Folha de Cisco*, Tolkien expressou seus piores temores pela sua Árvore mitológica. Como Cisco, ele sentia que seria arrebatado da sua obra muito antes de tê-la concluído — se é que ela poderia ser concluída neste mundo, pois é em outro lugar, mais luminoso, que Cisco encontra sua Árvore concluída e descobre que ela é uma árvore real, uma parte autêntica da criação.

A história levou meses para ser publicada, mas o próprio fato de escrevê-la o ajudou a exorcizar parte do seu temor e a retomar a composição de *O Senhor dos Anéis*. O impulso imediato, porém, veio de C.S. Lewis.

No começo de 1944, *O Senhor dos Anéis* jazia intocado há muitos meses e Tolkien escreveu: "Parece-me que não tenho qualquer energia mental ou inventividade." Mas Lewis notara o que estava acontecendo e insistiu para que Tolkien voltasse a escrever e terminasse a história. "Eu precisava de um pouco de pressão", disse Tolkien, "e provavelmente reagirei." Retomou o trabalho no início de abril, começando a escrever o que viria a se tornar o Livro IV, que conduz Frodo e Sam Gamgi através dos pântanos em direção a Mordor, onde esperam destruir o Anel lançando-o nas Fendas da Perdição.

Christopher Tolkien fora recrutado pela Força Aérea Real e enviado à África do Sul para ser treinado como piloto (para grande desgosto do seu pai, que considerava a guerra aérea imoral e excessivamente perigosa). Tolkien já escrevia longas cartas a Christopher, e agora essas

42 O verbo *niggle* significa "preocupar-se com ninharias". [N. T.]

cartas passaram a conter um relato detalhado de como o livro progredia e das suas leituras diante dos irmãos Lewis e Charles Williams no White Horse, um *pub* que frequentavam na época. Eis alguns trechos dessas cartas:

> *Quarta-feira, 5 de abril de 1944*: "Iniciei seriamente um esforço para terminar meu livro e tenho ficado acordado até muito tarde: muita releitura e pesquisas são necessárias. E é um negócio dolorosamente difícil entrar novamente no ritmo. Voltei para Sam e Frodo e estou tentando desenvolver as aventuras deles. Poucas páginas para muito suor: mas, no momento, eles estão recém encontrando Gollum em um precipício."
>
> *Sábado, 8 de abril*: "Passei parte do dia (e da noite) lutando com o capítulo. Gollum está se dando bem no seu retorno. Uma linda noite com lua alta. Por volta das duas da madrugada estive no jardim, quente e banhado em prata, desejando que nós dois pudéssemos ir passear. Daí fui me deitar."
>
> *Quinta-feira, 13 de abril*: "Também sinto constantemente sua falta e estou solitário sem você. Tenho amigos, é claro, mas raramente posso encontrá-los. Encontrei-me com C.S.L. e Charles Williams ontem por quase duas horas. Li meu capítulo recente: ele recebeu aprovação. Comecei outro. Se possível, irei datilografar algumas cópias e enviá-las a você. Agora voltarei a Frodo e Gollum por um breve período."
>
> *Sexta-feira, 14 de abril*: "Consegui escrever por uma hora ou duas e levei Frodo quase até os portões de Mordor. Tarde cortando a grama. O período letivo começa na semana que vem e chegaram as provas dos exames de Gales. Ainda assim continuarei o 'Anel' em qualquer momento disponível."
>
> *Terça-feira, 18 de abril*: "Espero encontrar C.S.L. e Charles W. amanhã de manhã e ler meu próximo capítulo — sobre a passagem dos Pântanos Mortos e a aproximação dos Portões de Mordor, que agora praticamente terminei. O período letivo está quase começando: orientei a Srta.

Salu durante uma hora. A tarde foi gasta trabalhando no encanamento (consertando um vazamento) e limpando galinhas. Estão botando ovos generosamente (9 de novo ontem). As folhas apareceram: o cinza-esbranquiçado do marmeleiro, o verde-acinzentado da maçã por amadurecer, o verde intenso do espinheiro, os pendões de flores até mesmo nos choupos preguiçosos."

Domingo, 23 de abril: "Li meu segundo capítulo, A Passagem dos Pântanos Mortos, para Lewis e Williams na manhã de qua. Ele foi aprovado. Quase terminei um terceiro agora: Os Portões da Terra da Sombra. Mas essa história me absorve, e já levei três capítulos no que era para ser apenas um! E tenho negligenciado coisas demais para fazê-lo. Estou simplesmente enredado nela agora e tenho de afastá-la de minha mente para cuidar das provas tipográficas dos exames e das aulas."

Terça-feira, 25 de abril: "Dei uma aula fraca, encontrei-me com os Lewis e C.W. (White Horse) por 1/2 hora; cortei três gramados, escrevi uma carta a John e lutei com um trecho recalcitrante do 'Anel'. No momento, preciso descobrir o quão mais tarde a lua nasce a cada noite quando está quase ficando cheia e como se faz um ensopado de coelho!"

Quinta-feira, 4 de maio : "Um novo personagem entrou em cena (tenho certeza de que não o inventei, eu nem mesmo o queria, embora goste dele, mas ele veio caminhando para os bosques de Ithilien): Faramir, o irmão de Boromir — e ele está retardando a "catástrofe" com muitas coisas sobre a história de Gondor e de Rohan (com algumas reflexões muito válidas, sem dúvida, sobre glória marcial e glória verdadeira): mas se ele continuar falando muito mais, boa parte dele terá de ser removida para os apêndices — para onde alguns fascinantes materiais sobre a indústria do tabaco hobbit e os Idiomas do Oeste já foram."

Domingo, 14 de maio: "Escrevi um tanto ontem, mas fui atrapalhado por duas coisas: a necessidade de limpar o gabinete (que se tornou o caos que sempre indica uma preocupação filológica ou literária) e de comparecer no trabalho; e problemas com a lua. Com isso quero dizer que descobri que minhas luas nos dias cruciais entre a fuga de Frodo e a situação atual (chegada em Minas Morgul) estavam fazendo coisas impossíveis, nascendo em uma parte da região e pondo-se simultaneamente em outra. Reescrever pedaços de capítulos anteriores levou a tarde toda!"

Domingo, 21 de maio: "Aproveitei uma semana enfadonha de frio cortante (na qual os gramados não cresceram, apesar de um pouco de chuva) para escrever: mas topei com um trecho complicado. Tudo o que eu havia esboçado ou escrito antes se mostrou de pouco uso, visto que épocas, motivos, etc., foram todos modificados. Finalmente, porém, com um trabalho m. grande e certas negligências de outras obrigações, escrevi ou quase escrevi agora toda a coisa até a captura de Frodo na alta passagem nos próprios limites de Mordor. Agora devo voltar ao outro pessoal e tentar levar as coisas ao desastre final com certa rapidez. Você acha que *Shelob* ["Laracna"] é um bom nome para uma monstruosa criatura aracnídea? Ele é apenas, é claro, "she+lob" (= aranha) mas, escrito como uma palavra só, parece bastante nauseante."

Quarta-feira, 31 de maio: "Não escrevi seriamente desde segunda-feira. Até o meio-dia de hoje eu estava suando com os Formulários da Seção e levei meus mss. para a Gráfica às 2 da tarde hoje — o último dia possível. Ontem: aula — pneu furado depois de ir buscar peixe, então tive de ir e voltar a pé da cidade, e como os consertos de bicicleta são imposs. [...]tive de desperdiçar a tarde em um esforço encardido, que terminou comigo removendo o pneu, remendando um furo na câmara de ar e me cortando na parte externa dela e colocando a coisa de novo no lugar. Io! triumphum!"

A reunião dos Inklings [que ocorreu na noite da quinta-feira anterior] foi muito agradável. Hugo estava lá, parecendo muito cansado, mas razoavelmente barulhento. O principal entretenimento foi fornecido por um capítulo do livro de Warnie Lewis sobre os tempos de Luís XIV (achei-o muito bom) e alguns trechos de 'Who

> Goes Home[43] de C.S.L. — um livro sobre o Inferno, que sugeri que deveria ter sido chamado de 'Hugo' Home[44]. Não voltei até depois da meia-noite. O resto do meu tempo, exceto por afazeres domésticos dentro e fora de casa, foi ocupado pela tentativa desesperada de levar '*O Anel*' a uma pausa apropriada, a captura de Frodo pelos Orques nas passagens de Mordor, antes que eu seja obrigado a interrompê-lo por causa da correção de provas. Por ter ficado acordado a noite toda, consegui fazê-lo e li os dois últimos capítulos (*A Toca de Laracna* e *As escolhas de Mestre Samwise*) para C.S.L. na manhã de segunda. Ele aprovou com fervor incomum e de fato foi levado às lágrimas pelo último capítulo, de maneira que parece que o nível da história está sendo mantido."

O Livro IV de *O Senhor dos Anéis* foi datilografado e enviado a Christopher na África do Sul. O esforço o deixara exausto. "Quando passar meu cansaço", contou a Christopher, "continuarei com a minha história." Durante algum tempo não conseguiu nada. "Estou absolutamente sem qualquer inspiração para o Anel", escreveu em agosto, e até o fim do ano não produziu nada além do esboço de uma sinopse para o restante da história. Considerou a hipótese de reescrever e completar "A Estrada Perdida", a história inacabada de uma viagem no tempo iniciada muitos anos antes e discutiu com Lewis a ideia de um livro conjunto sobre a natureza, a função e a origem da linguagem. Nenhum dos projetos foi levado adiante e Lewis, referindo-se algum tempo depois ao livro irrealizado sobre a linguagem, descreveu Tolkien como "esse grande homem, porém moroso e sem método" "Moroso" não era um adjetivo totalmente justo, mas "sem método" era muitas vezes a pura verdade.

Durante 1945 *O Senhor dos Anéis* avançou muito pouco. Em 9 de maio a guerra na Europa terminou. No dia seguinte, Charles Williams adoeceu. Submeteu-se a uma operação em um hospital de Oxford, mas faleceu em 15 de maio. Apesar das divergências de pensamento, Williams e Tolkien eram bons amigos e a perda de Williams foi algo amargo, um símbolo de que a paz não significava o fim de todas as atribulações — Tolkien sabia disso muito bem. Durante a guerra ele

43 *Who Goes Home* acabou sendo publicado com o título *The Great Divorce* [O grande divórcio].

44 *Hugo's Home* [Casa de Hugo] é homófono de *Who Goes Home* [Quem vai para casa]. [N. T.]

dissera a Christopher: "Estamos tentando conquistar Sauron com o Anel" e depois escreveu: "A Guerra não terminou (e a que terminou, ou parte dela, em grande parte foi perdida). Mas é claro que é errado nos deixarmos levar por tal estado de espírito, pois as Guerras são sempre perdidas, e A Guerra sempre continua, e não adianta nada esmorecer."

No outono de 1945, Tolkien assumiu a Cátedra Merton de Língua e Literatura Inglesas, tornando-se assim *fellow* do Merton College, uma instituição que, depois de Pembroke, achou "agradavelmente informal". Alguns meses mais tarde, a aposentadoria de David Nichol Smith pôs em pauta a sucessão da Cátedra Merton de Literatura Inglesa. Tolkien foi um dos eleitores e escreveu: "Deve ser C.S. Lewis, ou talvez Lord David Cecil, mas nunca se sabe." Ambos foram preteridos, e a cátedra foi oferecida e aceita por F.P. Wilson. Embora não haja motivo para supor que Tolkien não tenha apoiado Lewis na eleição, a distância entre os dois amigos tornou-se maior depois do episódio, ou, para ser mais exato, houve um afastamento gradativo por parte de Tolkien. É impossível dizer exatamente porquê. No início, é possível que o próprio Lewis não tenha percebido a mudança, e quando percebeu sentiu-se profundamente entristecido. Tolkien continuou a participar das reuniões dos Inklings, assim como seu filho Christopher (que após a guerra retomou seus estudos no Trinity College). Inicialmente, Christopher foi convidado a ler em voz alta trechos de *O Senhor dos Anéis* para os Inklings, pois Lewis alegava que ele lia melhor que o pai, e mais tarde tornou-se um Inkling por direito próprio. Mas, apesar de Tolkien continuar a frequentar o "Bird and Baby" nas manhãs de terça-feira e o Magdalen College nas noites de quinta-feira, a velha intimidade entre ele e Lewis já não existia.

Em parte, o afastamento pode ter sido acelerado pelas críticas às vezes severas que Lewis fazia a detalhes de *O Senhor dos Anéis*, particularmente seus comentários sobre os poemas, dos quais (com a notável exceção dos versos aliterantes) geralmente não gostava. Tolkien muitas vezes sentiu-se magoado com os comentários de Lewis, mas geralmente os ignorava, tanto que Lewis diria mais tarde: "Ninguém jamais influenciou Tolkien — era o mesmo que tentar influenciar um *bandersnatch*[45]. O distanciamento progressivo de Tolkien provavelmente pode ser creditado também às suas opiniões sobre Nárnia, a série de histórias infantis escrita por Lewis. Em 1949, Lewis começou a ler para Tolkien a primeira delas, *O Leão, a Feiticeira e o Guarda-Roupa*.

45 O *bandersnatch* é um ser fantástico imaginado por Lewis Carrol no poema "*Jaberwocky*" de *Alice através do espelho*. [N. T.].

A obra foi recebida com desprezo. "Assim não é possível!", disse Tolkien a Roger Lancelyn Green. "Imagine: 'Ninfas e seus Costumes', 'A Vida Amorosa de um Fauno'!" Mesmo assim, Lewis completou a história, e à medida que ela e suas sucessoras eram publicadas, Nárnia conquistou um público tão amplo e entusiasmado quanto o que apreciara *O Hobbit*. Tolkien, porém, não se sentia capaz de rever seu julgamento original. "É triste", escreveu em 1964, "que 'Nárnia' e toda essa parte da obra de C.S.L. deva permanecer fora do alcance de minha simpatia, assim como boa parte da minha estava fora da dele." Ele sem dúvida sentia que, de certa maneira, Lewis utilizara algumas de suas ideias e histórias em seus livros, e, assim como se ressentia do progresso de Lewis de convertido a teólogo popular, talvez o aborrecesse saber que o amigo e crítico que escutara as histórias da Terra-média houvesse, por assim dizer, se levantado da poltrona, ido até a escrivaninha, apanhado a caneta e "tentado" a mesma coisa. Além disso, a simples quantidade de livros infantis publicados por Lewis e a pressa quase indecente com que os produzia sem dúvida o deixavam irritado. As sete histórias de Nárnia foram escritas e publicadas em sete anos, menos da metade do período de gestação de *O Senhor dos Anéis*. Certamente esse foi outro motivo que contribuiu para o afastamento dos dois amigos e, após 1945, quando Lewis foi eleito para uma nova Cátedra de Literatura Medieval e Renascentista em Cambridge e obrigado a passar a maior parte do seu tempo longe de Oxford, ele e Tolkien passaram a se encontrar apenas em raras ocasiões.

Com o fim da guerra, *O Hobbit* foi reimpresso e providências para a publicação de *Mestre Giles d'Aldeia* foram tomadas. No verão de 1946, Tolkien disse à Allen & Unwin que fizera um enorme esforço para terminar *O Senhor dos Anéis*, mas não conseguira. A verdade era que mal tocara no livro desde o fim da primavera de 1944. Declarou: "Realmente espero tê-lo pronto antes do outono" e, de fato, conseguiu retomar o trabalho nas semanas seguintes. No final do ano disse aos editores que estava "nos últimos capítulos". Mas então mudou de casa.

A casa em Northmoor Road tornou-se grande e dispendiosa demais para a família. Assim, Tolkien solicitou uma casa do Merton College e, quando surgiu uma disponível na Manor Road, perto do centro de Oxford, tratou de alugá-la. Ele, Edith, Christopher e Priscilla mudaram-se para lá em março de 1947. John a essa altura exercia o sacerdócio no centro da Inglaterra e Michael, casado e com um bebê, trabalhava como diretor de uma escola.

Tolkien percebeu que a nova casa era insuportavelmente apertada quase que imediatamente. O no 3 da Manor Road era uma casa de tijolos feia e muito pequena. Nela, Tolkien não dispunha de um gabinete propriamente dito, apenas de um quartinho no sótão. Ficou acertado que, assim que o Merton College pudesse providenciar uma casa melhor, a família se mudaria de novo. Mas por enquanto aquela teria de servir.

Rayner Unwin, filho do editor de Tolkien que quando criança escreveu o relatório que assegurou a publicação de *O Hobbit*, estava estudando em Oxford e conhecera Tolkien pessoalmente. No verão de 1947 Tolkien decidiu que *O Senhor dos Anéis* estava suficientemente próximo da conclusão para que ele pudesse lhe mostrar um texto datilografado com a maior parte da história. Depois de lê-la, Rayner disse ao pai que era "um livro esquisito", mas mesmo assim tratava-se de "uma história brilhante e envolvente". Observou que a luta entre a escuridão e a luz provocava suspeitas de alegoria e comentou: "Honestamente, não sei a quem se destina o livro: as crianças não captarão boa parte, mas, se os adultos não se sentirem rebaixados ao lê-la, muitos sem dúvida gostarão." Tinha certeza de que o livro merecia ser publicado pela empresa do pai e sugeriu que fosse dividido em partes, comentando que, nesse aspecto, o anel de Frodo lembrava o anel dos Nibelungos.

Stanley Unwin transmitiu os comentários do filho a Tolkien. A comparação do seu Anel com o *Nibelungenlied* e Wagner sempre aborrecia Tolkien. Certa vez ele disse: "Ambos os anéis eram redondos, e é aí que a semelhança termina." E, é claro, tampouco lhe agradou a sugestão de alegoria. Ele respondeu: "Não deixe Rayner suspeitar de 'Alegoria'. Há uma 'moral', suponho, em qualquer história que valha a pena ser contada. Mas isso não é a mesma coisa. Mesmo a luta entre a escuridão e a luz (como ele a chama, não eu) é para mim apenas uma fase específica da história, um exemplo de seu padrão, talvez, mas não O padrão; e os atores são indivíduos — cada um deles possui, é claro, pressupostos universais, ou simplesmente não viveriam, mas nunca representam os pressupostos como tais." Porém, de um modo geral, ele ficou muito satisfeito com o entusiasmo de Rayner pelo livro e concluiu dizendo: "A questão é terminar o material conforme concebido e então deixar que seja julgado."

Mesmo assim, ele não conseguia terminar o livro. Revia, preocupava-se com ninharias e corrigia capítulos anteriores, gastando com isso tanto tempo que seus colegas chegaram a considerá-lo perdido para a filologia. O ponto final definitivo era algo ainda inalcançável.

Durante o verão de 1947 ele esboçou uma revisão de *O Hobbit* que proporcionaria uma explicação mais satisfatória da atitude de Gollum para com o Anel, ou melhor, uma explicação mais adequada ao livro que sucederia *O Hobbit*. Terminada a revisão, ele a enviou a

Stanley Unwin pedindo sua opinião a respeito. Unwin supôs erroneamente que as modificações deveriam ser incluídas na reimpressão seguinte sem qualquer discussão e as passou para o departamento de produção. Muitos meses depois, quando recebeu as provas paginadas da nova edição, Tolkien percebeu, atônito, que o capítulo revisado já fora impresso.

Nos meses seguintes, *O Senhor dos Anéis* finalmente foi concluído. Tolkien relembrou que "chorou de verdade" ao escrever a recepção de heróis dada aos hobbits no Campo de Cormallen. Há muito resolvera que os protagonistas principais atravessariam o mar rumo ao Oeste no fim do livro, assim, quando terminou o capítulo que descreve a partida dos Portos Cinzentos, o enorme manuscrito estava quase completo. Quase, mas não totalmente. "Gosto de amarrar pontas soltas", Tolkien disse certa vez. Ele queria ter certeza de que não haveria brechas em sua grande história e, portanto, escreveu um epílogo em que Sam Gamgi contava aos filhos o que acontecera a cada um dos personagens principais que não navegaram para o Oeste. Terminava com Sam escutando "o suspiro e o murmúrio do Mar sobre as costas da Terra-média".

E esse *foi* o fim, mas agora Tolkien tinha de revisar, inúmeras vezes, até ficar plenamente satisfeito com todo o texto, e isso levou muitos meses. Certa vez disse a respeito do livro: "Não creio que haja muitas frases que não tenham sido objeto de consideração meticulosa." Ele então datilografou uma cópia a limpo, equilibrando a máquina de escrever na cama do sótão porque não havia espaço na sua escrivaninha e usando dois dedos porque nunca aprendera a datilografar com dez. Somente no outono de 1949 tudo ficou concluído.

Tolkien emprestou o texto datilografado completo a C.S. Lewis, que, após lê-lo, observou:

> Meu caro Tollers,
>
> *Uton herian holbytlas*[46] de fato. Esvaziei a rica taça e saciei uma longa sede. Uma vez que chega a deslanchar, o crescendo de grandiosidade e terror (não sem o alívio de verdes vales, sem os quais seria de fato intolerável) praticamente não tem paralelos em todo o âmbito da arte narrativa que conheço. Creio que se destaca em duas virtudes: a subcriação pura — Bombadil, Cousas Tumulares,

46 "Louvemos os hobbits", em anglo-saxão. [N. T.]

Elfos, Ents —, como se viessem de fontes inesgotáveis, e construção. Também em *gravitas*. Nenhum romance pode rechaçar a acusação de "escapismo" com tal confiança. Se erra, erra precisamente na direção oposta: todas as vitórias da esperança protelada e o impiedoso acúmulo de probabilidades contra os heróis por pouco não são dolorosos demais. E a longa *coda* após a eucatástrofe, seja ou não proposital, tem o efeito de nos recordar de que a vitória é tão transitória quanto o conflito, que (como diz Byron) "não há moralista mais rígido que o prazer", deixando assim uma impressão final de profunda melancolia.

Naturalmente isso não é a história toda. Há muitos trechos que eu desejaria que você tivesse escrito de outra forma ou omitido totalmente. Se não incluo nesta carta nenhuma das minhas críticas adversas é porque você já ouviu e rejeitou a maioria delas (*rejeitou* é talvez uma palavra suave demais para descrever a sua reação em pelo menos uma ocasião!). E mesmo que todas as minhas objeções fossem justas (o que evidentemente é pouco provável), as falhas que creio encontrar apenas poderiam atrasar e embaçar o apreço: o esplendor substancial do conto pode suportar todas. *Ubi plura nitent in carmine non ego paucis offendi maculis.*

Parabenizo-o. Todos os longos anos que você gastou nele estão justificados.

Atenciosamente,
Jack Lewis

O próprio Tolkien não achava que o livro era isento de falhas. Mas disse a Stanley Unwin: "Ele está escrito com meu sangue, tal como é, grosso ou fino, e nada mais posso fazer."

PARTE VI (III)
1949–1966:

SUCESSO

1. Batendo os portões

TOLKIEN LEVARA 12 ANOS PARA escrever *O Senhor dos Anéis*. Ao terminá-lo, não estava longe do seu sexagésimo aniversário.

Ora, é claro que ele queria ver o enorme livro impresso. Mas não sabia exatamente se queria que fosse publicado pela Allen & Unwin, apesar de tê-lo discutido com os editores enquanto estava sendo escrito e de ter recebido o seu incentivo e a sua aprovação, pois acreditava que havia encontrado alguém que o publicaria juntamente com *O Silmarillion*.

Ao longo dos anos ele se irritara com a Allen & Unwin por causa da rejeição de O *Silmarillion* em 1937 — na verdade, os editores não haviam rejeitado a obra; Stanley Unwin havia simplesmente dito que ela não era adequada como continuação de *O Hobbit*, e Tolkien acabara se convencendo de que era um caso de "uma vez rejeitado, sempre rejeitado". O que era uma pena, pensava, porque queria publicar *O Silmarillion*. Era possível dizer que *O Senhor dos Anéis* funcionava como uma história independente, mas, já que incluía referências obscuras à mitologia mais antiga, seria muito melhor que os dois livros fossem publicados em conjunto. Porém, o que ele mais queria era encontrar um público para o livro mais antigo e essa parecia ser a oportunidade ideal, talvez a única. Assim, quando Milton Waldman, da casa editora Collins, mostrou-se interessado em publicar ambas as obras, Tolkien sentiu-se tentado a abandonar a Allen & Unwin e aliar-se a ele.

Waldman, um católico, fora apresentado a Tolkien por Gervase Mathew, um estudioso e sacerdote dominicano que participava com frequência das reuniões dos Inklings. Quando Waldman descobriu que Tolkien completara uma longa continuação daquele grande sucesso, *O Hobbit*, expressou seu interesse e, no final de 1949, Tolkien lhe enviou um volumoso manuscrito. Mas não era *O Senhor dos Anéis*, era *O Silmarillion*. A obra mitológica mais antiga, iniciada em 1917 como "O Livro dos Contos Perdidos", ainda estava incompleta, mas Tolkien recomeçara a trabalhar nela enquanto acabava *O Senhor dos Anéis* e agora ela estava organizada o suficiente para que Waldman pudesse lê-la. Era uma obra diferente de tudo o que ele já vira: uma narrativa estranha, de expressão arcaica, sobre elfos, poderes malignos e heroismo. Parte dela estava datilografada, mas muitos trechos estavam escritos à mão com uma bela caligrafia. Waldman disse a Tolkien que achava o livro notável e queria publicá-lo — contanto que fosse concluído. Tolkien ficou encantado. Waldman passara pelo primeiro teste: aceitara (provisoriamente) *O Silmarillion*. Tolkien o convidou para ir a Oxford e lhe entregou o manuscrito de *O Senhor dos Anéis*. Waldman saiu de férias e iniciou a leitura.

No começo de janeiro de 1950, estava quase terminando a leitura do livro, e, mais uma vez, disse a Tolkien que estava encantado. "É uma verdadeira obra de criação", escreveu, embora acrescentasse que o tamanho do livro o preocupava. Mas Tolkien tinha grandes esperanças de que a Collins pudesse imprimi-lo. Na verdade, a casa estava em uma excelente posição para fazê-lo. A maior parte das editoras, inclusive a Allen & Unwin, passava por uma desesperadora falta de papel desde a guerra. A Collins, no entanto, não era simplesmente uma editora, mas também papelaria, fabricante de diários e gráfica, de forma que tinha acesso a uma cota de papel muito maior que a maioria das empresas. E quanto à viabilidade comercial das longas histórias mitológicas de Tolkien, William Collins, presidente da empresa, já dissera a Waldman que ficaria contente em publicar qualquer ficção do autor de *O Hobbit*. Na verdade, era o lucrativo *Hobbit* que a Collins desejava adquirir, ao passo que Tolkien, descontente com a primeira reimpressão de *O Hobbit* após a guerra, que (por razões econômicas) fora privado de suas gravuras coloridas, disse a Waldman que ficaria contente se o livro fosse comprado da Allen & Unwin e republicado de acordo com suas intenções originais. Tolkien também estava irritado com Allen & Unwin pela publicidade, que considerava inadequada, dada a *Mestre Giles d'Aldeia* e acreditava que a Collins teria mais sucesso na venda dos seus livros. Assim, tudo parecia acertado para uma eficiente parceria entre Tolkien e a Collins.

Havia, no entanto, um ponto que Waldman desejava esclarecer. "Parto do princípio", escreveu a Tolkien, "que você não tem qualquer compromisso moral ou legal com a Allen & Unwin." Tolkien respondeu: "Acredito que eu não possua obrigações *legais* com a Allen and Unwin, visto que a cláusula no contrato de *O Hobbit* a respeito de oferecer o próximo livro parece ter sido cumprida ou (a) pela rejeição de *O Silmarillion*, ou (b) pela eventual aceitação e publicação da parte deles de *Mestre Giles*. Mas tenho relações pessoais amigáveis com Stanley e especialmente com seu segundo filho, Rayner. Se isso constitui uma obrigação *moral*, então tenho uma. Contudo, com certeza tentarei desprender-me, ou pelo menos *O Silmarillion* e toda a sua parentela, das bobinas dilatórias da A. and U., se eu puder — de uma maneira amigável, se possível."

Na verdade, Tolkien havia se convencido de que a Allen & Unwin, se não uma inimiga, era ao menos uma aliada muito pouco confiável, enquanto a Collins parecia representar tudo o que ele esperava de uma editora. A posição real era muito mais complexa, como os acontecimentos iriam provar.

Em fevereiro de 1950 Tolkien escreveu à Allen & Unwin dizendo que *O Senhor dos Anéis* estava terminado. Mas não os encorajou a mostrar interesse. "Minha obra escapou do meu controle", contou-lhes, "e produzi um monstro: um romance imensamente longo, complexo, um tanto amargo e muito aterrorizante, bastante inadequado para crianças (se é que é adequado para alguém); e não é realmente uma continuação para *O Hobbit*, mas para *O Silmarillion*. Por mais ridículo e cansativo que o senhor pense que sou, eu desejo publicar ambos — *O Silmarillion* e *O Senhor dos Anéis*. É disso que eu gostaria. Ou deixarei tudo isso em paz. Não consigo contemplar qualquer reescrita ou compressão drástica. Mas não terei qualquer mágoa justificável (nem ficarei terrivelmente surpreso) se o senhor recusar tal proposta tão obviamente não lucrativa." Quase como uma nota de rodapé, acrescentou que os dois livros em conjunto perfaziam um total (na sua estimativa) de mais de 1 milhão de palavras.

Stanley Unwin admitiu que o tamanho dos livros era um problema, mas perguntou se não podiam ser subdivididos em "três ou quatro volumes de certa forma independentes". Não, respondeu Tolkien, não podiam; a única divisão natural era entre as duas obras. E foi ainda mais longe, deliberadamente dissuadindo Unwin de manifestar mais interesse. "Agora me pergunto", escreveu, "se muitos além de meus amigos, dos quais muitos não aguentaram até o fim, leriam algo tão longo. Por favor, não pense que sentirei que possuo uma mágoa justificável se o senhor recusar-se a envolver-se sem muita hesitação." ("Espero sinceramente que ele abra mão sem exigir o manuscrito", escreveu a Waldman.)

Mas Sir Stanley Unwin (que recebera o título de cavaleiro logo após a guerra) não se deixara dissuadir tão facilmente. Escreveu ao filho Rayner, que estava estudando em Harvard, pedindo-lhe seu conselho. Rayner respondeu: "*O Senhor dos Anéis* é um grande livro à sua própria maneira curiosa e merece ser produzido de algum modo. Ao lê-lo eu nunca senti falta de *O Silmarillion*. Mas, embora ele afirme não considerar a hipótese de uma revisão drástica etc., certamente este é o caso para um editor que incorporaria qualquer material *realmente* relevante de *O Silmarillion* em *O Senhor dos Anéis*, sem aumentar o seu volume, que já é enorme e, caso fosse viável, até mesmo poderia suprimir partes deste. Tolkien não o faria, mas alguém compreensivo e de sua confiança (um dos seus filhos?) talvez pudesse fazê-lo. Se isso não for viável, eu diria para publicar *O Senhor dos Anéis* como um livro pressagiador e, após dar uma segunda olhada, desistir de *O Silmarillion*." Imprudentemente, Stanley Unwin mandou uma cópia dessa carta a Tolkien.

Tolkien ficou furioso e escreveu a Unwin em abril de 1950 dizendo que a carta de Rayner confirmava suas piores suspeitas, "i. e., que o senhor pode estar disposto a aceitar *O Senhor dos Anéis*, mas que isso é mais do que o suficiente e não quer acompanhamentos, certamente não *O Silmarillion*, que o senhor não tem a intenção de considerar seriamente. Afinal de contas, uma rejeição é uma rejeição e permanece válida. Mas a questão de 'rejeitar' *O Silmarillion* após um discreto artifício e aceitar *O Senhor dos Anéis* (editado) está fora de cogitação. Não ofereci, não ofereço *O Senhor dos Anéis* ao senhor, ou a qualquer outra pessoa, sob tais condições — como certamente já esclareci antes. Quero uma decisão, sim ou não, à proposta que fiz e não a quaisquer outras possibilidades imaginadas".

Stanley Unwin respondeu em 17 de abril: "Não tenho palavras para dizer o quanto sinto pelo fato de o senhor achar necessário confrontar-me com um ultimato, especialmente em relação a um manuscrito que nunca vi na sua forma final e completa. Como o senhor exige um 'sim' ou 'não' *imediato*, a resposta é 'não', mas ela bem poderia ter sido 'sim' dado o tempo adequado e a visão da cópia datilografada completa. Com pesar, sou obrigado a deixar o caso assim."

Tolkien alcançara o seu objetivo. Agora estava livre para publicar pela Collins. Enquanto isso, estava se mudando de novo: o Merton College lhe oferecera acomodações na 99 Holywell, uma casa antiga, personalíssima, com vários cômodos, e ele, Edith e Priscilla mudaram-se da Manor Road (que ficava apenas a algumas centenas de metros) no início da primavera de 1950. Priscilla estava estudando no Lady Margaret Hall enquanto Christopher, que não morava mais em casa, trabalhava como tutor independente no Departamento de Inglês e completava seu Bacharelado em Letras.

Milton Waldman, da Collins, tinha certeza de que a casa publicaria os livros de Tolkien. Organizou uma visita do autor aos escritórios em Londres, onde este se encontrou com William Collins e discutiu os livros com o departamento de produção. Tudo parecia pronto para a assinatura de um contrato e a publicação de *O Senhor dos Anéis* e, quando estivesse terminado, de *O Silmarillion*, se bem que Tolkien ainda teria de trabalhar bastante para que a publicação deste se tornasse viável. Havia apenas uma questão a ser acertada: em maio de 1950 Waldman foi a Oxford e disse a Tolkien que *O Senhor dos Anéis* "precisava de cortes urgentes". Tolkien ficou consternado. Disse a Waldman que "já fizera vários cortes substanciais", mas que voltaria a tentar assim que tivesse tempo. Waldman, por sua vez, ficou atônito quando Tolkien lhe disse que *O Silmarillion* completo seria quase tão longo quanto *O Senhor dos Anéis*; ficara atônito porque o manuscrito que lera estava longe disso.

A estimativa de Tolkien era na verdade de uma inexatidão tremenda. A extensão total de *O Silmarillion*, tal como planejado para publicação, alcançaria talvez 125 mil palavras na época, possivelmente menos, mas com certeza ficaria longe das mais ou menos 500 mil palavras de *O Senhor dos Anéis*. Como Tolkien conferia a mesma importância aos dois livros, acabara por se convencer de que ambos teriam a mesma extensão. E, para complicar mais a situação naquele momento crítico, ainda entregou a Waldman vários capítulos adicionais de *O Silmarillion*, sem explicar como se encaixavam na história. Waldman sentiu-se um tanto quanto confuso diante deles. "Fiquei desnorteado", disse ele. Em resumo, uma negociação que deveria ser clara e simples estava se tornando confusa.

Waldman foi então para a Itália, onde normalmente passava boa parte do ano, visitando Londres apenas na primavera e no outono. Sua ausência em nada ajudou. William Collins pouco sabia sobre os livros de Tolkien e deixara todo o negócio nas mãos de Waldman. Waldman adoeceu e sua viagem de outono a Londres foi adiada. Assim, no final de 1950, um ano após completar *O Senhor dos Anéis*, Tolkien descobriu que não estava mais perto da sua publicação. A notícia chegou aos ouvidos de Stanley Unwin, que escreveu dizendo que ainda esperava "ter o privilégio de estar ligado à sua publicação". Mas Tolkien não se deixaria seduzir tão facilmente pela Allen & Unwin. Sua resposta foi amistosa, mas não fez nenhuma referência ao livro.

Grande parte do tempo de Tolkien estava ocupada por deveres acadêmicos e administrativos em Oxford e por visitas à Bélgica (para trabalho filológico) e à Irlanda (como examinador); mais um ano se passaria sem que nada mais fosse feito no sentido de publicar o livro. No final de 1951, Tolkien escreveu uma longa carta a Milton Waldman, delineando em cerca de 10 mil palavras a estrutura de toda a sua mitologia, esperando assim convencer Waldman de que os livros eram interdependentes e indivisíveis. Mas em março de 1952 ainda não assinara um acordo com a Collins e *O Silmarillion* ainda não estava pronto para ser publicado. William Collins estava na África do Sul, Waldman estava na Itália e o preço do papel havia disparado. Tolkien (na verdade, tão responsável pelo atraso quanto qualquer outro) escreveu a Collins dizendo que a editora havia desperdiçado o seu tempo. Ou publicariam *O Senhor dos Anéis* imediatamente ou ele mandaria o manuscrito de volta à Allen & Unwin. O resultado foi inevitável, pois William Collins, assim como Stanley Unwin, não gostava de ultimatos. Voltou da África do Sul, leu a carta de Tolkien e respondeu em 18 de abril de 1952: "Estamos assustados com a extensão do livro que, com o custo atual do papel, significa uma despesa muito grande", e disse a Tolkien que, de fato, parecia-lhe melhor que ele devolvesse o original à Allen & Unwin.

Mas a Allen & Unwin iria querê-lo de volta?

Em 22 de junho de 1952 Tolkien escreveu a Rayner Unwin, que voltara à Inglaterra e estava trabalhando na empresa do pai: "Quanto a *O Senhor dos Anéis* e *O Silmarillion*, estão onde estavam. Um terminado (e o final revisado) e o outro ainda inacabado (ou não revisado), e ambos juntando poeira. Mudei bastante minhas opiniões. Melhor alguma coisa do que nada! Ainda que para mim tudo seja uma única coisa, e *O Senhor dos Anéis* ficaria melhor (e mais fácil) como parte do todo, consideraria alegremente a publicação de qualquer parte desse material. Os anos estão se tornando preciosos. Mas e quanto a *O Senhor dos Anéis*? Algo pode ser feito a respeito, para destrancar os portões que eu mesmo bati?"

2. Um grande risco

NÃO FOI PRECISO PEDIR DUAS vezes. Rayner Unwin propôs que Tolkien fizesse imediatamente uma remessa registrada de *O Senhor dos Anéis*. Mas Tolkien tinha apenas um texto na forma final e revisada e não queria confiá-lo ao correio. Queria entregá-lo pessoalmente — o que não foi possível por várias semanas. No mês de agosto ele passou as férias na Irlanda e foi visitar George Sayer, um amigo de C.S. Lewis que lecionava no Malvern College e visitava os Inklings com frequência. Enquanto esteve hospedado na casa de Sayer, em Worcestershire, seu anfitrião o gravou lendo e cantando trechos de *O Hobbit* e do texto datilografado de *O Senhor dos Anéis* que ele levara consigo. Quando escutou essas gravações Tolkien ficou "muito surpreso ao descobrir sua efetividade como recitações e (modéstia à parte) minha própria efetividade como narrador". Muitos anos mais tarde, após a morte de Tolkien, as fitas gravadas nessa ocasião foram lançadas em disco.

Tolkien nunca estivera diante de um gravador — fingiu considerar a máquina de Sayer com grande suspeita, pronunciando o Pai Nosso em gótico no microfone para expulsar quaisquer demônios que pudessem estar espreitando lá dentro. Mas, após as sessões de gravação em Malvern, ficou tão impressionado que adquiriu uma máquina para uso doméstico e começou a divertir-se gravando outras fitas com suas obras. Alguns anos antes ele escrevera uma "peça radiofônica" com bons resultados. Intitulada *O Regresso de Beorhtnoth, filho de Beorhthelm*, é na verdade uma "continuação" do poema anglo-saxão *A Batalha de Maldon* e relata um episódio imaginário após essa batalha, quando dois servos do duque Beorhtnoth vêm na escuridão resgatar o cadáver do senhor no campo de batalha. Escrito em um equivalente moderno dos versos aliterantes anglo-saxões, retrata o ocaso da era heroica, cujas características são exemplificadas e contrastadas no jovem e romântico Torhthelm e no velho e prático fazendeiro Tídwald. *O Regresso de Beorhtnoth* já existia em 1945, mas só foi publicado em 1953, em *Essays and Studies*. Nunca foi representado no palco, mas, um ano após sua publicação, foi transmitido no BBC Third Programme. Tolkien ficou profundamente irritado com essa produção radiofônica que ignorou a métrica aliterante e proferiu os versos como se fossem pentâmetros iâmbicos. Ele mesmo havia gravado uma versão muito mais satisfatória no gravador de sua casa, na qual não apenas desempenhava ambos os papéis, mas também improvisava alguns engenhosos efeitos sonoros. Apesar de realizada apenas por diversão, a gravação demonstra de maneira excelente o talento nada desprezível de Tolkien como ator. Ele exibira esse talento antes da guerra, em 1938 e 1939, quando representara o papel de Chaucer nas "Diversões de Verão" organizadas por Nevill Coghill e John Masefield em Oxford. Nessas ocasiões, recitara de cor *The Nun's Priest's Tale* [Conto do Padre da Freira] e, no ano seguinte, *The Reeve's Tale* [Conto do Feitor]. Tolkien não sentia nenhum entusiasmo pelo teatro como forma artística, considerando-o tediosamente antropocêntrico e, portanto, restritivo. Mas seu desagrado não se estendia à recitação dramática de versos, categoria na qual provavelmente classificava o seu *Beorhtnoth*.

Em 19 de setembro de 1952 Rayner Unwin foi a Oxford e apanhou o texto datilografado de *O Senhor dos Anéis*. Seu pai, Sir Stanley Unwin, estava no Japão, de modo que as próximas iniciativas estavam a cargo do próprio Rayner. Decidiu não perder tempo relendo o volumoso texto, pois lera praticamente tudo cinco anos antes e ainda conservava uma vívida impressão da história. Em vez disso, iniciou imediatamente a estimativa dos custos de produção, pois estava preocupado em manter o preço do livro dentro dos limites do poder aquisitivo do comprador normal (e, em particular, das bibliotecas circulantes). Após cálculos e discussões nos escritórios da Allen & Unwin, chegou-se à conclusão de que seria melhor dividir o livro em três volumes, que poderiam ser vendidos (com uma pequena margem de lucro) a 21 xelins cada. Ainda era bastante dinheiro, bem mais do que o preço máximo de um romance, mas era o melhor que podia ser feito. Rayner enviou um telegrama ao pai perguntando se poderiam publicar o livro, admitindo que era "um grande risco" e o alertando para o fato de que a empresa poderia perder até mil libras com esse projeto. Mas concluiu dizendo que, na sua opinião, era um trabalho de gênio. Sir Stanley enviou um telegrama autorizando a publicação.

Em 10 de novembro de 1952 Rayner Unwin escreveu a Tolkien dizendo que a empresa gostaria de publicar *O Senhor dos Anéis* com um acordo de divisão de lucros. Isso queria dizer que Tolkien não receberia o pagamento convencional de *royalties* baseados numa porcentagem. Receberia "metade dos lucros", isto é, nada enquanto as vendas do livro não fossem suficientes para cobrir os custos, mas, daí em diante, compartilharia igualmente com a editora todos os lucros. Esse método, que já fora de praxe, mas que era pouco usado por outras editoras nessa época, ainda era o preferido por Sir Stanley Unwin para todos os livros potencialmente antieconômicos. O sistema ajudava a manter o preço de tais livros baixo, já que não era necessário incluir nos custos uma quantia adicional que cobrisse os *royalties* do autor. Por outro lado, se o livro vendesse inesperadamente bem, os benefícios para o autor seriam mais substanciais do que os proporcionados por um acordo de *royalties*. A Allen & Unwin não esperava vender mais do que alguns milhares de exemplares de *O Senhor dos Anéis*, um livro volumoso, não convencional e que não era atraente para nenhum "mercado" em especial, pois não era nem um livro infantil, nem um romance para adultos.

A notícia de que o livro finalmente fora aceito logo se espalhou entre os amigos de Tolkien. C.S. Lewis escreveu para lhe dar os parabéns, observando: "Acho que a gestação prolongada esgotou um pouco da sua vitalidade: haverá nova maturidade e liberdade quando o livro sair." Mas justamente naquele momento Tolkien não se sentia nada livre. Queria ler o texto datilografado do livro mais uma vez antes que fosse impresso e solucionar quaisquer incoerências que ainda pudessem restar. (Felizmente Rayner Unwin, ao contrário de Milton Waldman, não lhe pedira para fazer nenhum corte.) Havia também a espinhosa questão dos apêndices do livro, que ele planejara durante algum tempo; deveriam conter informações relevantes para a história, mas que não podiam ser incorporadas à narrativa. Naquele momento, os apêndices existiam apenas na forma de esboços e anotações esparsas, e Tolkien sabia que levaria muito tempo para organizá-los. Outra preocupação era a necessidade de fazer um mapa claro e preciso para o livro, pois um bom número de alterações topográficas e narrativas haviam tornado o mapa de trabalho (desenhado por Christopher muitos anos antes) impreciso e inadequado. Além de tudo isso, tinha nas mãos um acúmulo de muitos anos de trabalho acadêmico que não podia mais ignorar. E decidira se mudar mais uma vez.

A casa em Holywell Street onde os Tolkien haviam morado desde 1950 era uma construção de muita personalidade, mas que se tornara quase insuportável pelo fluxo de tráfego motorizado que passava por ela, fazendo barulho durante todo o dia e boa parte da noite. "Essa casa encantadora", Tolkien escreveu, "tornou-se inabitável — impossível de se dormir e trabalhar nela, sacudida, atormentada pelo barulho e embebida em vapores. Assim é a vida moderna. Mordor entre nós." Ele e Edith agora estavam sozinhos, pois Priscilla deixara Oxford para trabalhar em Bristol. Edith mancava bastante por causa do reumatismo e da artrite, de modo que se tornara penoso para ela subir e descer as muitas escadas da casa. Na primavera de 1953 Tolkien comprou uma casa em Headington, um tranquilo subúrbio a leste de Oxford. O casal mudou-se para lá em março.

Apesar do transtorno causado pela mudança, em meados de abril Tolkien conseguiu completar a revisão final do que viria a ser o primeiro volume de *O Senhor dos Anéis* e o mandou à Allen & Unwin para que dessem início à composição tipográfica. Logo depois entregou o texto do segundo volume. Já discutira com Rayner Unwin a questão dos títulos independentes para os três volumes, que este considerava preferível a um título único para três volumes numerados. Apesar de o livro ser uma história contínua e não uma trilogia — um fato que Tolkien sempre fez questão de enfatizar —, a editora achava melhor que os volumes fossem publicados um por um e sob diferentes títulos, procedimento que faria a obra merecer três conjuntos de resenhas em vez de um e talvez disfarçasse o tamanho incomum do livro. Tolkien nunca se sentiu inteiramente satisfeito com a divisão e insistiu em manter *O Senhor dos Anéis* como título geral. Mas, após muita discussão, ele e Rayner acabaram chegando a um acordo quanto aos títulos: *A Sociedade do Anel*, *As Duas Torres* e *O Retorno do Rei*, se bem que Tolkien realmente preferisse "A Guerra do Anel" para o terceiro volume, um título que revelava menos da história.

Os problemas de "produção" que Tolkien encontrou nessa época eram semelhantes aos que tivera com *O Hobbit*. Era muito importante para ele que seu amado livro fosse publicado tal como pretendera, mas, novamente, muitos dos seus planos foram modificados, muitas vezes em função dos custos. Entre os itens considerados caros demais estavam a tinta vermelha para as "letras de fogo" que aparecem no Anel e o processo de fotogravura colorida que seria necessário para reproduzir o fac-símile que Tolkien fizera do "Livro de Mazarbul", um volume queimado e esfarrapado que (na história) é encontrado nas Minas de Moria. Isso o entristeceu muito, pois gastara horas fazendo esse fac-símile, copiando as páginas em runas e escrita élfica e depois as danificando deliberadamente, queimando as bordas e besuntando o papel com substâncias parecidas com sangue coagulado. Todo esse trabalho estava agora perdido.[47] Também ficou furioso quando viu as provas pela primeira vez, pois descobriu que os tipógrafos haviam modificado a grafia de várias palavras, transformando *dwarves* em *dwarfs*, *elvish* em *elfish*, *further* em *farther* e ("a pior de todas", disse Tolkien) *elvin* em *elfin*.[48] Os tipógrafos foram repreendidos e

47 Páginas do "Livro de Mazarbul" foram reproduzidas no "Calendário Tolkien" de 1977.

48 As palavras alteradas significam "anãos", "*élfico*", "mais longe" e novamente "élfico "(*elfin*

se defenderam dizendo que haviam meramente seguido a grafia do dicionário. (Semelhantes "correções" da grafia de Tolkien foram feitas em 1961, quando a Puffin Books publicou *O Hobbit* em brochura e, dessa vez, para consternação de Tolkien, o erro só foi descoberto quando o livro chegou às livrarias.) Outra preocupação não resolvida era a questão do mapa, ou melhor, dos mapas, pois agora era necessário um mapa adicional do Condado. "Estou desnorteado", escreveu Tolkien em outubro de 1953. "Na verdade, em pânico. Eles são essenciais e urgentes, mas simplesmente não consigo terminá-los." Por fim, entregou a tarefa ao seu desenhista de mapas original, Christopher, que de alguma forma conseguiu interpretar os esboços toscos, sobrepostos, alterados e frequentemente contraditórios do pai e produzir a partir deles um mapa geral, legível e com letras bem-feitas, além de um mapa menor do Condado.

O primeiro volume de *O Senhor dos Anéis* deveria ser publicado no verão de 1954 e os dois volumes restantes deveriam segui-lo depois de breves intervalos. O pedido de impressão foi bem modesto: 3 mil e 500 exemplares do primeiro volume e um pouco menos dos outros dois, que os editores consideravam suficientes para saciar o interesse moderado que o livro despertaria. Quanto à publicidade, Rayner Unwin entrou em pânico ao pensar em escrever o texto para a orelha do livro, já que este desafiava descrições convencionais. Assim, ele e o pai solicitaram o auxílio de três autores que provavelmente teriam algo que valesse a pena dizer: Naomi Mitchison, que era admiradora de *O Hobbit*, Richard Hughes, que muito tempo antes elogiara o primeiro livro, e C.S. Lewis. Todos eles responderam com elogios eloquentes, a Sra. Mitchison comparando *O Senhor dos Anéis* à ficção científica e a Malory e Lewis traçando um paralelo com Ariosto. ("Não conheço Ariosto", disse Tolkien certa vez, "e abominaria se conhecesse.")

Aproximava-se o dia da publicação do primeiro volume. Fazia mais de 16 anos que Tolkien começara a escrever o livro. "Estou temendo a publicação", contou a seu amigo, o padre Robert Murray, "pois será impossível não me importar com o que for dito. Expus meu coração para levar um tiro."

tem uma implicação de "duendezinho" que a essa altura devia ser odiosa a Tolkien). [N. T.]

3. Dinheiro ou glória

"Este livro é como um relâmpago no céu azul. Dizer que nele o romance heroico, esplêndido, eloquente e desembaraçado retorna inesperadamente num período de antirromantismo quase patológico é inadequado. Para nós, que vivemos nesse período singular, o retorno — e o puro alívio que traz — é sem dúvida o mais importante. Mas na própria história do Romance — uma história que se estende desde a *Odisseia* e ainda antes — ocorreu não um retorno, mas sim um avanço ou uma revolução: a conquista de um novo território." Essa resenha de *A Sociedade do Anel* (o primeiro volume de *O Senhor dos Anéis*) foi publicada no *Time & Tide* em 14 de agosto de 1954, alguns dias depois da publicação do livro. Seu autor era C.S. Lewis.

Talvez fosse um tanto excessivo Lewis contribuir para o texto da orelha e também resenhar o livro, mas ele queria fazer tudo que estivesse em seu alcance para ajudar Tolkien. No entanto, antes de enviar a Rayner Unwin sua contribuição para o texto da orelha, ele prevenira a Tolkien: "Mesmo que ele e você aprovem minhas palavras, pensem duas vezes antes de usá-las: sou com certeza um homem muito, talvez cada vez mais, odiado, cujo nome poderá lhes trazer mais prejuízo que auxílio." Palavras proféticas, pois vários críticos que comentaram o livro em agosto de 1954 demonstraram uma extraordinária hostilidade contra Lewis e usaram (ou desperdiçaram) bastante espaço zombando da comparação entre Tolkien e Ariosto proposta por ele. Edwin Muir escreveu no *Observer*: "Somente uma grande obra-prima poderia sobreviver ao bombardeio de elogios que lhe é direcionado pelo texto da orelha". E, ainda que Muir confessasse que gostara do livro, disse que estava desapontado com a "falta do discernimento humano e profundidade que o assunto exigia". "O Sr. Tolkien", continuava Muir, "descreve um tremendo conflito entre o bem e o mal, do qual depende o futuro da vida na Terra. Mas seus personagens bons são invariavelmente bons, e suas figuras más são uniformemente más; no seu mundo não há espaço para um Satã ao mesmo tempo mau e trágico." (O Sr. Muir evidentemente se esquecera de Gollum, personagem mau, trágico e quase redimido.) Diversos críticos reclamaram do estilo da prosa de Tolkien, entre eles Peter Green, no *Daily Telegraph*, que escreveu que ela "dá guinadas dos pré-rafaelitas ao Boy's Own

Paper[49]", enquanto J.W. Lambert, no *Sunday Times*, declarava que a história tinha duas características singulares: "Nenhum espírito religioso de qualquer espécie e, para todos os efeitos, nenhuma mulher." (Nenhuma das afirmativas era inteiramente justa, mas ambas se refletiram em escritos posteriores de outros críticos.) No entanto, ao lado de todos esses juízos ásperos havia muitos entusiásticos e, mesmo entre os escarnecedores, alguns se viram obrigados a elogiar o livro. Green, no *Telegraph*, teve de admitir que o livro "possui um fascínio inegável", enquanto Lambert escrevia no *Sunday Times*: "Bobagem extravagante com uma mensagem? Não, a obra flui com uma força narrativa e pictórica que a eleva acima desse nível." Talvez a observação mais sábia tenha vindo do crítico do *Oxford Times*, que declarou: "Os severamente práticos não terão tempo para ele. Os que possuem uma imaginação a ser estimulada serão completamente arrebatados, participarão da busca repleta de acontecimentos e lamentarão que haja apenas mais dois livros por vir."

As resenhas foram boas o bastante para promover as vendas e logo ficou evidente que os 3 mil e 500 exemplares do primeiro volume seriam insuficientes para satisfazer a demanda. Seis semanas após o lançamento foi pedida uma reimpressão. O próprio Tolkien escreveu: "Quanto às resenhas, foram bem melhores do que eu temia." Em julho ele visitara Dublin para receber um Doutorado em Letras honorário da Universidade Católica da Irlanda. Em outubro viajou mais uma vez ao exterior para receber outro grau honorário, dessa vez em Liège, e esses e outros compromissos atrasaram seu trabalho nos apêndices de *O Senhor dos Anéis*. O texto do terceiro volume, do qual Tolkien decidira eliminar o epílogo um tanto sentimental que tratava de Sam e sua família, já fora composto. Contudo, o terceiro volume não podia ser impresso enquanto não chegassem os apêndices, o mapa ampliado de Gondor e Mordor que Tolkien agora acreditava ser necessário e o índice onomástico que prometera no prefácio do primeiro volume.

O segundo volume, *As Duas Torres*, foi publicado em meados de novembro. As resenhas foram semelhantes em tom às do primeiro volume. O terceiro era agora ansiosamente esperado pela facção favorável, pois a história se interrompera com Frodo aprisionado na Torre de Cirith Ungol e, como declarou o crítico do *Illustrated London News*, "O suspense é cruel". Nesse meio tempo, o prazo final que a Allen & Unwin estabelecera para a entrega dos apêndices passara sem

49 Revista de aventuras da época, destinada a um público de meninos adolescentes. [N. T.]

que nenhum manuscrito chegasse aos seus escritórios. "Sinto terrivelmente", Tolkien escreveu. "Tenho me esforçado muito." E, pouco depois, conseguiu enviar parte do material à editora; parte, não tudo.

Nos Estados Unidos, a Houghton Mifflin publicara *A Sociedade do Anel* em outubro e, pouco tempo depois, *As Duas Torres*. As resenhas norte-americanas dos dois primeiros volumes foram em geral cautelosas. Mas artigos entusiásticos de W.H. Auden no *New York Times* — "Nenhuma obra de ficção que li nos últimos cinco anos me deu mais alegria", escreveu Auden — ajudaram a impulsionar as vendas, e no ano seguinte um grande número de exemplares foi comprado pelos leitores estadunidenses.

Em janeiro de 1955, dois meses após a publicação do segundo volume, Tolkien ainda não completara os tão urgentes apêndices. Abandonara qualquer esperança de fazer um índice onomástico, pois descobrira que a tarefa levaria muito tempo. Livre dessa carga, conseguiu com muita dificuldade completar parte do material durante os meses de janeiro e fevereiro. Ele chegara a planejar todo um "volume especializado" com detalhes da história e da linguística de seus povos mitológicos e coletara um grande número de anotações sobre esses tópicos. Agora, porém, tinha de condensar tudo, pois os editores podiam ceder apenas um breve espaço no fim do livro. Ele seguiu adiante, incitado por cartas de leitores que consideravam o livro quase um relato histórico e exigiam mais informações sobre muitos tópicos. Essa atitude em relação à sua história o deixou lisonjeado, pois era o tipo de reação que esperara provocar. No entanto, observou: "Não tenho tanta certeza de que a tendência de tratar a coisa toda como uma espécie de grande jogo seja realmente boa — certamente não o é para mim, que considero esse tipo de coisa como uma atração por demais fatal." Ainda assim, era encorajador saber que o material que estava preparando tão laboriosamente sobre os Calendários do Condado, os Governantes de Gondor e o tengwar de Fëanor seria lido com voracidade por um grande número de pessoas.

Em março os apêndices ainda não estavam prontos e começaram a chegar aos escritórios da Allen & Unwin cartas dos leitores queixando-se com veemência do atraso do terceiro volume. Ficou evidente para os editores que o livro estava despertando um interesse incomum. Rayner Unwin suplicou a Tolkien que terminasse o trabalho, mas foi só em 20 de maio que o texto final dos apêndices chegou aos tipógrafos. O último mapa, preparado por Christopher, que trabalhara 24 horas sem parar para terminá-lo, fora enviado algumas semanas antes. Assim, não deveria haver mais atrasos. Mas houve. Primeiro a tabela de runas foi impressa de forma errada e Tolkien teve de corrigi-la. Depois surgiram outras dúvidas que teriam de ser enviadas a Tolkien e solucionadas, mas a essa altura ele fora passar férias na Itália.

Fez a viagem de navio e trem com Priscilla, enquanto Edith fazia um cruzeiro pelo Mediterrâneo com três amigas. No diário que manteve durante a viagem registrou a sensação de ter "chegado ao coração da Cristandade: um exilado dos confins e das províncias longínquas retornando ao lar, ou pelo menos ao lar dos seus ancestrais". Em Veneza, entre os canais, sentiu-se "quase livre da amaldiçoada doença do motor de combustão interna, da qual o mundo todo está morrendo", e escreveu mais tarde: "Veneza parecia incrivelmente, elficamente adorável — para mim, era como um sonho da Antiga Gondor, ou de Pelargir dos Navios Númenóreanos, antes do retorno da Sombra." Ele e Priscilla seguiram viagem até Assis, onde finalmente as dúvidas dos tipógrafos chegaram às suas mãos, mas ele não podia fazer nada antes de rever suas anotações em Oxford. Assim, foi somente em 20 de outubro, quase um ano após a publicação de *As Duas Torres*, que *O Retorno do Rei* chegou às livrarias. Uma nota na última página pedia desculpas pela ausência do índice prometido.

Agora que todos os três volumes estavam publicados, os críticos foram capazes de avaliar *O Senhor dos Anéis* de modo geral. C.S. Lewis prestou-lhe outro tributo no *Time & Tide*: "O livro é por demais original e opulento para que se possa formar um julgamento final na primeira leitura. Mas sabemos de imediato que mexeu conosco. Não somos exatamente os mesmos homens." Uma nova voz juntou-se ao coro de elogios quando Bernard Levin escreveu em *Truth* que acreditava que o livro era "uma das mais notáveis obras literárias do nosso tempo ou de qualquer outro. É reconfortante, nestes dias turbulentos, ter mais uma vez a certeza de que os mansos herdarão a terra". Mas críticas ao estilo foram renovadas. John Metcalf escreveu no *Sunday Times*: "Com excessiva frequência o Sr. Tolkien se utiliza de uma espécie de linguagem bíblica de Brewer, cingida de inversões e incrustada de arcaísmos", e Edwin Muir voltou ao ataque em uma resenha no *Observer* intitulada *Um mundo de menino*. "O espantoso", escreveu, "é que todos os personagens são meninos fantasiados de heróis adultos. Os hobbits, ou pequenos, são meninos comuns; os heróis plenamente humanos chegaram à quinta série; mas quase nenhum deles conhece alguma coisa sobre mulheres, exceto por ouvir dizer. Até mesmo os elfos, os anões e os ents são meninos, irrecuperavelmente, e nunca atingirão a puberdade."

"Maldito Edwin Muir e sua adolescência atrasada!", bufou Tolkien. "Ele é velho o suficiente para saber que as coisas não são assim. Se ele tivesse um mestrado, eu o nomearia para a cátedra de poesia — uma doce vingança."

A essa altura, as opiniões estavam polarizadas. O livro conquistara seus defensores e seus inimigos e, como escreveu W.H. Auden: "Ninguém parece ter uma opinião moderada; ou as pessoas, como eu, acham que é uma obra-prima do gênero, ou então não o suportam." E assim seria pelo resto da vida de Tolkien: elogios extremos de uma facção, desprezo total da outra. De modo geral, Tolkien não se importava muito com isso; na verdade, isso o divertia. Ele escreveu que:

> O Senhor dos Anéis
> *é uma dessas coisas:*
> *se você gosta, gosta:*
> *se não gosta, faz bu!*[50]

A Universidade de Oxford não chegou a fazer "bu". Era educada demais para isso. Mas, como o próprio Tolkien relatou, seus colegas lhe diziam: "Agora sabemos o que você esteve fazendo esses anos todos! Ora, a edição disso, e o comentário daquilo, e as gramáticas e os glossários, todos continuam 'prometidos', mas inacabados. Você se divertiu e precisa agora realizar algum *trabalho*." O primeiro fruto dessas exigências foi uma palestra, devida há muitos meses, para uma série sobre o elemento celta na língua inglesa. Tolkien a apresentou com o título "O inglês e o galês", em 21 de outubro de 1955, um dia após a publicação de *O Retorno do Rei*. Tratava-se de um exame longo e um tanto difuso da relação entre as duas línguas, mas pretendia ser (como Tolkien explicou) pouco mais que uma abertura da série. Certamente contém muitos elementos valiosos enquanto comentários autobiográficos sobre a história do seu interesse por línguas. No início da palestra Tolkien desculpou-se pelo atraso, acrescentando como paliativo que, entre as muitas tarefas que o haviam retardado, estava "a publicação há muito adiada de uma grande 'obra', se é que pode ser chamada assim, que contém, no modo de apresentação que acho mais natural, muito do que obtive com o estudo das coisas celtas".

A essa altura ficara evidente que *O Senhor dos Anéis* não faria a Allen & Unwin perder mil libras. As vendas do livro aumentavam constantemente, ainda que não de maneira excepcional. Foram impulsionadas por uma dramatização radiofônica do livro, que, como era de esperar,

50 *The Lord of the Rings* / is one of those things: / if you like you do: / if you don't, then you boo!

não contou com a aprovação de Tolkien, pois, se ele tinha objeções sobre o teatro, opunha-se com mais força ainda à "adaptação" de histórias, acreditando que esse processo invariavelmente as reduzia ao seu nível meramente humano e, portanto, mais trivial. No entanto, as transmissões radiofônicas contribuíram para a popularidade do livro, e no início de 1956, em conformidade com o contrato, Tolkien recebeu o seu primeiro pagamento da Allen & Unwin, um cheque de mais de 3 mil e 500 libras. Era uma quantia consideravelmente maior que seu salário anual na universidade e, apesar de ficar encantado, percebeu também que o imposto de renda seria um problema muito sério. As vendas cresceram ainda mais durante o ano de 1956 e o cheque que recebeu um ano depois foi substancialmente maior. Como consequência dessa renda inesperada, arrependeu-se de não ter optado pela aposentadoria da cátedra aos 65 anos em vez de 67, a idade costumeira para aposentadoria em Oxford. As preocupações com o imposto, que logo se mostraram justificadas, determinaram também, em 1957, a aceitação entusiástica da oferta da Universidade Marquette, uma instituição católica no meio-oeste dos Estados Unidos, que queria comprar os manuscritos das suas principais histórias publicadas. A quantia de £1.250 (que equivalia na época a 5 mil dólares) foi paga, e na primavera de 1958 os originais de *O Hobbit*, *O Senhor dos Anéis* e *Mestre Giles d'Aldeia*, juntamente com o ainda inédito *Sr. Boaventura*, atravessaram o Atlântico.

Além de dinheiro, *O Senhor dos Anéis* estava trazendo a Tolkien um grande número de cartas de fãs. Entre os que escreveram havia um Sam Gamgee de verdade, que não lera *O Senhor dos Anéis*, mas soubera que seu nome aparecia na história. Tolkien ficou encantado, explicou como criara o nome e mandou ao Sr. Gamgee um exemplar autografado de cada um dos três volumes. Mais tarde disse: "Durante algum tempo tive medo de receber uma carta assinada 'S. Gollum'. Teria sido mais difícil lidar com isso."

A Allen & Unwin começara a negociar traduções de *O Senhor dos Anéis* em línguas estrangeiras. O primeiro resultado foi a edição holandesa, publicada em 1956, depois das ásperas críticas de Tolkien às primeiras tentativas do tradutor para verter em sua própria língua a série complexa de nomes da história. No final, Tolkien ficou satisfeito com a versão holandesa, mas não tanto com a tradução sueca do livro, publicada três anos depois. Não somente reprovou boa parte da tradução em si (tinha um conhecimento funcional da língua sueca), mas também se enfureceu com o prefácio inserido pelo tradutor. Tolkien referiu-se ao prefácio como "cinco páginas de tolices impertinentes". Nele, o tradutor interpretava *O Senhor dos Anéis* como uma alegoria da política mundial contemporânea, aludia a Tolkien contando a história a "uma multidão de netos" e descrevia o cenário de Headington, o subúrbio bastante comum de Oxford onde Tolkien morava na época (situado sobre uma ligeira elevação conhecida por Colina de Headington), como "a paisagem de frondosos pomares... com as Colinas dos Túmulos ou Colinas de Headington ao fundo". Depois do vigoroso protesto de Tolkien, o prefácio foi retirado das edições posteriores do livro pelos editores suecos.

Nos anos que se seguiram, *O Senhor dos Anéis* foi traduzido para todas as principais línguas europeias e para muitas outras, e, consequentemente, Tolkien recebeu diversos convites para viajar ao exterior e receber homenagens. Aceitou apenas um dos convites, para ir à Holanda na primavera de 1958, e a viagem foi um grande sucesso. Tinha a certeza de uma acolhida calorosa, pois fora amigo durante muitos anos do professor Piet Harting, da Universidade de Amsterdã, que o recebeu ao chegar e o entreteve regiamente. O evento principal foi um "Jantar Hobbit" organizado por um livreiro de Rotterdam, onde Tolkien fez um animado discurso em inglês entremeado de holandês e élfico que, em parte, era uma paródia do discurso de Bilbo na festa que abre *O Senhor dos Anéis* e concluiu recordando "que faz agora exatamente 20 anos que comecei com seriedade a completar a história dos nossos venerados ancestrais hobbits da Terceira Era. Olho para leste, oeste, norte e sul e não vejo Sauron; mas vejo que Saruman tem muitos descendentes. Nós, Hobbits, não temos armas mágicas contra eles. No entanto, meus gentis-hobbits, faço-lhes este brinde: aos Hobbits. Que eles perdurem além dos Sarumans e vejam outra vez a primavera nas árvores".

A essa altura estava claro que *O Senhor dos Anéis* era uma espécie de "propriedade quente" internacional. Stanley Unwin alertou Tolkien para o fato de que logo chegariam ofertas pelos direitos de filmagem e os dois concordaram com a seguinte política: aceitariam um "argumento" respeitável do livro, ou então muito dinheiro. Como Sir Stanley o expressou, era uma escolha entre "dinheiro ou glória". As primeiras aproximações do mundo do cinema vieram no fim de 1957, quando Tolkien foi abordado por três homens de negócios estadunidenses que lhe mostraram esboços para uma possível versão em desenho animado de *O Senhor dos Anéis*. Esses senhores (o Sr. Forrest J. Ackerman, o Sr. Morton Grady Zimmerman e o Sr. Al Brodax) também lhe entregaram um roteiro do filme planejado. Lendo-o, Tolkien descobriu que não se tratava exatamente de um tratamento respeitoso do livro. Diversos nomes estavam grafados de maneira errada do começo ao fim (Boromir tornara-se "Borimor"), dispensavam-se praticamente todas as caminhadas da história e a Sociedade do Anel era transportada a toda a parte nas costas de águias. O pão de viagem élfico, *lembas*, era descrito como "concentrado alimentar". Não parecia haver muitas perspectivas de glória e, como tampouco havia muito dinheiro, as negociações não prosseguiram. Mas era uma indicação do que estava por vir. Enquanto isso, a renda de Tolkien oriunda dos seus livros continuou alta. "Receio", disse ele, "que não posso deixar de sentir que há muito de positivo nas 'formas mais grosseiras de sucesso literário', como um crítico escarnecedor recentemente o chamou."

As vendas de *O Hobbit* e *O Senhor dos Anéis* continuaram a aumentar de forma constante, mas não houve mudanças drásticas nesse padrão até 1965. No início desse ano soube-se que um editor norte-americano, que aparentemente não sofria de excesso de escrúpulos, planejava lançar uma edição em brochura não autorizada de *O Senhor dos Anéis*, quase certamente sem pagar *royalties* a Tolkien. Em virtude do estado confuso dos direitos autorais estadunidenses naquela época, o editor sem dúvida pensava que poderia fazê-lo impunemente, além de ter percebido que tal edição provavelmente venderia muito bem, especialmente entre os estudantes estadunidenses, que já demonstravam interesse pelo livro. A única maneira de salvar a situação era lançar a obra o quanto antes pela editora norte-americana autorizada por Tolkien, a Houghton Mifflin, e era isso que esta planejava fazer, em cooperação com a Ballantine Books. Mas, para registrar os direitos autorais sobre esta nova edição, teriam de fazer certo número de alterações no texto de forma que o livro fosse tecnicamente "novo". Rayner Unwin foi a Oxford para explicar tudo isso a Tolkien e lhe pedir que fizesse uma revisão rápida de *O Senhor dos Anéis* e *O Hobbit* para que este último também pudesse ser protegido. Tolkien concordou e Unwin voltou satisfeito a Londres.

Normalmente a simples menção da palavra "revisão" colocava Tolkien para trabalhar. Dessa vez, porém, ele não fez nada a respeito durante algum tempo. Estava acostumado a desrespeitar prazos e pedidos urgentes de manuscritos, e continuou então a polir sua nova história, *Ferreiro do Bosque Maior* (que acabara de escrever), a trabalhar em sua tradução de *Gawain* e em algumas anotações sobre o poema élfico *Namárië*, que o compositor Donald Swann desejava musicar como parte de um ciclo de canções inspiradas em Tolkien. Quando terminou todas essas tarefas já era junho e o que Tolkien e outros consideravam como uma edição americana "pirata" de *O Senhor dos Anéis* já havia sido lançada.

A editora era a Ace Books, que (ao ser contestada) alegou que não havia nada de ilegal na sua edição, impressa sem permissão de Tolkien ou dos seus editores autorizados e sem nenhum pagamento de *royalties* ao autor. Na verdade, a edição da Ace fora produzida com certo cuidado, de modo que, com cada volume custando 75 centavos de dólar, era uma verdadeira pechincha. Havia alguns erros tipográficos, mas de modo geral reproduzia com precisão o texto de Tolkien — ridiculamente até, pois incluía a promessa de um índice onomástico no prefácio e o pedido de desculpas pela sua ausência no final. A Ace Books já era bem conhecida como editora de ficção científica e evidentemente muitos iriam comprar a sua edição até que fosse lançada uma autorizada. Pediram a Tolkien que completasse as revisões (nas quais supostamente estivera trabalhando com afinco nos últimos seis meses) tão logo fosse possível.

Assim, Tolkien começou a trabalhar, não na revisão de *O Senhor dos Anéis*, que era urgente, mas na de *O Hobbit*, que não era. Gastou horas e horas procurando algumas anotações que já fizera, mas não conseguiu encontrá-las. Em vez disso, encontrou um texto datilografado de "A Nova Sombra", uma continuação de *O Senhor dos Anéis* que começara há muito tempo, mas abandonara após algumas páginas. O texto falava do retorno do mal à Terra-média. Ficou acordado até as quatro da manhã, lendo e pensando a respeito. Quando, no dia seguinte, foi se ocupar com *O Hobbit*, achou que boa parte dele era "muito fraca" e teve de se controlar para não reescrever o livro inteiro. A atividade de revisão levou algum tempo e, quando finalmente voltou a *O Senhor dos Anéis*, o verão já estava bem avançado. Definiu certo número de alterações que corrigiam imprecisões, conferiu o índice que lhe haviam preparado, mas só conseguiu enviar o texto revisado para os Estados Unidos em agosto.

Nesse meio tempo, a editora norte-americana autorizada a publicar uma edição em brochura, a Ballantine Books, decidiu que não podia mais esperar. Para colocar nas livrarias pelo menos um livro de Tolkien, publicou o texto original de *O Hobbit*, sem aguardar as revisões de Tolkien, planejando incluí-la em uma edição posterior. Mandou-lhe um exemplar e ele ficou atônito com a ilustração de capa. A Ace Books, apesar de toda a "pirataria" moral, havia empregado um capista que conhecia alguma coisa da história. No entanto, a capa da Ballantine parecia não ter a mínima relação com *O Hobbit*, pois mostrava uma colina, dois emus e uma curiosa árvore que dava frutos bulbosos. Tolkien explodiu: "O que ela tem a ver com a história? Onde é este lugar? Por que um leão e emus? E o que é a coisa no fundo com bulbos rosa?" Quando veio a resposta de que o artista não tivera tempo de ler o livro e que o objeto com bulbos cor-de-rosa "devia sugerir uma árvore de Natal", Tolkien conseguiu responder apenas: "Começo a sentir que estou preso em um hospício."

Em outubro de 1965 a edição em brochura "autorizada" de *O Senhor dos Anéis* foi publicada nos Estados Unidos em três volumes, incorporando as revisões de Tolkien e ostentando os emus e a árvore de Natal na capa do primeiro volume, se bem que mais tarde essa ilustração tenha sido removida e substituída por um dos desenhos do próprio Tolkien; mais duas ilustrações suas foram usadas para o segundo e o terceiro volume. Cada exemplar levava uma mensagem de Tolkien: "Esta edição em brochura, e nenhuma outra, foi publicada com o meu consentimento e a minha cooperação. Aqueles que aprovam a cortesia (ao menos) a autores vivos comprarão esta e nenhuma outra."

Porém, isso não produziu imediatamente o resultado desejado. A edição da Ballantine (por causa dos *royalties*) custava 20 centavos de dólar a mais por volume que a edição da Ace, e os estudantes estadunidenses inicialmente não demonstraram preferência por ela. Era óbvio que algo mais teria de ser feito. Curiosa e ironicamente, o próprio Tolkien desempenhou um papel proeminente e eficaz na campanha que então teve início. Curiosamente porque ele não era um homem de negócios e ironicamente porque explorou vantajosamente seus hábitos pouco comerciais de anos recentes. Ele se acostumara a "desperdiçar" muitas horas que deveria empregar completando trabalhos a serem publicados escrevendo respostas a inúmeras cartas de fãs. Isso significava que arrebanhara um afetuoso grupo de correspondentes entusiasmados, especialmente nos Estados Unidos, e estes se lançaram com satisfação em sua defesa. Por iniciativa própria, Tolkien começou a incluir em todas as suas respostas a leitores estadunidenses uma nota informando que a edição da Ace não era autorizada e pedindo que contassem isso aos amigos. A medida logo produziu um efeito notável. Não apenas os leitores estadunidenses começaram a se recusar a comprar a edição da Ace, mas também exigiram, muitas vezes em termos violentos, que os livreiros a tirassem das prateleiras. Um fã-clube recentemente formado, *The Tolkien Society of America*, entrou na batalha. Por volta do fim do ano, as vendas dos exemplares da Ace começaram a cair de forma acentuada, e quando a causa foi abraçada pelos membros da Science Fiction Writers of America, um órgão influente que passou a exercer considerável pressão sobre a Ace, a editora escreveu a Tolkien propondo o pagamento de *royalties* sobre cada exemplar que havia vendido e prometendo não realizar nenhuma reedição depois que se esgotassem os estoques existentes. Assim, foi assinado um acordo e "A Guerra pela Terra-média", como um jornalista apelidara a disputa, terminou.

Mas a consequência mais importante dessa movimentação ainda estava por vir. Ela atraíra considerável publicidade e, como resultado, o nome de Tolkien e os títulos de seus livros passaram a ser amplamente conhecidos nos Estados Unidos. Aproximadamente 100 mil exemplares da edição da Ace Books de *O Senhor dos Anéis* haviam sido vendidos durante o ano de 1965, mas esse número logo foi ultrapassado pela edição em brochura "autorizada", que rapidamente alcançou a marca de 1 milhão de vendas. A Ace, sem querer, prestara um serviço a Tolkien, pois havia ajudado a tirar seu livro da condição de capa dura "respeitável", onde definhara por alguns anos, e a colocá-lo no topo dos *best-sellers* populares. E a essa altura começara um "culto de campus".

Havia claramente muitas coisas nas obras de Tolkien que atraíam os estudantes estadunidenses. Sua ênfase implícita na proteção da paisagem natural contra a destruição provocada pela sociedade industrial harmonizava-se com o crescente movimento ecológico e era fácil ver *O Senhor dos Anéis* como um tratado para a sua época. Mas a atração principal, como Lewis percebera há muito tempo, estava no desenvolto retorno ao romance heroico. Os críticos mais duros podiam chamar de escapismo, os mais duros ainda podiam compará-lo à sinistra influência das drogas alucinógenas que eram moda em certas rodas estudantis da época, mas, qualquer que fosse a razão, para centenas de milhares de jovens estadunidenses a história da viagem de Frodo com o Anel tornara-se O Livro, ultrapassando todos os *best-sellers* anteriores. No fim de 1966, um jornal relatou: "Em Yale, a trilogia está vendendo mais rapidamente que *O Senhor das Moscas* de William Golding no auge da sua popularidade. Em Harvard, está ganhando de *O Apanhador no Campo de Centeio* de J.D. Salinger." Começaram a surgir insígnias de lapela ostentando slogans como "Frodo Vive", "Gandalf para Presidente" e "Venha para a Terra-média". Ramificações da Tolkien Society multiplicaram-se da noite para o dia na Costa Oeste e no Estado de Nova York e acabaram por se transformar na "Mythopoeic Society", que também se dedicava a estudar as obras de C.S. Lewis e Charles Williams. Membros de fã-clubes organizavam "piqueniques de hobbits", onde comiam cogumelos, bebiam sidra e se vestiam como personagens das histórias. As obras de Tolkien começaram a adquirir respeitabilidade nos círculos acadêmicos estadunidenses, e tornaram-se objeto de teses com títulos como "Uma Análise Paramétrica do Conflito Antitético e da Ironia em *O Senhor dos Anéis* de J.R.R. Tolkien". Volumes de críticas sobre Tolkien surgiam nas livrarias dos campi. A filha de um presidente, um astronauta e um astro de cinema escreveram para expressar seu entusiasmo pelos escritos dele. Entre os grafites que se podiam ver nos muros americanos havia: "J.R.R. Tolkien is Hobbit-forming"[51].

O fogo desse entusiasmo norte-americano se espalhou por outros países. Em uma festividade em Saigon, um dançarino vietnamita foi visto ostentando o olho sem pálpebras de Sauron no escudo e em Bornéu do Norte formou-se uma "Sociedade Frodo". Mais ou menos ao mesmo tempo, o interesse pelos livros de Tolkien registrou um nítido aumento na Grã-Bretanha, em parte porque aqueles que os haviam lido pela primeira vez na infância estavam chegando à idade adulta e transmitiam seu entusiasmo aos amigos, e em parte como reflexo do culto que surgira nos Estados Unidos. As vendas dos livros aumentaram abruptamente. Uma Tolkien Society começou a se reunir em Londres e em outros pontos do país, os estudantes da Universidade de Warwick rebatizaram a Ring Road em torno do seu campus de "Tolkien Road", surgiu uma "revista psicodélica" intitulada *Gandalf's Garden* com o objetivo explícito de "reunir gente bonita" e seu primeiro número explicava que Gandalf "está rapidamente sendo absorvido pelo espírito jovem mundial como o herói mitológico da era".

Quanto ao próprio Tolkien, escrevendo a seu colega Norman Davis, referiu-se ao entusiasmo pelos seus livros como "o meu deplorável culto", e a um repórter que lhe perguntou se lhe agradava o entusiasmo dos jovens estadunidenses, respondeu: "A arte os toca e eles não sabem pelo que foram tocados e se embriagam com isso. Muitos jovens estadunidenses estão envolvidos nas histórias de uma maneira que eu não estou."

As vendas dos livros continuaram aumentando e, apesar de ser impossível fornecer um número preciso, parece que no final de 1968 aproximadamente 3 milhões de exemplares de *O Senhor dos Anéis* haviam sido vendidos no mundo todo. Numerosas traduções saíram em várias línguas.[52]

Os repórteres da imprensa, em números cada vez maiores, começaram a procurar Tolkien e, embora não gostasse de dar entrevistas, sua cortesia natural tornava difícil dispensá-los. Por fim, escolheu alguns por quem tinha uma predileção particular e insistiu em comunicar-se apenas com eles. Visitantes de todos os tipos chegavam para tratar de assuntos relacionados aos seus livros e, de novo, apesar de não desejar

---

51 "J.R.R. Tolkien vicia" — um trocadilho com "hobbit" e *habit* ("hábito" ou "vício"). [N. T.]

52 Para uma lista completa de traduções, veja o Apêndice C.

ser perturbado, geralmente concordava em vê-los. Em geral tendia a gostar das pessoas no começo e passava a achá-las irritantes depois de algum tempo. Talvez pensando nisso, instalou um despertador que regulava para tocar alguns minutos depois da chegada do visitante, quando então dava a entender que tinha outro assunto para ser tratado e levava a visita à porta.

Estadunidenses entusiasmados com seus livros começaram a fazer romarias para vê-lo. Dick Plotz, membro fundador da Tolkien Society of America, foi visitá-lo e o entrevistou para uma revista de fãs. O professor Clyde S. Kilby, de Illinois, chegou mostrando muito interesse pelo *Silmarillion*, já aguardado com impaciência pelos entusiastas de Tolkien; o autor mostrou a Kilby alguns dos manuscritos de *O Silmarillion* e ficou satisfeito com seus elogios. Outro acadêmico do meio-oeste americano, William Ready, visitou Tolkien e, mais tarde, publicou um livro sobre ele que Tolkien considerou "insultuoso e ofensivo". A partir de então, passou a tomar mais cuidado com os visitantes. No início de 1968, a BBC fez um filme sobre ele intitulado "Tolkien em Oxford". Ele atuou sem inibições diante da câmera e divertiu-se um pouco. No entanto, esse tipo de coisa de modo geral não era do seu agrado. Escreveu a um leitor: "Receio que ser uma figura de culto durante a própria vida não seja de modo algum agradável. Contudo, não acho que isso tenda a envaidecer a pessoa. No meu caso, de qualquer forma, faz com que eu me sinta extremamente pequeno e inadequado. Mas até mesmo o nariz de um ídolo muito modesto não consegue ficar inteiramente alheio ao doce aroma de incenso."

PARTE VII
1959–1973:

ÚLTIMOS ANOS

1. HEADINGTON

A FAMA O DEIXAVA PERPLEXO. Não era algo que esperasse ou considerasse apropriado. Que seus leitores se entusiasmassem com as histórias, tudo bem, mas por que tinham de fazer esse alvoroço ao seu redor? E, de fato, estavam fazendo um grande tumulto. Ele tinha de enfrentar pilhas de correspondência dos fãs e muitos leitores não lhe enviavam apenas cartas, mas incluíam presentes de todos os tipos: pinturas, esculturas, taças, fotografias de si mesmos vestidos como personagens dos livros, fitas gravadas, comida, bebida, tabaco e até mesmo tapeçarias. A 76 Sandfield Road, onde os Tolkien agora moravam, já estava atulhada de livros e papéis e começava a transbordar de presentes. Tolkien passava dias escrevendo cartas de agradecimento. Quando a Allen & Unwin lhe ofereceu assistência para responder as cartas dos fãs, ele aceitou com gratidão. Mas, como seu endereço particular recebera alguma publicidade e seu número de telefone podia ser encontrado na lista de Oxford, havia incômodos de outra natureza. Os visitantes começaram a chegar sem hora marcada, pedindo-lhe autógrafos ou dinheiro. Normalmente eram bem-educados, mas às vezes loucos ou ameaçadores. O telefone tocava no meio da noite: estava na linha um norte-americano desconhecido que queria falar com Tolkien em pessoa e totalmente alheio à diferença de fuso horário. Pior ainda, as pessoas começaram a tirar fotografias pelas janelas. Não era o tipo de coisa que deveria acontecer em um mundo organizado, em um Condado ordeiro.

À medida que Tolkien envelhecia, muitas de suas características tornavam-se mais marcantes. A maneira apressada de falar, a má articulação e as frases parentéticas ficaram mais pronunciadas. Atitudes de longos anos, como a ojeriza pela culinária francesa, transformaram-se em caricaturas absurdas de si mesmas. O que certa vez escrevera sobre os preconceitos de C.S. Lewis poderia ser aplicado a si mesmo na velhice: "Ele tinha vários, alguns inerradicáveis, que se baseavam na ignorância e eram impermeáveis à informação." Ao mesmo tempo, não tinha nem de longe tantos preconceitos quanto Lewis; nem "preconceito" é exatamente a palavra correta, pois implica dizer que seus atos se baseavam nessas opiniões, enquanto na verdade suas crenças mais estranhas raramente influenciavam seu comportamento. Não era tanto uma questão de preconceito, mas antes o hábito (e não é um hábito incomum em Oxford) de fazer afirmativas dogmáticas sobre coisas das quais muito pouco entendia.

De certa maneira, ele achava a velhice profundamente penosa, enquanto sob outros aspectos ela revelava o que ele tinha de melhor. Entristecia-se com a consciência do declínio do seu vigor e, em 1965, escreveu: "Acho difícil trabalhar — começando a me sentir velho, o fogo se extinguindo." De vez em quando isso o fazia mergulhar no desespero, e nos seus últimos anos tornou-se especialmente propenso à melancolia que sempre caracterizara sua vida. A própria sensação de isolamento era suficiente para destacar esse lado da sua natureza. Mas o outro lado da sua personalidade, a capacidade para a alegria e a camaradagem, permaneceu igualmente forte e até cresceu para equilibrar a crescente melancolia. A velhice lhe caiu bem fisicamente e, à medida que a angularidade do rosto comprido e delgado abrandava-se em rugas e dobras e um leve indício de barriga se insinuava por detrás do colete colorido que agora usava quase que invariavelmente, os amigos observavam que o amadurecimento lhe assentava bem. Com certeza sua capacidade de apreciar a companhia dos outros parecia aumentar com o passar dos anos. Os olhos brilhantes, o modo entusiástico de falar, a risada explosiva, a cordialidade fácil e as atitudes expansivas à mesa do jantar ou em um bar faziam dele o mais agradável dos companheiros.

"Ele era um homem de 'companheiros inseparáveis'", escreveu C.S. Lewis no obituário de Tolkien, "e estava sempre muito bem em qualquer pequeno círculo de amigos íntimos onde o tom fosse ao mesmo tempo boêmio, literário e cristão." No entanto, quando Tolkien se aposentou da Cátedra Merton, no verão de 1959, colocou-se quase que propositalmente fora do alcance de tais companheiros inseparáveis, longe da sociedade daqueles que (além da sua própria família) mais amava; e como resultado experimentou um tanto de infelicidade. Nesses últimos anos ainda se encontrava um pouco com Lewis, às vezes visitando o "Bird and Baby" e Kilns, a casa de Lewis do outro lado de Headington. Ele e Lewis provavelmente poderiam ter preservado algo da sua antiga amizade se Tolkien não tivesse ficado perplexo, e até enfurecido, com o casamento de Lewis e Joy Davidman, que durou de 1957 até o falecimento dela, em 1960. Seus sentimentos podem ser explicados em parte por ela ter se divorciado do primeiro marido antes de se casar com Lewis, e em parte por ressentir-se do fato de Lewis esperar que os amigos bajulassem sua nova esposa — quando nos anos 30, Lewis, solteirão convicto, preferira ignorar que os amigos tinham esposas em casa à sua espera. Mas havia mais do que isso. Era quase como se Tolkien se sentisse traído pelo casamento, se ressentisse da intrusão de uma mulher na sua amizade com Lewis — exatamente como Edith se ressentira da intrusão de Lewis no seu casamento. Ironicamente, foi Edith quem se tornou amiga de Joy Davidman.

A interrupção dos encontros regulares de Tolkien com Lewis em meados dos anos 50 marcou o encerramento do seu impulso de formar clubes, um capítulo da sua vida que tivera início com o T.C.B.S. e culminara nos Inklings. Dessa época em diante, foi essencialmente um homem solitário, que passava a maior parte da vida em casa. Isso ocorria principalmente por necessidade, pois preocupava-se intensamente com a saúde e o bem-estar de Edith, e, como ela tinha cada vez mais dificuldades para se movimentar, além de sofrer de constantes distúrbios digestivos, sentiu que seu dever era ficar com ela tanto tempo quanto possível. Mas essa alteração da sua vida também foi, até certo ponto, um afastamento proposital da sociedade onde vivera, trabalhara e falara durante 40 anos — pois a própria Oxford estava mudando e sua geração estava dando lugar a uma linhagem diferente de homens, menos discursivos, menos sociais à maneira antiga e certamente menos cristãos.

No seu discurso de despedida, feito no fim do seu último período letivo de verão diante de uma plateia lotada no Merton College Hall, Tolkien referiu-se a algumas das mudanças que ocorriam em Oxford. Dirigiu algumas observações mordazes à crescente ênfase na pesquisa de pós-graduação, que descreveu como "a degeneração da curiosidade e do entusiasmo verdadeiros em uma 'economia planejada', na qual um determinado tempo de pesquisa é enfiado em cascas mais ou menos padronizadas, produzindo salsichas de tamanho e forma aprovados pelo nosso próprio livrinho impresso de receitas". Contudo, encerrou o discurso não com a discussão de assuntos acadêmicos, mas com um trecho da sua canção élfica de despedida, "Namárië". Finalmente, após quatro décadas a serviço da universidade, encarava a perspectiva de dedicar todo o seu tempo às suas lendas e especialmente a completar *O Silmarillion*, que a Allen & Unwin agora estava ansiosa para publicar e pelo qual já havia esperado por vários anos.

A Sandfield Road não era o melhor lugar para a aposentadoria. Tolkien já morava lá há seis anos e tinha consciência das limitações que o lugar imporia. Ainda assim, talvez não estivesse inteiramente preparado para a sensação de isolamento que começou a sentir quando não teve mais de percorrer diariamente o caminho até a faculdade. A casa em Sandfield Road ficava a três quilômetros do centro de Oxford e o ponto de ônibus mais próximo ficava a certa distância, mais longe do que Edith conseguia caminhar com facilidade. Consequentemente, qualquer ida ao centro de Oxford ou às lojas de Headington significava tomar um táxi. Os amigos já não faziam visitas com a mesma frequência do tempo em que os Tolkien moravam no centro da cidade. Quanto à família, Christopher e sua esposa Faith apareciam com regularidade. Faith, escultora, fizera um busto do sogro que o Departamento de Inglês presenteou a Tolkien quando ele se aposentou. Mais tarde, o próprio Tolkien pagou a fundição em bronze e o busto foi colocado na biblioteca do Departamento. Mas Christopher, professor e mais tarde *fellow* do New College, estava muito ocupado com seu próprio trabalho. John tinha a responsabilidade da sua própria paróquia em Staffordshire, enquanto Michael lecionava no centro da Inglaterra e só de vez em quando podia ir visitar os pais com a família (um filho e duas filhas). Priscilla retornara a Oxford e trabalhava como agente de condicional. Ela encontrava-se muito com os pais, mas morava no lado oposto da cidade e também tinha os seus próprios afazeres.

Os contatos de Tolkien com a vida acadêmica restringiam-se agora a visitas ocasionais de Alistair Campbell, o estudioso de anglo-saxão que sucedera Charles Wrenn como catedrático, e a almoços com seu ex-aluno Norman Davis, o novo titular da Cátedra Merton de Língua e Literatura Inglesa. Davis e a esposa logo perceberam que essas refeições eram uma parte importante da vida dos Tolkien, libertando-os da estreita rotina doméstica em Sandfield Road. Mais ou menos uma vez por semana os Davis apareciam para levá-los ao hotel que fosse o seu predileto do momento — e nenhum permanecia por muito tempo na predileção dos Tolkien, fosse por alguma falha na culinária, pelo preço da conta ou pelo fato de terem de ir até lá por uma estrada nova que estragara a paisagem. No hotel, bebiam uma rodada — Edith descobrira que uma boa dose de conhaque fazia bem à sua digestão — e então almoçavam bem, bebendo vinho em abundância. Durante a refeição, Lena Davis conversava com Edith, de quem gostava muito, liberando os dois homens para a sua própria conversa. Mas, além disso e das reuniões de familiares, pouco mais existia na vida social de Tolkien.

O Exeter College o elegeu Membro Honorário em 1963 e Merton fez o mesmo logo em seguida, distinguindo-o como Membro Emérito. Mas, apesar de ser sempre bem-vindo em ambos os colégios e receber convites frequentes, raramente participava dos jantares oferecidos e, quando ia, comia pouco, suspeitando o pior da cozinha. Além disso, nunca jantava fora de casa, a não ser que Priscilla ou uma amiga pudessem fazer companhia a Edith. A preocupação pelo bem-estar dela sempre era o principal para ele.

Imediatamente após a aposentadoria Tolkien teve uma porção de arranjos domésticos para ocupá-lo. Tinha de retirar todos os livros da sua sala na faculdade e encontrar espaço para eles em casa e, como seu quarto-gabinete no andar superior da casa já estava apinhado, decidiu transformar a garagem (desocupada, pois não tinha carro) em uma biblioteca-escritório. A mudança dos livros levou muitos meses e não contribuiu para melhorar o lumbago de que vinha se queixando. Mas, finalmente, estava tudo em seu lugar e ele pôde iniciar a importante tarefa de revisar e completar *O Silmarillion*.

Inevitavelmente, dado o seu hábito de realizar alterações drásticas, decidiu que toda a obra precisava ser reformulada e deu início à essa grande empreitada, auxiliado pela secretária de meio expediente, Elisabeth Lumsden, que, como duas de suas sucessoras, Naomi Collyer e Phyllis Jenkinson, tornou-se amiga dele e de Edith. Porém, mal começara e foi interrompido pela chegada das provas da sua edição de *Ancrene Wisse*, atrasada devido a uma greve dos tipógrafos. Relutante, abandonou sua mitologia e concentrou-se na tarefa de corrigir 222 páginas em inglês médio, com detalhadas notas de rodapé. Pronto o *Ancrene Wisse*, começou a voltar ao que chamava de seu "trabalho de verdade". No entanto, sentia que, antes de continuar *O Silmarillion*, devia terminar de revisar as traduções de *Gawain* e *Pérola* e de escrever a introdução que os editores solicitavam para elas. Não conseguiu terminar nenhum desses trabalhos antes de se dedicar a outra tarefa para a Allen & Unwin, a revisão de sua palestra sobre estórias de fadas que a editora desejava reimprimir juntamente com *Folha de Cisco*. Assim, havia uma descontinuidade incessante, um rompimento dos fios de sua obra que retardavam a realização e o frustravam cada vez mais.

Grande parte do seu tempo também era passada simplesmente respondendo cartas. Os leitores escreviam às dúzias, elogiando, criticando e pedindo mais informações sobre elementos das histórias. Tolkien levava todas as cartas a sério, especialmente quando vinha de uma criança ou pessoa idosa. Fazia às vezes dois ou três rascunhos da resposta — e então ficava insatisfeito com o resultado, ou tão indeciso sobre o que devia dizer que não enviava nenhuma resposta; ou então perdia a carta após escrevê-la e passava horas revirando a garagem ou o quarto-gabinete até encontrá-la. A busca podia revelar outras coisas esquecidas, uma carta por responder ou uma história inacabada, e ele abandonava o que começara a fazer, sentava-se e lia (ou reescrevia) o que tivesse descoberto. Muitos dias se passavam dessa maneira.

Ficava sempre contente em atender a pedidos dos leitores que desejavam dar à sua casa, ao seu animal de estimação ou até ao seu filho o nome de um lugar ou de um personagem dos seus livros. De fato, considerava adequado que eles lhe *pedissem* e ficou irado quando um hidrofólio recebeu o nome de *Shadowfax* [Scadufax] (o cavalo que Gandalf montava) sem sua permissão. Os que escreviam sobre tais assuntos muitas vezes recebiam recompensas inesperadas: um criador de gado Jersey, que perguntara se podia usar *Rivendell* [Valfenda] como nome de um rebanho, recebeu de Tolkien uma carta dizendo que o termo élfico para "touro" era *mundo* e sugerindo diversos nomes para touros que podiam ser derivados da palavra. (Após enviar a carta, Tolkien sentou-se para descobrir como *mundo* viera a significar "touro", algo que não considerara antes.) Com esse e assuntos semelhantes ocupando-o cada vez mais, passava pouco tempo trabalhando em *O Silmarillion*.

Ainda assim, continuou a se ocupar com ele e poderia ter conseguido prepará-lo para publicação nessa época se tivesse sido capaz de adotar uma disciplina e métodos de trabalho regulares. No entanto, passava boa parte do tempo jogando Paciência, muitas vezes até tarde da noite. Era um hábito de muitos anos e ele inventara um grande número de jogos, que compartilhava alegremente com outros jogadores de Paciência. Com certeza pensava bastante enquanto aparentemente desperdiçava seu tempo com as cartas, mas normalmente sentia remorso pelas horas gastas dessa maneira. Muitas vezes passava a maior parte do dia desenhando motivos maravilhosamente intricados nos versos de jornais velhos enquanto resolvia as palavras-cruzadas. Inevitavelmente esses motivos enredavam-se nas suas histórias, transformando-se em emblemas heráldicos élficos, desenhos de tapetes númenóreanos ou esboços de plantas exóticas com nomes em quenya ou sindarin. Inicialmente ele se deleitava com eles. Mas então se envergonhava de seu jeito vagaroso e tentava voltar a trabalhar, mas então o telefone tocava, ou Edith o chamava para ir às compras ou tomar chá com um amigo, e ele tinha de abandonar o trabalho pelo resto do dia.

Assim, parte da culpa por não produzir muita coisa era dele. E isso por si só o deprimia e diminuía ainda mais a sua capacidade de realizar muito, ao mesmo tempo em que também ficava entristecido com o que muitas vezes lhe parecia ser um modo de vida monótono e restritivo. "Os dias parecem vazios", escreveu, "e não consigo me concentrar em nada. Acho a vida tão *enfadonha* neste confinamento."

Em particular, sentia-se solitário pela falta de companhia masculina. Seu antigo amigo e médico R.E. Havard, um dos Inklings, morava perto da casa e (por ser católico) frequentemente se sentava ao seu lado na missa dominical. Sua conversa ao voltarem para casa após a igreja era parte importante da semana de Tolkien, mas muitas vezes servia apenas para deixá-lo nostálgico.

C.S. Lewis faleceu em 22 de novembro de 1963 com 64 anos. Alguns dias mais tarde, Tolkien escreveu à sua filha Priscilla: "Até agora tive os sentimentos normais de um homem de minha idade — como uma árvore velha que está perdendo todas as suas folhas uma por uma: [mas a morte de Lewis] parece uma machadada perto das raízes."

Rejeitou uma solicitação para escrever um obituário de Lewis, assim como uma contribuição para o volume memorial. Mas passou muitas horas ponderando o último livro de Lewis, *Cartas a Malcolm*, sobretudo a respeito da oração.

Logo após a morte de Lewis, Tolkien começou um diário, algo que não fizera por muitos anos. Em parte era uma desculpa para usar mais um alfabeto que inventara. Chamava-o de seu "Novo Alfabeto Inglês" e observava que sua intenção era melhorar aquilo que dizia ser "o ridículo alfabeto proposto por pessoas que competem pelo dinheiro daquele homem absurdo, Shaw". Utilizava algumas letras convencionais (se bem que lhes atribuísse valores sonoros diferentes), alguns símbolos fonéticos internacionais e alguns símbolos do seu próprio alfabeto fëanoriano. Empregava-o no seu diário quando desejava escrever sobre assuntos particulares. Assim como todos os seus diários, também este era mais frequentemente um registro de pesares que de alegrias e não proporciona uma imagem totalmente equilibrada de sua vida em Sandfield Road. Indica, no entanto, as profundezas aterradoras de melancolia às quais era capaz de descer, ainda que somente por breves períodos. "A vida é cinzenta e cruel", escreveu em um desses momentos. "Não consigo produzir nada, entre a decadência e o tédio (confinado em casa), e a ansiedade e a perturbação. O que hei de fazer? Enfiar-me num hotel ou lar de velhos ou clube, sem livros ou contatos ou conversas com homens? Deus me ajude!"

De forma bem típica, Tolkien tirou proveito dessa depressão em particular. Assim como seu desespero quando não conseguia terminar *O Senhor dos Anéis* dera origem a *Folha de Cisco*, a ansiedade em relação ao futuro e a crescente dor pela chegada da velhice o levaram a escrever *Ferreiro do Bosque Maior*.

A história surgiu de um modo curioso. Um editor norte-americano pedira a Tolkien um prefácio para uma nova edição de *The Golden Key*, de George MacDonald. Normalmente ele recusava convites desse tipo, mas dessa vez, por nenhuma razão aparente, aceitou. Começou a trabalhar no fim de janeiro de 1965, em uma época em que estava especialmente deprimido. Achou o livro de MacDonald muito menos do seu gosto do que recordava e notou que era "mal escrito, incoerente e ruim, a despeito de alguns trechos memoráveis". (Na verdade, Tolkien não possuía a mesma devoção apaixonada a MacDonald de C.S. Lewis. Gostava dos livros de Curdie, mas achava que boa parte dos escritos de MacDonald era prejudicada pelo seu conteúdo alegórico moral.) Mas apesar dessa reação à história, e mais uma vez de modo nada característico, empenhou-se na tarefa como se tivesse de terminar alguma coisa para provar que não era incapaz de trabalhar. Começou a explicar aos jovens leitores, aos quais a edição se destinava, o significado do termo Feéria. Escreveu:

> *Feéria* é muito poderosa. Mesmo o autor ruim não pode escapar-lhe. Provavelmente ele constrói seu conto a partir de fragmentos de contos mais antigos, ou de coisas que recorda pela metade, e pode ser que esses sejam demasiado fortes para que ele os corrompa ou desencante. Alguém pode encontrá-los pela primeira vez em sua história tola, e entrever um vislumbre de Feéria, e passar para coisas de melhor qualidade. Isso poderia ser colocado na forma de um conto como este: Havia outrora um cozinheiro, e ele pensou em fazer um bolo para uma festa de crianças. Sua intenção principal era que ele fosse bem doce...

A história deveria se estender apenas por alguns parágrafos. Mas continuou e continuou até Tolkien perceber que ela tinha vida própria e deveria ser concluída como algo separado. No primeiro rascunho chamava-se "O Grande Bolo", mas logo ele adotou o título *Ferreiro do Bosque Maior*. O prefácio para MacDonald nunca foi terminado.

Ferreiro era inusitado por dois motivos: fora composto na máquina de escrever — algo que Tolkien normalmente não fazia — e relacionava-se íntima e até mesmo conscientemente com seu autor. Chamou-o de "o livro de um velho, já oprimido pelo presságio da 'perda'", e em outro lugar disse que fora "escrito com profunda emoção, retirada em parte da experiência da perda na 'aposentadoria' e da idade avançada". Como o Ferreiro, o rapaz de aldeia que engole uma estrela mágica e assim obtém um passaporte para Feéria, Tolkien havia, na sua imaginação, perambulado por muito tempo através de terras misteriosas, mas agora sentia a aproximação do fim e sabia que logo teria de entregar sua própria estrela, a imaginação. Foi a última história que escreveu.

Não muito tempo após completá-la, Tolkien a mostrou a Rayner Unwin, que ficou encantado com ela, mas achou que seria necessário reunir histórias para editar um volume de tamanho razoável. No entanto, a Allen & Unwin decidiu editar a história sozinha e ela foi publicada na Grã-Bretanha e nos Estados Unidos durante o ano de 1967, com ilustrações de Pauline Baynes. *Ferreiro do Bosque Maior* foi em geral bem recebido pelos críticos, embora nenhum deles tenha percebido seu conteúdo pessoal ou observado que, por conter um elemento de alegoria, era pouco característico do autor. Tolkien escreveu a esse respeito: "*Não* há alegoria em Feéria, que é concebida como dotada de existência real, extramental. Há alguns traços de alegoria na parte Humana, que me parece óbvia apesar de nenhum leitor ou crítico ainda ter topado com ela. Como de costume, não há 'religião' na história: mas muito claramente o Mestre-Cuca e o Grande Salão etc. são uma alegoria (um tanto satírica) da igreja e do pároco de aldeia: suas funções que continuamente decaem e perdem todo o contato com as 'artes', tornando-se meramente comer e beber — sendo que o último traço de qualquer coisa 'diferente' permanece nas crianças."

Durante esse período, Tolkien completou mais dois livros para serem publicados. Sua revisão da palestra *Sobre Estórias de Fadas* foi publicada em 1964, juntamente com *Folha de Cisco*, com o título geral de *Árvore e Folha*. E em 1961, quando sua tia Jane Neave, então com 89 anos, escreveu perguntando "se você não publicaria um livrinho com Tom Bombadil como personagem principal, um livro de um tamanho que nós velhos possamos nos permitir comprar como presente de Natal", o resultado foi *As Aventuras de Tom Bombadil*. A maioria dos poemas que Tolkien selecionou para o livro havia sido escrita nos anos 20 e 30, à exceção de "Bombadil passeia de barco", composto especialmente para o livro, e "Gato", escrito em 1956 para divertir Joan Anne, neta de Tolkien. O livro, mais uma vez ilustrado por Pauline Baynes, foi editado a tempo de encantar Jane Neave, que faleceu alguns meses depois.

Se a vida de aposentado às vezes parecia "cinzenta e cruel", havia também muitos elementos que Tolkien apreciava. Pela primeira vez tinha bastante dinheiro. Ainda em 1962, antes do espantoso crescimento das vendas nos Estados Unidos, escreveu sobre sua renda: "É uma situação surpreendente, e espero que eu seja suficientemente grato a Deus. Há pouco tempo atrás eu estava pensando se conseguiríamos continuar vivendo aqui com minha pensão inadequada. Exceto por uma catástrofe universal, não é provável que eu fique novamente em dificuldades financeiras na minha vida."

Os impostos consumiam uma grande proporção da sua renda, mas em geral ele encarava isso filosoficamente. No entanto, em certa ocasião cruzou um cheque de grande valor, pagável às autoridades fiscais, com as palavras "Nem um tostão para o Concorde". Perto do fim da vida, legou a maioria dos seus bens aos quatro filhos.

Tolkien era generoso com a riqueza recém-adquirida, em seus últimos anos doou (anonimamente) uma quantia substancial à igreja paroquial de Headington. Em particular, ficava sempre feliz em atender às necessidades dos membros da família. Comprou uma casa para um dos filhos, um carro para outro, deu um violoncelo a um neto e pagou as mensalidades escolares de uma neta. Mas, apesar de sua afluência, o costume de vigiar cada tostão — um costume adquirido durante anos de despesas pesadas e baixa renda — não podia ser deixado de lado com facilidade, e seu diário, além de incluir um registro do tempo dia a dia, invariavelmente continha uma descrição detalhada até das menores despesas: "Correio via aérea 1 xelim 3 *pence*. Lâminas Gillette 2 xelins 11 *pence*, correio 7 xelins 1/2 *pence*, Steradent 6 xelins 2 *pence*." Nunca gastava dinheiro descuidadamente; ele e Edith não instalaram eletrodomésticos na casa, pois nunca os haviam usado e não imaginavam que pudessem precisar deles. Não tinham televisão e tampouco lavadora de roupas ou de louça.

No entanto, o fato de agora dispor de bastante dinheiro dava muito prazer a Tolkien. Ele se dava ao luxo de extravagâncias seletas inteiramente ao seu gosto: um bom almoço regado a vinho em um restaurante depois de uma manhã fazendo compras em Oxford, um paletó preto de veludo cotelê e um colete novo da alfaiataria Hall's e roupas novas para Edith.

Ele e Edith ainda eram pessoas muito diferentes, com interesses muito diversos e, mesmo após 50 anos de casamento, nem sempre eram a companhia ideal um para o outro. Ocasionalmente havia momentos de irritação entre eles, assim como os houvera ao longo de toda a vida. Mas existia ainda, como sempre existira, muito amor e afeto, talvez ainda mais agora que haviam superado as dificuldades de criar uma família, pois agora tinham tempo para simplesmente se sentar e conversar. Frequentemente faziam isso, especialmente nas noites de verão após o jantar, sentando-se em um banco na varanda da frente ou no jardim entre as rosas, ele com seu cachimbo e ela fumando um cigarro, hábito que adquirira no fim da vida. Inevitavelmente boa parte da conversa era sobre a família, uma fonte interminável de interesse para ambos. O *conceito* de família, algo que eles mesmos mal haviam conhecido quando crianças, sempre fora de grande importância para eles e agora descobriram que o papel de avós era inteiramente do seu agrado e se encantavam com as visitas dos netos. Suas bodas de ouro, comemoradas em 1966 com muita cerimônia, também deram-lhes grande prazer. Entre os eventos, houve uma festa no Merton College onde foi feita uma apresentação do ciclo de canções inspiradas em Tolkien, *The Road Goes Ever On* [A estrada em frente vai seguindo], de autoria de Donald Swann, com o compositor ao piano e cantadas por William Elvin — "Um nome de bom agouro!", disse Tolkien.[53]

As condições domésticas em Sandfield Road não eram ideais e a situação foi se deteriorando ao longo dos anos à medida que a saúde de Edith piorava. Apesar da artrite, que dificultava cada vez mais seus movimentos, ela conseguia cozinhar todas as refeições, fazer a maioria dos serviços domésticos e parte da jardinagem, mas, à medida que avançava a década de 1960 e ela se aproximava dos 80 anos, tornava-se evidente que não poderia prosseguir assim por muito mais tempo. Uma diarista geralmente vinha por umas poucas horas, mas a casa não era pequena e havia muito a ser feito e, ao mesmo tempo, não era grande o suficiente para acomodar uma governanta, mesmo supondo que fosse possível encontrar uma pessoa adequada para a função. O próprio Tolkien fazia o que estava ao seu alcance para ajudar e, como tinha certa habilidade manual, consertava móveis quebrados ou trocava fusíveis, mas ele também sentia seus movimentos se tornarem cada vez mais rígidos. Assim, no início de 1968, quando Tolkien tinha 76 anos e Edith 79, o casal decidiu se mudar para uma casa mais conveniente. Uma mudança traria a vantagem adicional de manter o paradeiro de Tolkien secreto, evitando assim o fluxo, a essa altura quase intolerável, de cartas, presentes, telefonemas e visitas de admiradores. Quanto ao lugar para onde se mudariam, ele e Edith consideraram diversas possibilidades na área de Oxford. Acabaram escolhendo Bournemouth.

53 O nome *Elvin* lembra *elven*, "élfico". [N. T.]

2. BOURNEMOUTH

MESMO PELOS PADRÕES DAS CIDADES costeiras inglesas, Bournemouth é um lugar peculiarmente sem graça, uma área urbana que deve a maior parte de sua arquitetura ao final do século XIX e ao início do século XX, um equivalente inglês anêmico da Riviera Francesa. Como a maioria dos balneários da costa sul, ele atrai um grande número de idosos. Eles vão passar seus últimos anos de vida em bangalôs e vilas, ou como residentes de hotéis desbotados, onde são bem-vindos no inverno, mas cujas taxas semanais disparam abruptamente durante a temporada de verão. Eles vão espairecer na praia, em East Cliff ou West Cliff, frequentam a biblioteca pública, os Jardins de Inverno e o campo de golfe, passeiam entre as coníferas de Boscombe e Branksome Chine, e, por fim, morrem.

No entanto, Bournemouth cumpre a sua finalidade. É um ambiente onde pessoas idosas com algum dinheiro podem se sentir confortáveis e passar o tempo com outras da mesma idade e classe. Edith Tolkien gostou muito da cidade, e não sem razão, pois em Bournemouth, pela primeira vez na vida, ela fez um grande número de amigos.

Alguns anos antes ela começara a passar férias no Miramar Hotel à beira do oceano na parte leste da cidade, um estabelecimento caro, mas confortável e amistoso, frequentado principalmente por gente como ela. Depois de se aposentar e desistir das visitas à Irlanda para aplicar exames, Tolkien passara a acompanhá-la nessas viagens a Bournemouth e logo se deu conta de que lá, de modo geral, ela se sentia muito mais feliz que na sua casa em Oxford. Isso não era nenhuma surpresa, pois o ambiente social do Miramar era muito semelhante ao que ela conhecera na casa dos Jessops, em Cheltenham, entre 1910 e 1913: classe média alta, afluente, não intelectual e que exibia uma cordialidade fácil para com os de sua classe. No Miramar ela estava em casa, de volta ao seu próprio meio, como nunca estivera em Oxford ou em qualquer outra época de sua vida de casada. É verdade que muitos dos demais hóspedes do hotel tinham títulos e eram ricos e seguros de si. No entanto, pertenciam todos essencialmente à mesma casta: conservadores, satisfeitos em falar dos filhos, netos e conhecidos em comum, em passar a maior parte do dia na sala de estar dos residentes com interrupções ocasionais para passeios à beira-mar, em tomar café após o jantar e em assistir ao noticiário das nove horas da noite na sala de televisão antes de se deitar. Edith tampouco era vítima de qualquer sensação de inferioridade, pois agora sua situação financeira era tão boa quanto a de qualquer um deles e quanto aos títulos, ser a esposa de um autor internacionalmente famoso anulava qualquer sentimento de inadequação que pudesse nutrir.

Vendo pelo lado mais prático, o Miramar tornava-se cada vez mais a resposta ideal aos problemas domésticos dos Tolkien. Quando a tensão de manter a casa tornava-se excessiva para Edith, era fácil reservar os quartos de sempre, contratar o mesmo motorista e ir para Bournemouth. No Miramar, Edith logo recuperava boa parte das suas forças, sem falar no bom humor, e mesmo Tolkien se sentia aliviado com as visitas a Bournemouth, simplesmente porque elas lhe permitiam escapar dos limites de Sandfield Road e do desespero causado pela sua incapacidade de trabalhar.

Ele não se sentia especialmente feliz no Miramar. Ao contrário de Edith, não apreciava o tipo de pessoas (como disse C.S. Lewis) "cuja conversa é quase que totalmente narrativa" e, apesar de às vezes encontrar um ou outro homem entre os hóspedes com quem era possível conversar, a sensação de aprisionamento o reduzia a uma raiva silenciosa e impotente. Mas, sob outros aspectos, as viagens a Bournemouth lhe faziam muito bem. No seu quarto de hotel podia trabalhar tanto (ou tão pouco) quanto em Sandfield Road — contanto que se lembrasse de trazer consigo todos os papéis relevantes, o que nem sempre ocorria — e apreciava o conforto e a comida. Ele e Edith conheceram um médico local que se revelaria invariavelmente amistoso e prestativo sempre que algum deles não passasse bem, havia uma igreja católica a uma distância razoável, o hotel ficava próximo ao mar que ele tanto amava (se bem que fosse um mar bem mais tímido do que teria preferido) e, acima de tudo, ele podia perceber que Edith estava feliz. Assim, as visitas a Bournemouth continuaram e quando os Tolkien decidiram deixar Sandfield Road e encontrar outra casa, a decisão de procurar uma perto do Miramar não foi motivo de surpresa.

"Ele mora numa casa horrorosa — não posso lhes dizer quão horrorosa, com quadros horrorosos." W.H. Auden disse isso em uma reunião da Tolkien Society em Nova York e suas palavras foram publicadas por um jornal londrino em janeiro de 1966. Tolkien as leu e comentou: "Já que faz alguns anos desde a sua única visita, quando então apenas entrou no quarto de Edith e tomou chá, ele deve estar confuso nas suas lembranças (se é que realmente disse bem isso)." Foi uma reação tranquila a um comentário ofensivo e, após expressar algum desagrado em uma carta a Auden, Tolkien logo voltou a corresponder-se cordialmente com ele.

A observação de Auden foi tola e não era verdadeira. A casa da Sandfield Road (à qual se referia), ainda que modesta, não era mais feia que quaisquer outras daquela rua insípida, nem os quadros que adornavam as paredes da sala de visitas de Edith eram muito diferentes dos existentes nas casas de classe média do bairro. Mas era exatamente isso que Auden estava tentando dizer. Como um homem de gosto refinado, assombrou-se com a mediocridade do estilo de vida de Tolkien e com a conformidade da casa ao ambiente suburbano da Sandfield Road. Tal estilo de vida não refletia especificamente os gostos do próprio Tolkien; por outro lado, ele não lhe fazia nenhuma objeção — na verdade, havia nele uma faceta ascética que nem se dava conta disso. É importante compreender isso antes de chegar a qualquer conclusão sobre a vida que Tolkien levou em Bournemouth de 1968 até o fim de 1971.

Ele e Edith compraram um bangalô que, de táxi, não ficava longe do Miramar. É possível imaginar facilmente o que Auden teria pensado dessa casa simples e moderna na 19 Lakeside Road, pois, pelos seus padrões, ela era tão "horrorosa" quanto a casa de Headington. Mas para ambos os Tolkien era exatamente o que queriam. Tinha uma cozinha bem equipada onde Edith podia cozinhar com certa facilidade, apesar da invalidez progressiva e, além de uma sala de estar, uma sala de jantar e um quarto para cada um deles, havia também um aposento que fazia as vezes de gabinete para Tolkien, e ele podia usar a garagem dupla como biblioteca e escritório, exatamente como fizera em Sandfield Road. Havia aquecimento central — algo que nunca haviam tido antes — e do lado de fora dispunham de uma varanda onde podiam se sentar e fumar à tardinha, um grande jardim com bastante espaço para rosas e até algumas verduras e, nos fundos, um portão particular que conduzia às árvores da pequena garganta conhecida como Branksome Chine e ao mar. Tinham vizinhos católicos que muitas vezes levavam Tolkien à igreja de carro, uma empregada doméstica regular e o Miramar sempre à mão para acomodar os amigos e os membros da família que iam vê-los — também para almoços regulares e até para pernoitar algumas vezes, quando Edith precisava de descanso.

Inevitavelmente, a mudança para Bournemouth envolveu muitos sacrifícios da parte de Tolkien. Ele tinha pouca vontade de deixar Oxford e sabia que estava se isolando, restringindo sua vida social a contatos limitados com a família e os amigos mais íntimos. E, mais uma vez, como na aposentadoria em Headington, viu que a realidade era um pouco mais dura do que esperava. "Sinto-me bastante bem", escreveu a Christopher um ano após mudar-se para Bournemouth. "E no entanto; e no entanto. Não encontro homens da minha própria espécie. Sinto falta de Norman. E acima de tudo sinto falta de você."

Mas o sacrifício tinha seu propósito e este foi alcançado. Edith estava feliz em Lakeside Road, tão feliz quanto estivera nas férias no Miramar, uma felicidade mais constante do que em qualquer outro período da sua vida de casada. Além do conforto da casa nova e do conforto de não precisar mais subir e descer escadas, havia também o prazer das visitas ao Miramar e dos amigos que encontrou lá. Deixara de ser a esposa tímida, insegura e às vezes nervosa de um professor de Oxford e voltara a ser ela mesma, a sociável e bem-humorada Srta. Bratt dos dias de Cheltenham. Estava de volta ao ambiente ao qual realmente pertencia.

E, de modo geral, a vida do próprio Tolkien melhorou. A felicidade de Edith lhe dava muita satisfação e se refletia no seu próprio estado de espírito, tanto que o diário que manteve por um breve período nesses anos em Bournemouth exibe muito pouco do desalento que frequentemente o acometia em Sandfield Road. A inexistência do que chamava "homens da minha própria espécie" era parcialmente compensada por visitas frequentes da família e dos amigos. Além disso, a ausência quase total de interrupções por parte de fãs (o endereço e o número de telefone, e mesmo a informação de que Tolkien se mudara para a costa sul, foram mantidos em segredo) lhe dava muito mais tempo para trabalhar. A esposa do médico lhe prestava certa ajuda como secretária, e Joy Hill, encarregada da correspondência com os fãs pela editora Allen & Unwin, visitava-o regularmente para tratar das cartas. No início, a mudança para Bournemouth foi mais desgastante por causa de um acidente: Tolkien caiu de uma escada na Sandfield Road, feriu a perna gravemente, teve de passar algumas semanas no hospital e outras tantas engessado, mas, assim que se recuperou, estava pronto, ao menos teoricamente, para começar a trabalhar com afinco em *O Silmarillion*.

Era difícil, porém, decidir exatamente onde deveria começar. Em certo sentido, havia muito pouco a fazer. A história de *O Silmarillion* estava completa, se é que era possível usar o termo "história" para uma obra que tinha início com um relato da criação do mundo e tratava principalmente da luta entre os Elfos e o poder primordial do mal. Para produzir uma narrativa contínua, Tolkien precisava apenas decidir qual versão de cada capítulo usar, pois existiam a essa altura muitas versões, um volume de trabalho que incluía desde textos produzidos em 1917 até alguns escritos nos últimos anos. Tudo isso envolvia tantas decisões que ele não sabia por onde começar. E, mesmo que conseguisse completar essa parte da obra, teria depois de se assegurar da coerência do livro como um todo. Ao longo dos anos, as diversas alterações e recomposições haviam dado origem a uma profusão de detalhes confusos. Os nomes dos personagens haviam sido mudados em certos lugares, mas não em outros. As descrições topográficas estavam desorganizadas e contraditórias. Pior de tudo, os próprios manuscritos haviam proliferado, de modo que ele não tinha mais certeza de qual deles representava seus pensamentos mais recentes sobre determinado trecho. Por razões de segurança, ele mantivera nos últimos anos duas cópias datilografadas de cada texto, guardadas em locais separados, mas nunca decidiu qual seria a cópia de trabalho e muitas vezes fez alterações independentes e contraditórias em cada uma delas. Para produzir um texto harmônico e satisfatório, teria de fazer um cotejo detalhado de cada manuscrito, e a perspectiva de realizar tal tarefa era desanimadora.

Além disso, ainda estava incerto quanto à forma de apresentação da obra como um todo. Estava inclinado a abandonar o plano original e eliminar o navegante a quem as histórias eram contadas. Mas não seria necessário substituir este recurso narrativo por outro semelhante? Ou bastava simplesmente apresentar a obra como a mitologia que aparecia de forma vaga em *O Senhor dos Anéis*? E a tarefa se tornara ainda mais complicada por causa desse livro, no qual introduzira vários personagens importantes, tais como a rainha élfica Galadriel e os arbóreos Ents, que não apareciam em *O Silmarillion* original, mas que agora tinham de ser mencionados de alguma maneira. Ele conseguira encontrar soluções satisfatórias para esses problemas a essa altura, mas sabia que *O Silmarillion* teria de se conformar a *O Senhor dos Anéis* nos mínimos detalhes, senão seria bombardeado com cartas apontando as incoerências. Apesar desses desafios técnicos assustadores, ainda não desistira de reconsiderar aspectos fundamentais de toda a história, cuja alteração significaria reescrever a obra desde o início.

No verão de 1971, após três anos passados em Bournemouth, o trabalho começara a progredir, embora, como de costume, Tolkien se perdesse considerando detalhes em vez da estrutura como um todo. Que forma, ponderava, devia assumir determinado nome? E começava então a contemplar a revisão de algum aspecto das línguas élficas. Mesmo quando escrevia alguma coisa, o material produzido geralmente não dizia respeito à revisão da narrativa, mas à enorme massa de material subsidiário que acumulara até então. Grande parte desse material assumia a forma de ensaios sobre o que se poderia chamar aspectos "técnicos" da mitologia, tais como a relação entre o processo de envelhecimento dos elfos e dos homens, ou a morte dos animais e das plantas na Terra-média. Sentia que cada detalhe do seu cosmos merecia atenção, mesmo que os ensaios nunca fossem publicados. A subcriação se tornara um passatempo que, bem distinto do desejo de ver a obra publicada, era um prazer por si só.

Às vezes ele ficava na escrivaninha por horas a fio, mas em outros dias deixava tudo de lado para jogar uma partida de Paciência. Podia haver um bom almoço no Miramar, com bastante vinho, e se ele não se sentia disposto a trabalhar depois disso, por que deveria fazê-lo? Podiam esperar pelo livro. Ele não tinha pressa!

No entanto, em outros dias ele se afligia porque o tempo se escoava tão depressa e o livro ainda estava inacabado. No fim de 1971, o episódio de Bournemouth teve um final abrupto. Edith, com 82 anos de idade, teve uma inflamação na vesícula biliar em meados de novembro. Foi levada para um hospital e, após alguns dias de enfermidade grave, faleceu na manhã da segunda-feira, 29 de novembro.

3. Merton Street

DEPOIS QUE TOLKIEN COMEÇOU A recuperar-se do choque da morte de Edith, ficou óbvio que a sua permanência em Bournemouth estava fora de cogitação. Sem dúvida voltaria a morar em Oxford. Inicialmente houve incertezas quanto ao que poderia ser feito. Mas então o Merton College o convidou a tornar-se membro residente honorário e lhe ofereceu aposentos em uma casa da faculdade na Merton Street, onde um *scout* e sua esposa poderiam cuidar dele. Era uma honra inusitada e a solução perfeita. Tolkien aceitou com entusiasmo e, após passar algumas semanas com membros da sua família, mudou-se para a 21 Merton Street no começo de março de 1972, ocasião em que, tipicamente, fez amizade com os três funcionários da empresa de mudanças e foi com eles de Bournemouth para Oxford no caminhão.

Seu apartamento na Merton Street consistia em uma grande sala de estar, um quarto e um banheiro. Charlie Carr, o *scout* do colégio que fazia as vezes de zelador, morava no porão com a esposa. Os Carr eram muito gentis com Tolkien, não se limitando apenas a lhe servir o café da manhã no quarto (o que era parte do acordo oficial), mas também preparando o seu almoço ou o seu jantar quando ele não se sentia bem ou não queria comer na faculdade. Outra alternativa era comer no Eastgate Hotel, que mudara muito desde que jantara lá com Lewis pela primeira vez nos anos 30 e não era mais barato, mas Tolkien agora era um homem rico e podia se dar ao luxo de comer lá quando bem entendesse. No entanto, boa parte das suas refeições eram feitas na faculdade, pois ele tinha direito a almoços e jantares gratuitos e era sempre muito bem-vindo ao Salão dos Decanos.

Assim, seu modo de vida em 1972 e 1973 era inteiramente do seu agrado. Sofrera muito com a perda de Edith e agora era essencialmente um homem solitário. No entanto, estava livre como nunca e podia levar a vida como bem entendesse. Assim como Bournemouth fora, por assim dizer, uma recompensa para Edith por tudo o que enfrentara nos primeiros anos de casamento, a existência quase que de um solteirão na Merton Street era como uma recompensa pela sua paciência em Bournemouth.

Tornar-se inativo estava fora de questão. Ele fazia visitas frequentes ao vilarejo próximo de Oxford onde Christopher e sua segunda esposa, Baillie, moravam. Então, na companhia dos netos, Adam e Rachel, esquecia o lumbago e corria pelo gramado, ou jogava caixas de fósforos em uma árvore alta e depois tentava derrubá-las com pedradas para diverti-los. Foi passar uma temporada em Sidmouth com Priscilla e o neto Simon. Voltou a visitar Christopher Wiseman, seu velho amigo do T.C.B.S. Passou várias semanas com John na sua paróquia em Stoke-on-Trent e, com ele, foi de carro visitar o irmão Hilary, que ainda morava na sua plantação de frutas em Evesham.

Ronald e Hilary pareciam-se agora muito mais do que na juventude. Pela janela, era possível ver as ameixeiras cujos frutos Hilary colhera pacientemente durante mais de quatro décadas e que agora estavam envelhecidas e produziam pouco. Era preciso cortá-las e plantar novas mudas em seu lugar. Mas Hilary não tinha mais idade para enfrentar tal trabalho e as árvores ainda estavam de pé. Os dois velhos irmãos assistiam a jogos de críquete e tênis na televisão e bebiam uísque.

Esses dois anos da vida de Tolkien foram alegrados pelas honrarias que lhe foram conferidas. Foi convidado inúmeras vezes a visitar universidades norte-americanas e receber doutorados, mas não se sentia capaz de enfrentar a viagem. Também houve muitas honrarias na sua terra. Em junho de 1973, visitou Edinburgh para receber um título honorário e ficou profundamente comovido quando, na primavera do ano anterior, foi ao Palácio de Buckingham para ser agraciado pela Rainha com o título de Comandante da Ordem do Império Britânico. Mas talvez, a mais recompensadora de todas as homenagens tenha sido o doutorado honorário em Letras conferido pela sua própria universidade, Oxford, não, como deixaram claro, pela criação de *O Senhor dos Anéis*, mas por sua contribuição à filologia. Ainda assim, na cerimônia de doutoramento, o discurso em sua honra feito pelo Orador Público (seu velho amigo Colin Hardie) continha mais de uma referência às crônicas da Terra-média e terminava com a esperança "de que em tal verde folha, enquanto a Estrada em frente seguir, ele produzirá Silmarillion e erudição".

Quanto ao *O Silmarillion*, mais uma vez os meses passaram sem muitos resultados concretos. Houve um atraso inevitável enquanto Tolkien reorganizava seus livros e papéis após mudar-se de Bournemouth e, quando finalmente retomou o trabalho, encontrou-se de novo enredado em problemas técnicos. Alguns anos antes decidira que, caso morresse antes de terminar o livro, Christopher (que naturalmente conhecia bem a obra) deveria completá-lo. Ele e Christopher frequentemente discutiam o livro, considerando os inúmeros problemas que precisavam ser resolvidos. Os avanços, porém, foram poucos.

É quase certo que Tolkien não esperava morrer tão cedo. Ele disse à sua ex-aluna Mary Salu que havia uma tradição de longevidade entre seus antepassados e que acreditava que viveria por muitos anos mais. Contudo, no final de 1972 houve sinais premonitórios. Começou a sofrer de grave indigestão e, a despeito de uma radiografia não revelar qualquer causa mais específica que "dispepsia", foi posto em dieta e proibido de beber vinho. Apesar de suas obras inacabadas, parecia que não lhe agradava mais a perspectiva de continuar morando na Merton Street.

"Com frequência me sinto muito solitário", escreveu à sua prima Marjorie Incledon. "Depois do período letivo (isto é, quando os alunos de graduação partem), fico completamente sozinho em uma grande casa apenas com o zelador e sua esposa bem abaixo, no porão."

É claro que havia um fluxo incessante de visitas: a família, velhos amigos, Joy Hill, da Allen & Unwin, para cuidar da correspondência dos fãs. Sempre tinha negócios a tratar com Rayner Unwin e Dick Williamson, seu advogado e consultor em muitos assuntos. Havia também a corrida regular de táxi nas manhãs de domingo até a igreja de Headington e depois ao túmulo de Edith, no cemitério de Wolvercote. Mas a solidão persistia.

No decorrer do verão de 1973, algumas das pessoas mais próximas começaram a achar que ele estava mais triste do que o normal e parecia estar envelhecendo mais depressa. No entanto, a dieta aparentemente tivera sucesso e em julho ele foi a Cambridge para um jantar do Ad Eundem, um clube interuniversitário. Em 25 de agosto, escreveu uma nota de agradecimentos atrasada ao seu anfitrião, o professor Glyn Daniel:

> Caro Daniel,
>
> Passou-se muito tempo desde 20 de julho; mas antes tarde do que nunca (espero) para fazer o que eu deveria ter feito antes de me ocupar com outros assuntos: agradecer-lhe pelo maravilhoso jantar em St. John's e especialmente por sua indulgência e grande bondade para comigo pessoalmente. O jantar foi decisivo! Não sofri nenhum efeito negativo e desde então fui capaz de abrir mão da maioria dos tabus dietéticos que tive de observar por uns seis meses.
>
> Aguardo ansiosamente o próximo jantar do A.E. e espero que você esteja presente.
>
> Atenciosamente,
> Ronald Tolkien.

Três dias após escrever essa carta, na terça-feira, 28 de agosto, ele foi para Bournemouth para hospedar-se na casa de Denis e Jocelyn Tolhurst, o médico e esposa que haviam cuidado dele e de Edith durante a sua permanência na cidade.

O fim foi repentino. Na quinta-feira participou da festa de aniversário da Sra. Tolhurst, mas não se sentiu bem e não quis comer muito, embora tivesse bebido um pouco de champanhe. Durante a noite sentiu dores e na manhã seguinte foi levado a um hospital particular onde uma úlcera gástrica com hemorragia aguda foi diagnosticada. Michael estava de férias na Suíça e Christopher na França, e nenhum deles poderia voltar a tempo. John e Priscilla, porém, conseguiram ir para Bournemouth. Inicialmente os relatórios sobre o estado de seu pai foram otimistas, mas no sábado surgiu uma infecção no peito e na manhã de domingo, 2 de setembro de 1973, ele faleceu aos 81 anos de idade.

Posfácio

A Árvore

HOJE É MODA CONSIDERAR OS Inklings, o punhado de homens que se reunia no Magdalen College nas noites de quinta-feira durante as décadas de 1930 e 1940, como um grupo homogêneo de escritores que se influenciaram mutuamente. Concordemos ou não com essa visão, podemos, ao passar por Oxford, decidir visitar os túmulos dos três Inklings mais conhecidos, C.S. Lewis, Charles Williams e J.R.R. Tolkien.

Encontraremos o túmulo de Lewis no cemitério da sua própria paróquia, Headington Quarry. Uma lápide simples marca a sepultura que ele compartilha com o irmão, o major W.H. Lewis. Está adornada por uma singela cruz e pelas palavras *"Os homens têm de suportar a sua partida"*.

Williams jaz à sombra da Igreja da Sta. Cruz, no centro de Oxford. Seu colega Inkling, Hugo Dyson, está sepultado não longe dali, e o cemitério abriga os túmulos de muitos outros homens da universidade daquela geração.

Lewis e Williams eram membros da Igreja da Inglaterra, mas não há outro local em Oxford para sepultamentos católicos além do cemitério da corporação em Wolvercote, onde uma pequena parcela de terra é reservada aos membros da Igreja de Roma. Assim, se estivermos buscando o túmulo restante, teremos de nos afastar bastante do centro da cidade, além das lojas e da estrada periférica, para chegarmos aos grandes portões de ferro. Depois da capela, cruzando as áreas das outras sepulturas, chegaremos a um setor onde muitas das lápides têm nomes poloneses — é a área católica, e as sepulturas dos emigrados predominam sobre as dos adeptos ingleses daquela fé. Diversos túmulos ostentam fotografias esmaltadas dos falecidos e inscrições floreadas. Assim, uma laje cinzenta de granito da Cornualha, bem à esquerda do grupo, destaca-se com nitidez, tal como a inscrição um tanto curiosa: *Edith Mary Tolkien, Lúthien, 1889–1971. John Ronald Reuel Tolkien, Beren, 1892–1973.*

A sepultura fica em um ambiente suburbano, muito diferente do campo inglês que Tolkien amava, mas não diferente dos lugares feitos pelo homem onde ele passou a maior parte dos seus dias. Logo, mesmo no fim, nessa simples sepultura em um cemitério público somos lembrados da antítese entre a sua vida, tão comum, e a extraordinária imaginação que criou sua mitologia.

De onde ela veio, essa imaginação que povoou a Terra-média com elfos, orques e hobbits? Qual foi a fonte da visão literária que mudou a vida desse obscuro estudioso? E por que essa visão atingiu de tal maneira as mentes e se harmonizou com as aspirações de inúmeros leitores em todo o mundo?

Tolkien acharia que essas são perguntas que não têm resposta. Pelo menos não em um livro deste tipo. Ele reprovava a biografia como recurso de apreciação literária e talvez tivesse razão. Sua verdadeira biografia é *O Hobbit*, *O Senhor dos Anéis* e *O Silmarillion*, pois a verdade sobre ele está contida em suas páginas.

Mas ao menos ele concordaria com um epitáfio.

Quatro dias após sua morte, sua missa de réquiem foi celebrada em Oxford, na simples e moderna igreja de Headington que ele tanto frequentara. As orações e leituras foram escolhidas especialmente por seu filho John, que oficiou a missa assistida pelo velho amigo de Tolkien, o padre Robert Murray, e seu pároco, o Monsenhor Doran. Não houve sermão e nem foram lidos trechos de suas obras. No entanto, algumas semanas mais tarde, quando um serviço religioso em sua memória foi celebrado na Califórnia por admiradores estadunidenses, seu conto *Folha de Cisco* foi lido diante da congregação. Talvez ele não o tivesse considerado inapropriado:

Diante dele, estava a Árvore, sua Árvore, terminada. Se é que se podia dizer isso de uma árvore viva, cujas folhas se abriam, os ramos cresciam e se curvavam ao vento que tantas vezes Cisco sentira ou adivinhara, e tantas vezes não conseguira captar. Ele fitou a árvore e lentamente ergueu os braços e os abriu largamente.

— É um dom! — disse ele.

APÊNDICES

APÊNDICE A

Árvore genealógica simplificada

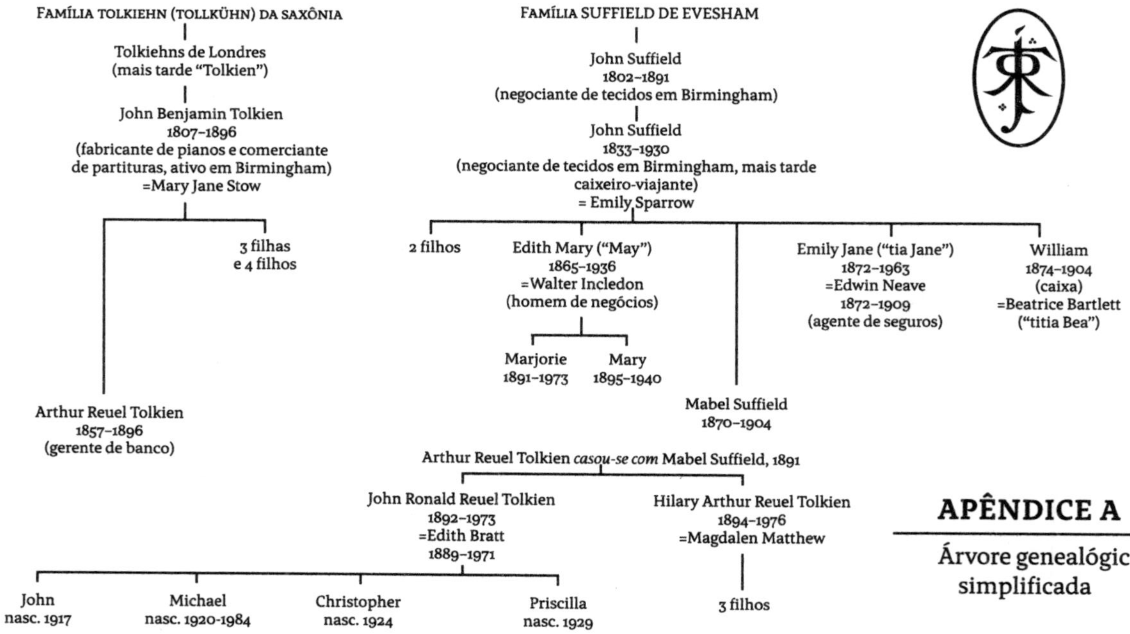

APÊNDICE B

Cronologia dos eventos

1892 *3 de janeiro*: John Ronald Reuel Tolkien nasce em Bloemfontein.

1894 Nascimento do seu irmão, Hilary.

1895 *Primavera*: Mabel Tolkien leva os dois filhos de volta à Inglaterra; Arthur Tolkien permanece na África do Sul.

1896 *Fevereiro:* Morre Arthur Tolkien. *Verão*: Mabel Tolkien aluga um chalé em Sarehole Mill, Birmingham. Ela e os meninos permanecem lá por quatro anos.

1900 Mabel Tolkien é recebida na Igreja Católica. Ela e os meninos mudam-se de Sarehole para uma casa em Moseley, subúrbio de Birmingham. Ronald começa a frequentar a King Edward's School.

1901 Mabel e os meninos mudam-se de Moseley para King's Heath.

1902 Mabel e os meninos deixam King's Heath e mudam-se para a Oliver Road, Edgbaston. Ronald e Hilary são matriculados na St. Philip's Grammar School.

1903 Os meninos são retirados da St. Philip's. Ronald obtém uma bolsa de estudos na King Edward's e volta para lá no outono.

1904 No início do ano descobre-se que Mabel Tolkien tem diabetes. Ela passa alguns meses no hospital. No verão, ela e os filhos moram em Rednal. Em novembro ela falece aos 34 anos de idade.

1905 Os meninos mudam-se para a casa de sua tia Beatrice, na Stirling Road.

1908 Os meninos mudam-se para a casa da Sra. Faulkner, na Duchess Road. Ronald conhece Edith Bratt.

1909 *Outono*: O romance de Ronald e Edith Bratt é descoberto pelo padre Francis Morgan. Ronald não consegue uma bolsa de estudos em Oxford.

1910 *Janeiro*: Ronald e Hilary mudam-se. Ronald continua a se encontrar com Edith Bratt, mas depois é proibido de se comunicar com ela. *Março*: Edith deixa Birmingham e se muda para Cheltenham. *Dezembro*: Ronald ganha uma bolsa no Exeter College, Oxford.

1911 Formação do "T.C.B.S.". *Verão*: Ronald deixa a escola. Visita a Suíça. *Outono*: Seu primeiro período letivo em Oxford. *Natal*: Participa de uma apresentação de *Os Rivais* na King Edward's.

1913 *Janeiro*: Vigésimo primeiro aniversário de Ronald. Reencontra Edith Bratt. *Fevereiro*: Passa nas Honour Moderations, Segunda Classe. *Verão*: Ingressa na Honour School of English Language and Literature. Visita a França com uma família mexicana.

1914 *Janeiro*: Edith é recebida na Igreja Católica. Ela e Ronald formalizam o noivado. *Verão*: Ronald visita a Cornualha. Quando começa a guerra decide voltar a Oxford e completar seu curso de graduação.

1915 *Verão*: Recebe Honras de Primeira Classe no exame final. Entra para o Corpo de Fuzileiros de Lancashire; inicia o treinamento em Bedford e em Staffordshire.

1916 *22 de março*: Casa-se com Edith. Edith muda-se para Great Haywood. *Junho*: Tolkien embarca para a França. Viaja ao Somme como segundo-tenente do 11º Corpo de Fuzileiros de Lancashire e presta serviço ativo como Oficial Sinalizador do Batalhão até o outono. *Novembro*: Retorna à Inglaterra acometido de "febre das trincheiras".

1917 *Janeiro e fevereiro*: Durante a convalescença em Great Haywood começa a escrever "O Livro dos Contos Perdidos", que acabaria por se transformar em *O Silmarillion*. *Primavera*: É transferido para Yorkshire, mas passa boa parte do ano no hospital. *Novembro*: Nasce seu primeiro filho, John.

1918 Tolkien (agora tenente) é transferido para a Guarnição Humber e para Staffordshire. Em novembro, após o Armistício, retorna a Oxford com a família e une-se à equipe do *New English Dictionary*.

1919 Começa a trabalhar como tutor autônomo. Ele e Edith mudam-se para a Alfred Street 1.

1920 Torna-se professor associado de Língua Inglesa na Universidade de Leeds; o trabalho tem início no outono. Nasce o segundo filho, Michael.

1921 Edith e a família juntam-se a ele em Leeds, mudando-se para 11 St. Mark's Terrace.

1922 E.V. Gordon junta-se à equipe de Leeds. Começa a trabalhar com Tolkien na edição de *Sir Gawain e o Cavaleiro Verde*.

1924 Tolkien torna-se Catedrático de Língua Inglesa na Universidade de Leeds. Compra uma casa em Darnley Road. Nasce seu terceiro filho, Christopher.

1925 A edição de *Sir Gawain* é publicada. No verão, Tolkien é eleito para a Cátedra Rawlinson e Bosworth de Anglo-Saxão em Oxford; assume o cargo no outono. Compra uma casa em Northmoor Road e a família retorna a Oxford no início do ano.

1926 Tolkien torna-se amigo de C.S. Lewis. Formação do grupo Coalbiters.

1929 Nasce a filha Priscilla.

1930 A família muda-se do nº 22 para o nº 20 da Northmoor Road. Por volta dessa época, Tolkien começa a escrever *O Hobbit*. Abandona-o antes de concluí-lo.

1936 Dá uma palestra intitulada *Beowulf: Os Monstros e os Críticos*. O manuscrito de *O Hobbit* é lido por Susan Dagnall, da editora Allen & Unwin e, por sugestão dela, Tolkien termina o livro. Este é aceito para publicação.

1937 *O Hobbit* é publicado no outono. Por sugestão de Stanley Unwin, Tolkien começa a escrever uma continuação, que se torna *O Senhor dos Anéis*.

1939 Tolkien dá sua palestra *Sobre Estórias de Fadas* na Universidade St. Andrews. Quando começa a guerra, Charles Williams entra para os Inklings.

1945 Tolkien é eleito para a Cátedra Merton de Língua e Literatura Inglesa em Oxford.

1947 Os Tolkien mudam-se para a Manor Road.

1949 *O Senhor dos Anéis* é completado. Publicação de *Mestre Giles d'Aldeia*.

1950 Tolkien oferece *O Senhor dos Anéis* à editora Collins. A família muda-se da Manor Road para a Holywell Street.

1952 O manuscrito de *O Senhor dos Anéis* é devolvido pela Collins e Tolkien o entrega à Allen & Unwin.

1953 Os Tolkien mudam-se para a Sandfield Road, em Headington, subúrbio de Oxford.

1954 Publicação dos dois primeiros volumes de *O Senhor dos Anéis*.

1955 Publicação do terceiro volume.

1959 Tolkien aposenta-se da sua cátedra.

1962 Publicação de *As Aventuras de Tom Bombadil*.

1964 Publicação de *Árvore e Folha*.

1965 A Ace Books publica uma edição norte-americana não autorizada de *O Senhor dos Anéis*. Começa um "culto de campus".

1967 Publicação de *Ferreiro do Bosque Maior*.

1968 Os Tolkien mudam-se para a Lakeside Road, Poole (adjacente à cidade de Bournemouth).

1971 Edith Tolkien falece em novembro, aos 82 anos de idade.

1972 Tolkien volta a Oxford, mudando-se para Merton Street. Recebe o título de Comandante da Ordem do Império Britânico e de doutor honorário em Letras pela Universidade de Oxford.

1973 Em 28 de agosto vai a Bournemouth visitar amigos. Adoece e morre em um sanatório nas primeiras horas do domingo, 2 de setembro, aos 81 anos de idade.

1977 Publicação de *O Silmarillion*, editado por Christopher Tolkien.

1992 De 17 a 24 de agosto, a The Tolkien Society promove a Conferência do Centenário de J.R.R. Tolkien para celebrar os cem anos de nascimento do autor. A conferência contou com a participação de diversos membros da família Tolkien, incluindo Priscilla e Christopher.

2018 De 01 de junho a 28 de outubro, a Bodleian Library promove a *Tolkien: Maker of Middle-earth*, uma das maiores exposições sobre a vida e obra do autor, com manuscritos, artes, itens pessoais e outros materiais do Arquivo de Tolkien daquela biblioteca, da Marquette University e de coleções particulares.

APÊNDICE C

Obras publicadas

1911 Poema "The Battle of the Eastern Fields" [A Batalha dos Campos Orientais] na *The King Edward's School Chronicle*, volume XXVI, nº 186, março, pp. 22-6. O poema foi reimpresso na *Mallorn*, nº 12, 1978, pp. 24-8.. [Tolkien também publicou na revista relatórios da sociedade de debates da escola entre novembro de 1910 e junho de 1911, e editoriais nos números de junho e julho de 1911.]

1913 Poema "From the many-willow'd margin of the immemorial Thames" [Da margem repleta de salgueiros do imemorial Tâmisa], assinado "J", na *The Stapeldon Magazine*, volume IV, nº 20, dezembro de 1913, p. 11. (Publicado para o Exeter College por B.H. Blackwell, Oxford.)

1915 Poema "Goblin Feet" [Pés de Gobelim] na *Oxford Poetry, 1915*, editado por G.D.H.C[ole] e T.W.E[arp] (Oxford, B.H. Blackwell), pp. 64-5. [O poema foi reimpresso na *Oxford Poetry, 1914-1916* (Oxford, B.H. Blackwell, 1917), pp. 120-21; novamente em *The Book of Fairy Poetry*, editado por Dora Owen (Londres, Longmans, Green, 1920), pp. 177-78; e em várias outras antologias.

1918 Nota introdutória (assinada "J.R.R.T.") em *A Spring Harvest*, poemas de Geoffrey Bache Smith, falecido Tenente dos Fuzileiros de Lancashire (Londres, Erskine Macdonald, 1918). [Tolkien e C.L. Wiseman editaram essa coletânea dos poemas de G.B. Smith e ajudaram nos preparativos para a sua publicação.]

1920 Poema "The Happy Mariners" [Os Felizes Marinheiros] (assinado "J.R.R.T.") na *The Stapeldon Magazine*, Vol. V, nº 26, junho, pp. 69-70. (Publicado para o Exeter College por B.H. Blackwell, Oxford).

1922 *A Middle English Vocabulary* [Vocabulário do Inglês Médio] (Oxford, Clarendon Press) [Concebido como auxiliar da edição de 1921 de *Fourteenth Century Verse & Prose* (Poesia & Prosa do Século XIV), em cujas edições seguintes aparece como glossário. Também foi reimpresso separadamente].

Poema "The Clerke's Compleinte" [A Queixa do Sacristão] em *The Gryphon*, New Series, Vol. IV, nº 3, dezembro, p. 95. (Assinado "N.N.")

1923 Poema "Iúmonna Gold Galdre Bewunden" [O Ouro de Homens de Outrora Enredados em Encantamento] em *The Gryphon*, New Series, Vol. IV, nº 4, janeiro, p. 130 (Universidade de Leeds). Resenha intitulada "Holy Maidenhood" [Sagrada Virgindade], *Times Literary Supplement*, Londres, 26 de abril de 1923, p. 281. [Uma resenha da edição E.E.T.S. de Furnivall de *Hali Meidenhad*. Não assinada, porém a autoria de Tolkien foi confirmada através de uma referência em seu diário.]

Poema "The City of the Gods" [A Cidade dos Deuses] em *The Microcosm*, editado por Dorothy Una Ratcliffe, volume VIII, nº 1, primavera, p. 8 (Publicado em caráter privado em Leeds.)

Obituário: "Henry Bradley, 3 December 1845—23 May 1923" (Assinado "J.R.R.T."), *Bulletin of the Modern Humanities Research Association* (Londres, Cambridge University Press), nº 20, outubro, pp. 4-5.

Poemas "Tha Eadigan Saelidan: The Happy Mariners" [Os Felizes Marinheiros] (revisado a partir da versão da *The Stapeldon Magazine*, 1920), "Why the Man in the Moon Came Down Too Soon" [Por que o Homem da Lua Desceu Cedo Demais] e "Enigmata Saxonica Nuper Inventa Duo" em *A Northern Venture: verses by members of the Leeds University English School Association*, pp. 15-20 (Leeds, Swan Press).

Poema "The Cat and the Fiddle: A Nursery Rhyme Undone and its Scandalous Secret Unlocked" [O Gato e a Rabeca: Uma Poesia Infantil Analisada e Seu Segredo Escandaloso Desvendado] em *Yorkshire Poetry*, volume II, nº 19, outubro-novembro, pp. 1-3 (Leeds, Swan Press). [Uma versão antiga do poema que aparece em *O Senhor dos Anéis*, Livro I, Capítulo 9, e em *As Aventuras de Tom Bombadil* como "O Homem da Lua Foi Dormir Muito Tarde".]

1924 Poemas "An Evening in Tavrobel" [Uma Noite em Tavrobel], "The Lonely Isle" [A Ilha Solitária] e "The Princess Ni" [A Princesa Ni] em *Leeds University Verse 1914-24* (Leeds, Swan Press), pp. 56-8.

"Philology: General Works" [Filologia: obras gerais], capítulo de *The Year's Work in English Studies*, Vol. IV, 1923, pp. 20–37 (Londres, Oxford University Press).

1925 "Some Contributions to Middle-English Lexicography" [Algumas Contribuições à Lexicografia do Inglês Médio], *The Review of English Studies*, Vol. I, nº 2, abril, pp. 210–15 (Londres, Sidgwick & Jackson).

Poema "Light as Leaf on Lindentree" [Leve Como Uma Folha numa Tília] em *The Gryphon*, New Series, Vol. VI, nº 6, junho, p. 217 (Universidade de Leeds). [Uma versão inicial do poema que surge em *O Senhor dos Anéis*, Livro I, Capítulo 11. Reimpresso em *As Baladas de Beleriand*, incorporado à "A Balada dos Filhos de Húrin".]

"The Devil's Coach-Horses" [Os Cavalos da Carruagem do Diabo], *The Review of English Studies*, Vol. I, nº 3, julho, pp. 331–36 (Londres, Sidgwick & Jackson). *Sir Gawain and the Green Knight* [Sir Gawain e o Cavaleiro Verde], editado por J.R.R. Tolkien e E.V. Gordon (Oxford, Clarendon Press). Reimpresso muitas vezes. Segunda edição, revisada por Norman Davis, Oxford, 1967; publicado em brochura, 1968.

1926 "Philology: General Works" [Filologia: Obras Gerais], capítulo de *The Year's Work in English Studies*, Vol. V, 1924, pp. 26–65 (Londres, Oxford University Press).

1927 Poema "The Nameless Land" [A Terra Sem Nome] em *Realities: An Anthology of Verse*, editada por G.S. Tancred, pp. 24–25 (Leeds, Swan Press; Londres, Gay & Hancock).

Poemas "Adventures in Unnatural History and Medieval Metres, being the Freaks of Fisiologus" [Aventuras na História Inatural e em Métricas Medievais, sendo as Excentricidades de Fisiologus] (assinado "Fisiologus") na *The Stapeldon Magazine*, Vol. VII, nº 40, pp. 123–27 (publicado para o Exeter College por B.H. Blackwell, Oxford).

"Philology: General Works" [Filologia: Obras Gerais], capítulo de *The Year's Work in English Studies*, Vol. VI, 1925, pp. 32–66 (Londres, Oxford University Press).

1928 Prefácio de *A New Glossary of the Dialect of the Huddersfield District* [Um Novo Glossário do Dialeto do Distrito de Huddersfield], de Walter E. Haigh (Londres, Oxford University Press).

1929 "Ancrene Wisse and Hali Meiðhad" [Guia Para Ermitãs e Sagrada Virgindade], *Essays and Studies by members of* the *English Association*, Vol. XIV, pp. 104-26 (Oxford, Clarendon Press).

1930 "The Oxford English School" [A Escola de Inglês de Oxford"], *The Oxford Magazine*, Vol. XLVIII, nº 21, maio, pp. 278-80, 782 (Oxford, Oxonian Press). [Artigo propondo uma reforma do currículo.]

1931 Poema "Progress in Bimble Town" [Progresso na Cidade de Bimble] (assinado "K. Bagpuize") na *The Oxford Magazine*, Vol. L, nº 1, outubro, p. 22 (Oxford, Oxonian Press).

1932 Apêndice I: "The Name 'Nodens'" [O Nome "Nodens"], *Report on the Excavation of the Prehistoric, Roman, and Post-Roman Sites in Lydney Park, Gloucestershire*, Reports of the Research Commitee of the Society of Antiquaries of London, nº IX (1932), pp. 132-37 (Londres, Oxford University Press).

"Silgelwara Land": parte I, *Medium Aevum*, 1, (dezembro), pp. 183-96 (Oxford, Basil Blackwell).

1933 Poema "Errantry" [Vida Errante] na *The Oxford Magazine*, Vol. LII, nº 5, novembro, p. 180 (Oxford, Oxonian Press). [Uma versão inicial do poema de mesmo título em *As Aventuras de Tom Bombadil*.]

1934 Poema "Firiel" em *The Chronicle* (Roehampton, Convent of Sacred Heart), Vol. IV, pp. 30-2. [Uma versão inicial de "O Último Navio" em *As Aventuras de Tom Bombadil*.]

Poema "Looney" [Doido] na *The Oxford Magazine*, Vol. LII, nº 9, janeiro, p. 340 (Oxford, Oxonian Press). [Uma versão inicial do poema publicado em *As Aventuras de Tom Bombadil* como "O Sino Marinho".]

Poema "The Adventures of Tom Bombadil" [As Aventuras de Tom Bombadil] na *The Oxford Magazine*, Vol. LII, nº 13, fevereiro, pp. 464-65 (Oxford, Oxonian Press). [Uma versão inicial do poema de mesmo título em *As Aventuras de Tom Bombadil*.]

"Sigelwara Land", parte II, *Medium Aevum*, 3 (junho), pp. 95-111 (Oxford, Basil Blackwell).

"Chaucer as a Philologist: The Reeve's Tale" [Chaucer como Filólogo: O Conto do Feitor], *Transactions of the Philological Society* (1934), pp. 1-70 (Londres, David Nutt).

1936 *Songs for the Philologists* [Canções para os Filólogos], J.R.R. Tolkien, E.V. Gordon e outros (impresso em caráter particular no Departamento de Inglês do University College, Londres). [Coletânea de poemas humorísticos que originalmente circulou em original datilografado na Universidade de Leeds. Os poemas não estão assinados, mas Tolkien foi o autor de "From One to Five", "Syx Mynet", "Ruddoc Hana", "Ides Ælfsiyne", "Bagme Bloma", "Éadig Béo Þu", "Ofer Widne Garsecg", "La Huru", "I Sat Upon a Bench", "Natura Apis", "The Root of the Boot" (uma versão inicial de "The Stone Troll"), "Frenchmen Froth" e "Lit and Lang".]

1937 Poema "The Dragon's Visit" [A Visita do Dragão] na *The Oxford Magazine*, Vol. LV, nº 11, fevereiro, p. 342 (Oxford, Oxonian Press). Reimpresso em *Winter's Tales for Children: 1*, 1965.

Poema "Knocking at the Door: Lines induced by sensation when waiting for an answer at the door of an Exalted Academic Person" [Batendo à Porta: Versos inspirados pelas sensações de aguardar uma resposta à porta de um Elevado Personagem Acadêmico] (assinado "Oxymore") na *The Oxford Magazine*, Vol. LV, nº 13, fevereiro, p. 403 (Oxford, Oxonian Press). [Versão original de "Os Mulhos".]

Poema "Iúmonna Gold Galdre Bewunden" [O Ouro de Homens de Outrora Enredados em Encantamento] na *The Oxford Magazine*, Vol. LV, nº 15, março, p. 473 (Oxford, Oxonian Press). [Revisada a partir da versão em *The Gryphon*, 1923. Revisada ainda outra vez como "O Tesouro" em *As Aventuras de Tom Bombadil*.]

"Beowulf: the Monsters and the Critics" [Beowulf: Os Monstros e os Críticos], *Proceedings of the British Academy*, 22 (1936), pp. 245-95 (Londres, Oxford University Press). Reimpresso pela OUP, Oxford, 1958. Reimpresso nos EUA em *An Anthology of Beowulf Criticism*, editado por Lewis E. Nicholson (Universidade de Notre Dame Press, 1963) e em *The Beowulf Poet*, editado por Donald K. Fry (Nova Jersey, Prentice-Hall, 1968). Traduzido para sueco (1975) e alemão (1983).

The Hobbit: or There and Back Again [O Hobbit: ou Lá e de Volta Outra Vez] (Londres, George Allen & Unwin). Reimpresso em 1937, 1942 e 1946. Quatro gravuras coloridas foram acrescentadas à segunda impressão. Segunda edição, 1951; reimpressa muitas vezes. Terceira edição, 1966; reimpressa muitas vezes. Primeira edição nos EUA (Boston, Houghton Mifflin) 1938; segunda edição nos EUA, 1956. Terceira edição nos EUA (Nova York, Ballantine Books) 1965; reimpressa muitas vezes.

1938 Carta sobre *O Hobbit*, *Observer*, Londres, 20 de fevereiro. [Resposta a uma carta publicada naquele jornal em 16 de janeiro.] Reimpressa em *As Cartas de J.R.R. Tolkien* (carta nº 25).

1940 Prefácio de *Beowulf and the Finnesburg Fragment*: *A Translation into Modern English Prose* [Beowulf e o Fragmento de Finnesburg: Uma Tradução em Prosa Inglesa Moderna], de John R. Clark Hall, revisada por C.L. Wrenn (Londres, George Allen & Unwin). Nova edição 1950.

1944 *Sir Orfeo* [Sir Orfeu] (Oxford, Academic Copying Office). (Não assinado; edição preparada por Tolkien para o curso de cadetes navais em Oxford.)

1945 "Leaf by Niggle" [Folha de Cisco], *The Dublin Review*, 432 (janeiro), pp. 46–61 (Londres, Burns Oates & Washbourne). (Esse conto foi mais tarde reimpresso — vide abaixo).

Carta "The name Coventry" [O nome Coventry] em *The Catholic Herald*, 23 de fevereiro, p. 2. [Resposta a uma carta de "H.D." publicada em 9 de fevereiro.]

"The Lay of Aotrou and Itroun" [A Balada de Aotrou e Itroun], *The Welsh Review*, Vol. IV, nº 4, dezembro, pp. 254–66 (Cardiff, Penmark Press).

1947 "'Ipplen' in Sawles Warde", *English Studies*, Vol. XXVIII, nº 6, dezembro, pp. 168–70 (Amsterdã, Swets & Zeitlinger) (Em colaboração com S.R.T.O. d'Ardenne.)

"On Fairy-Stories" [Sobre Estórias de Fadas], *Essays Presented to Charles Williams*, editado por C.S. Lewis, pp. 38–89 (Londres, Oxford University Press). Reimpresso — vide abaixo. Primeira edição nos EUA (Grand Rapids, Michigan, William B. Eerdmans) 1966.

1948 "MS Bodley 34: A re-collation of a collation" [O Manuscrito Bodley 34: novo cotejo de um cotejo], *Studia Neophilologica*, Vol. XX, 1947–8, pp. 65–72 (Uppsala). (Em colaboração com S.R.T.O. d'Ardenne.)

1949 *Farmer Giles of Ham* [Mestre Giles d'Aldeia] (Londres, George Allen & Unwin). Reimpresso muitas vezes. Segunda edição 1976. Nova edição em brochura 1983. Primeira edição nos EUA (Boston, Houghton Mifflin) 1950; segunda edição nos EUA 1978.

1953 "A Fourteenth-Century Romance" [Um romance do século XIV], *Radio Times*, Londres, 4 de dezembro. [Prefácio das transmissões da tradução de "Sir Gawain e o Cavaleiro Verde".]

"The Homecoming of Beorhtnoth, Beorhthelm's Son" [O Regresso de Beorhtnoth, filho de Beorhthelm], *Essays and Studies*, New Series, Vol. VI, pp. 1–18 (Londres, John Murray). Subsequentemente reimpresso — vide abaixo).

"Middle English 'Losenger'", *Essais de Philologie Moderne*, 1951, pp. 63–76 (Bibliothèque de la Faculté de Philosophie et Lettres de l'Université de Liège, fasc. 129, Paris: Les Belles Lettres).

1954 *The Fellowship of the Ring: being the first part of The Lord of the Rings* [A Sociedade do Anel: primeira parte de O Senhor dos Anéis] (Londres, George Allen & Unwin).

The Two Towers: being the second part of The Lord of the Rings [As Duas Torres: segunda parte de "O Senhor dos Anéis"] (Londres, George Allen & Unwin).

1955 *The Return of the King: being the third part of The Lord of the Rings* [O Retorno do Rei: terceira parte de "O Senhor dos Anéis"] (Londres, George Allen & Unwin). (Entre 1954 e 1966 *The Fellowship of the Ring* foi reimpresso 14 vezes na Grã-Bretanha, *The Two Towers* 11 vezes e *The Return of the King* 10 vezes. Segunda edição dos três volumes, 1966; reimpressa muitas vezes. Edição em brochura de *The Lord of the Rings* em volume único, 1968. Primeira edição nos EUA (Boston, Houghton Mifflin), Vol. I 1954, Vol. II e III 1955; segunda edição nos EUA 1967. Edição da Ace Books, Nova York, 1965. Edição da Ballantine Books, Nova York, 1965; reimpressa muitas vezes.

Poema "Imram" no *Time & Tide*, Londres, Vol. XXXVI, nº 49, 3 de dezembro, p. 1561. [Apareceu no manuscrito inédito *The Notion Club Papers* como "The Death of St. Brendan".)

Prefácio de *The Ancrene Riwle*, traduzido para o inglês moderno por M.B. Salu (Londres, Burns & Oates, 1955).

Prefácio de *The Old English Apollonius of Tyre* [O Apolônio de Tiro em Inglês Antigo], editado por Peter Goolden, p. iii (Londres, Oxford University Press, 1958).

1960 Carta a *Triode*, nº 18, maio. [Comentários sobre um artigo de Arthur K. Weir na edição anterior.]

1962 *The Adventures of Tom Bombadil and other verses from The Red Book* [As Aventuras de Tom Bombadil e outros poemas do Livro Vermelho] (Londres, George Allen & Unwin; Boston, Houghton Mifflin). Reimpresso. Segunda edição nos EUA 1978.

Ancrene Wisse: the English Text of the Ancrene Riwle [Ancrene Wisse: o Texto Inglês de Ancrene Riwle], edição crítica do manuscrito Corpus Christi College Cambridge 402, Early English Text Society nº 249, introdução de N.R. Ker (Londres, Oxford University Press).

1963 "English and Welsh" [O inglês e o Galês], *Angles and Britons: O'Donnell Lectures*, pp. 1–41 (Cardiff, University of Wales Press). Distribuído nos EUA por Verry, Lawrence, 1963.

1964 *Tree and Leaf* [Árvore e Folha] (Londres, George Allen & Unwin). [Uma versão levemente revisada de "On Fairy-Stories" e "Leaf by Niggle". Reimpresso. Segunda edição 1975. Primeira edição nos EUA (Boston, Houghton Mifflin) 1965.

1965 Poemas "Once Upon a Time" [Era Uma Vez] e "The Dragon's Visit" [A Visita do Dragão] em *Winter's Tales for Children: 1*, editado por Caroline Hillier, pp. 44–5, 84–7 (Londres, Macmillan; Nova York, St Martin's Press). Reimpresso em *The Young Magicians*, editado por Lin Carter, pp. 254–62 (Nova York, Ballantine Books, 1969). [O segundo poema é uma revisão da versão na *The Oxford Magazine*, 1937.]

1966 "Tolkien on Tolkien" [Tolkien sobre Tolkien], *Diplomat*, Vol. XVIII, nº 197, outubro, p. 39. [Breve relato da vida de Tolkien e de seus motivos como escritor, tirado de uma declaração preparada para seus editores.]

Contribuição como tradutor para a *The Jerusalem Bible* (Londres, Carton, Longman & Todd; Nova York, Doubleday). [Tolkien é citado como um dos editores dessa obra, mas sua única contribuição foi o esboço original da tradução do Livro de Jonas, que foi extensamente revisado antes da publicação.]

The Tolkien Reader [Textos Selecionados de Tolkien] (Nova York, Ballantine Books). [Reimpressão em volume único de "O Regresso de Beorhtnoth", "Sobre Estórias de Fadas", "Folha de Cisco", *Mestre Giles d'Aldeia* e *As Aventuras de Tom Bombadil*.]

1967 *Smith of Wootton Major* [Ferreiro do Bosque Maior] (Londres, George Allen & Unwin). Reimpresso. Segunda edição 1975. Nova edição em brochura 1983. Primeira edição nos EUA (Boston, Houghton Mifflin) 1967; segunda edição nos EUA 1978.

Poema "For W.H.A." [Para W.H.A] em *Shenandoah: The Washington and Lee University Review*, Vol. XVIII, nº 2, inverno, pp. 96–7. [Um poema em anglo-saxão com tradução em inglês moderno, em homenagem ao sexagésimo aniversário de W.H. Auden.]

The Road Goes Ever On: A Song Cycle [A Estrada Em Frente Vai Seguindo: Um Ciclo de Canções]. Poemas de J.R.R. Tolkien musicados por Donald Swann (Boston, Houghton Mifflin). Primeira edição na Grã-Bretanha (Londres, George Allen & Unwin) 1968. Reimpressão Nova York, Ballantine Books, 1969. Segunda edição, Londres, 1978, com o acréscimo de "Bilbo's Last Song" [A Última Canção de Bilbo], um novo prefácio e notas. Segunda edição nos EUA, Boston, 1978. [Na época da primeira publicação, a Caedmon Records lançou um disco (TC 1231) com o título *Poems and Songs of Middle Earth* [Poemas e Canções da Terra-média]. No disco, William Elvin canta poemas de Tolkien musicados por Swann, com o compositor ao piano, e Tolkien recita alguns dos seus próprios poemas.]

1969 *Smith of Wootton Major and Famer Giles of Ham* [Ferreiro do Bosque Maior e Mestre Giles d'Aldeia], com ilustrações de Pauline Baynes (Nova York, Ballantine Books). [Reimpressão em volume único.]

Carta descrevendo as origens dos Inklings em *The Image of Man in C.S. Lewis* de William Luther White, pp.221–2 (Nashville & Nova York, Abingdon Press). Reimpresso na Grã-Bretanha por Hodder & Stoughton 1970. Carta reimpressa em *As Cartas de J.R.R. Tolkien* (carta nº 298).

1971 Passagem em *Attacks of Taste* [Ataques de Gosto], compilado e editado por Evelyn B. Byrne e Otto M. Penzler, p. 43 (Nova York, Gotham Book Mart). [Tolkien descreve seus hábitos de leitura quando jovem.]

1972 Carta "Beautiful Place because Trees are Loved" [Belo Lugar porque as Árvores são Amadas], *Daily Telegraph*, 4 de julho, p. 16. [Sobre florestas na Terra-média, em resposta ao editorial de 29 de junho.] Reimpressa em *As Cartas de J.R.R. Tolkien* (carta nº 339).

Calendário contendo desenhos de Tolkien publicado pela Ballantine Books. Em 1973, a Allen & Unwin e a Ballantine Books publicaram calendários usando as mesmas ilustrações. Em 1975, 1976, 1977 e 1978, a Allen & Unwin publicou calendários usando outros desenhos de Tolkien. Diversos desenhos também foram publicados em forma de cartazes e cartões-postais. Os desenhos dos calendários foram reimpressos em *Pictures by J.R.R. Tolkien* [Ilustrações de J.R.R. Tolkien], 1979.

1974 Poema "Bilbo's Last Song" [A Última Canção de Bilbo] publicado em forma de cartaz, com decorações de Pauline Baynes (Londres, George Allen & Unwin). O poema também foi publicado como cartaz, com um fundo fotográfico, pela Houghton Mifflin.

1975 "Guide to the Names in *The Lord of the Rings*" [Guia dos nomes em *O Senhor dos Anéis*], *A Tolkien Compass*, editado por Jared Lobdell, pp. 153–201 (La Salle, Illinois, Open Court). [Notas sobre a nomenclatura da história, escritas originalmente para orientar os tradutores.]

Sir Gawain and the Green Knight, Pearl and Sir Orfeo [Sir Gawain e o Cavaleiro Verde, Pérola e Sir Orfeu], traduzidos para o ingles moderno; edição e prefácio de Christopher Tolkien (Londres, George Allen & Unwin; Boston, Houghton Mifflin). Novas edições em brochura, Londres, Unwin Paperbacks, 1979; Nova York, Ballantine Books, 1980. [Durante o ano de 1975, a Caedmon Records lançou dois discos (TC 1477 e 1478) nos quais Tolkien recita trechos de *O Hobbit* e *O Senhor dos Anéis*. As gravações foram feitas por George Sayer em Malvern, em agosto de 1952.]

Tree and Leaf [Árvore e Folha], *Smith of Wootton Major* [Ferreiro do Bosque Maior], *The Homecoming of Beorhtnoth* [O Regresso de Beorhtnoth], reimpressos em volume único; *Farmer Giles of*

Ham [Mestre Giles d'Aldeia], *The Adventures of Tom Bombadil* [As Aventuras de Tom Bombadil], reimpressos em volume único (Londres, George Allen & Unwin).

Carta em Mythlore, Vol. III, nº 2, total nº 10, p. 19. [Carta de 17 de novembro de 1957 ao Dr. Herbert Schiro, incluída em um artigo de Glen Goodknight. Tolkien comenta que *O Senhor dos Anéis* "é sobre a Morte e o desejo pela imortalidade".] Reimpressa em parte em *As Cartas de J.R.R. Tolkien* (carta nº 203).

1976 *The Father Christmas Letters* [Cartas do Papai Noel], editado por Baillie Tolkien (Londres, George Allen & Unwin; Boston, Houghton Mifflin).

1977 *The Silmarillion* [O Silmarillion], editado por Christopher Tolkien (Londres, George Allen & Unwin; Boston, Houghton Mifflin). Reimpresso muitas vezes. Nova edição em brochura, Londres, George Allen & Unwin, 1979; Nova York, Ballantine Books, 1979. Edição limitada 1982. [Em 1977 e 1979, a Caedmon Records lançou dois discos com Christopher Tolkien lendo partes de *O Silmarillion*: *Of Beren and Lúthien* [O Silmarillion: De Beren e Lúthien] (TC 1564) e *Of the Darkening of Valinor and of the Flight of the Noldor* [Do Obscurecer de Valinor e da Fuga dos Noldor] (TC 1579).]

Drawings by Tolkien [Desenhos de Tolkien], catálogo da exposição no Museu Ashmoleano, Oxford, 14 de dezembro 1976–27 de fevereiro de 1977, e na National Book League, Londres, 2 de março–7 de abril de 1977.

1978 Ilustração, "The Lonely Mountain" [A Montanha Solitária] reproduzida em *The Tolkien Scrapbook* [O Álbum de Recortes de Tolkien], editado por Alida Becker (Nova York, Grosset & Dunlap), pp. 114–15.

1979 *Pictures by J.R.R. Tolkien* [Ilustrações de J.R.R. Tolkien], prefácio e notas de Christopher Tolkien (Londres, George Allen & Unwin; Boston, Houghton Mifflin). [Uma coleção de pinturas e desenhos publicados anteriormente em calendários e livros.]

"Valedictory Address to the University of Oxford, 5 June 1959" [Discurso de Despedida à Universidade de Oxford, 5 de junho de 1959] em *J.R.R. Tolkien, Scholar and Storyteller* [J.R.R. Tolkien, Estudioso e Contador de Histórias], editado por Mary

Salu e Robert T. Farrell (Ithaca e Londres, Cornell University Press), pp. 16-32.

1980 *Poems and Stories* [Poemas e Histórias] (Londres, George Allen & Unwin). [Reimpressões com ilustrações antigas e novas de Pauline Baynes de *As Aventuras de Tom Bombadil*, "O Regresso de Beorhtnoth, filho de Beorhthelm", "Sobre Estórias de Fadas", "Folha de Cisco", *Mestre Giles d'Aldeia* e *Ferreiro do Bosque Maior]*

Unfinished Tales of Númenor and Middle-earth [Contos Inacabados de Númenor e da Terra-média], editado por Christopher Tolkien (Londres, George Allen & Unwin; Boston, Houghton Mifflin). Reimpresso em brochura em 1982.

1981 *Letters of J.R.R. Tolkien* [As Cartas de J.R.R. Tolkien], editado por Humphrey Carpenter com a assistência de Christopher Tolkien (Londres, George Allen & Unwin; Boston, Houghton Mifflin).

The Old English Exodus [O Êxodo em Inglês Antigo], texto, tradução e comentário de J.R.R. Tolkien, editado por Joan Turville-Petre (Oxford, Clarendon Press).

1982 *Mr Bliss* [Sr. Boaventura] (Londres, George Allen & Unwin; Boston, Houghton Mifflin). [Reprodução do manuscrito ilustrado de Tolkien.]

Finn and Hengest: The Fragment and the Episode [Finn e Hengest: O Fragmento e o Episódio], editado por Alan Bliss (Londres, George Allen & Unwin; Boston, Houghton Mifflin, 1983).

1983 *The Monsters and the Critics and Other Essays* [Os Monstros e os Críticos e Outros Ensaios], editado por Christopher Tolkien (Londres, George Allen & Unwin; Boston, Houghton Mifflin, 1984). Traduzido em parte em alemão (1984).

The Book of Lost Tales, Part I [O Livro dos Contos Perdidos 1], editado por Christopher Tolkien (Londres, George Allen & Unwin; Boston, Houghton Mifflin, 1984). Reimpresso em brochura 1985.

1984 *The Book of Lost Tales, Part II* [O Livro dos Contos Perdidos 2], editado por Christopher Tolkien (Londres, George Allen & Unwin; Boston, Houghton Mifflin). Reimpresso em brochura 1986.

1985 *The Lays of Beleriand* [As Baladas de Beleriand], editado por Christopher Tolkien (Londres, George Allen & Unwin; Boston, Houghton Mifflin).

1986 *The Shaping of Middle-earth* [A Formação da Terra-média], editado por Christopher Tolkien (Londres, George Allen & Unwin; Boston, Houghton Mifflin).

1987 *The Lost Road and Other Writings* [A Estrada Perdida e Outros Escritos], editado por Christopher Tolkien (Unwin Hyman Ltd).

1988 *The Return of the Shadow* [O Retorno da Sombra], editado por Christopher Tolkien (Unwin Hyman Ltd).

1989 *The Treason of Isengard* [A Traição de Isengard], editado por Christopher Tolkien (Unwin Hyman Ltd).

1990 *The War of the Ring* [A Guerra do Anel], editado por Christopher Tolkien (Unwin Hyman Ltd).

1992 *Sauron Defeated* [Sauron Derrotado], editado por Christopher Tolkien (HarperCollins Publishers Ltd).

The Tolkien Family Album [O Álbum da Família Tolkien], editado por John e Priscilla Tolkien (HarperCollins Publishers Ltd)

1993 *Morgoth's Ring [O Anel de Morgoth]*, editado por Christopher Tolkien (HarperCollins Publishers Ltd).

1994 *The War of the Jewels* [A Guerra das Joias], editado por Christopher Tolkien (HarperCollins Publishers Ltd).

1995 *J.R.R. Tolkien: Artist and Illustrator* [J.R.R. Tolkien: Artista e Ilustrador], editado por Christina Scull e Wayne G. Hammond (HarperCollins Publishers Ltd). [Coleção de pinturas e desenhos feitos por J.R.R. Tolkien, sendo muitos inéditos até então.]

1996 *The Peoples of Middle-earth* [Os Povos da Terra-média], editado por Christopher Tolkien (HarperCollins Publishers Ltd).

1997 *Tales from the Perilous Realm* [Contos do Reino Perigoso], compilação de histórias curtas e poemas de J.R.R. Tolkien (HarperCollins Publishers Ltd).

1998 *Roverandom* [Roverando], editado por Christina Scull e Wayne G. Hammond (HarperCollins Publishers Ltd).

2007 *The Children of Húrin* [Os Filhos de Húrin], editado por Christopher Tolkien (HarperCollins Publishers Ltd).

The History of The Hobbit [A História de O Hobbit], editado por John D. Rateliff (HarperCollins Publishers Ltd).

2008 *Tolkien On Fairy-stories: Expanded edition, with commentary and notes* [Tolkien sobre Contos de Fadas: Edição expandida, com comentários e anotações], editado por Verlyn Flieger e Douglas A. Anderson (HarperCollins Publishers Ltd).

2009 *The Legend of Sigurd and Gudrún* [A Lenda de Sigurd e Gudrún], editado por Christopher Tolkien (HarperCollins Publishers Ltd).

2011 *The Art of The Hobbit* [A Arte de "O Hobbit"], editado por Christina Scull e Wayne G. Hammond (HarperCollins Publishers Ltd). [Coleção de pinturas e desenhos que J.R.R. Tolkien fez com a temática do livro *O Hobbit*.]

2013 *The Fall of Arthur* [A Queda de Arthur], editado por Christopher Tolkien (HarperCollins Publishers Ltd).

2014 *Beowulf: A Translation and Commentary, together with Sellic Spell* [Beowulf: Uma Tradução Comentada, incluindo o conto Sellic Spell], editado por Christopher Tolkien (HarperCollins Publishers Ltd).

2015 *The Story of Kullervo* [A História de Kullervo], editado por Verlyn Flieger (HarperCollins Publishers Ltd).

The Art of The Lord of The Rings [A Arte de "O Senhor dos Anéis"], editado por Christina Scull e Wayne G. Hammond (HarperCollins Publishers Ltd). [Coleção de pinturas e desenhos que J.R.R. Tolkien fez com a temática do livro *O Senhor dos Anéis*.]

2016 *A Secret Vice: Tolkien on Invented Languages* [Um Vício Secreto: Tolkien sobre Línguas Inventadas], editado por Dimitra Fimi e Andrew Higgins (HarperCollins Publishers Ltd).

The Lay of Aotrou and Itroun [A Balada de Aotrou e Itroun], editado por Verlyn Flieger (HarperCollins Publishers Ltd).

2017 *Beren and Lúthien* [Beren e Lúthien], editado por Christopher Tolkien (HarperCollins Publishers Ltd).

2018 *Tolkien: Maker of Middle-earth* [Tolkien: Criador da Terra-média], editado por Catherine McIlwaine (The Bodleian Library).

The Fall of Gondolin [A Queda de Gondolin], editado por Christopher Tolkien (HarperCollins Publishers Ltd).

2021 *The Nature of Middle-earth* [A Natureza da Terra-média], editado por Carl F. Hostetter (HarperCollins Publishers Ltd).

2022 *The Fall of Númenor: and Other Tales from the Second Age of Middle-earth* [A Queda de Númenor: e Outros Contos da Segunda Era da Terra-média], editado por Brian Sibley (HarperCollins Publishers Ltd).

2023 *The Battle of Maldon: Together with the Homecoming of Beorhtnoth* [A Batalha de Maldon e "O Regresso de Beorhtnoth"], editado por Peter Grybauskas. (HarperCollins Publishers Ltd). [Contém também a palestra "A Tradição da Versificação em Inglês Antigo".]

The Letters of J.R.R. Tolkien: Revised and Expanded Edition [As Cartas de J.R.R. Tolkien], editado por Humphrey Carpenter com a assistência de Christopher Tolkien. (HarperCollins Publishers Ltd). [Nova edição com mais de 150 cartas inéditas que foram deixadas de fora na publicação anterior.]

APÊNDICE D

Fontes e agradecimentos

NESTE LIVRO, GERALMENTE CITEI AS palavras de J.R.R. Tolkien sem fazer referências às fontes das citações. Tais referências teriam e ser numerosas e, portanto (creio), cansativas à vista e, como muitas citações foram retiradas de material inédito, suas referências teriam interesse apenas limitado. Evitei também as costumeiras reticências para indicar a omissão de algum trecho no interior de uma citação. Estas, mais uma vez, teriam sido numerosas e, portanto, acho que seriam irritantes sem serem esclarecedoras. Minha meta aqui foi não interromper a narrativa com aquilo que o próprio Tolkien certa vez chamou "o rastro do editor que passa".

Na ausência de referências, talvez seja interessante fornecer uma breve indicação da natureza de minhas fontes. O relato sobre a vida familiar em Bloemfontein baseia-se em cartas escritas por Arthur Tolkien aos seus pais na Inglaterra. Os dias de infância em Sarehole e Birmingham foram relembrados por J.R.R. Tolkien em manuscritos e entrevistas a jornais e emissoras de rádio. Tive também a satisfação de poder me encontrar com o seu irmão, Hilary Tolkien, que me contou muitas coisas sobre esse período e manteve comigo uma longa correspondência enquanto este livro estava sendo escrito. É triste que não tenha vivido para vê-lo concluído, pois faleceu no início de 1976. Os acontecimentos na Duchess Road foram registrados na correspondência de Tolkien e Edith Bratt, sua futura esposa, e a separação forçada foi narrada no diário que ele manteve durante algum tempo nessa época. Depois que se reuniram, a correspondência se manteve até o final de 1918 quando, já casados, tiveram condições de se fixar e viver juntos em caráter permanente. As várias centenas de cartas que se escreveram nesse período constituem a fonte de muitas informações sobre os dias de estudante e o serviço militar de Tolkien. As origens do "T.C.B.S." foram relatadas por Christopher Wiseman, cujo auxílio, incentivo e amizade estiveram entre os principais prazeres que o trabalho neste livro me proporcionou. O itinerário de Tolkien na França durante a Primeira Guerra Mundial foi registrado em um diário que ele manteve na época e que, juntamente com *History of the Lancashire*

Fusiliers, 1914-18 (Aldershot, 1949), de Major-general J.C. Latter e *The Somme* (Londres, 1966), de John Harris, tornou possível a reconstituição detalhada do seu serviço ativo. Entre 1919 e 1933, Tolkien manteve um diário bastante detalhado escrito com os seus alfabetos inventados, e foi essa a principal fonte de informações para descrição desse período da sua vida. Quanto aos anos restantes, eu me baseei principalmente na sua correspondência com a família, os amigos, os editores e os leitores de seus livros, e nos diários que manteve com graus variáveis de regularidade de 1964 até o fim da vida. Também me baseei muito no conteúdo autobiográfico de suas obras publicadas, principalmente no ensaio *Sobre Estórias de Fadas* e na palestra *English and Welsh* [O Inglês e o Galês].

Os diários, cartas e outros documentos foram colocados à minha disposição graças à generosidade dos filhos e da filha do professor Tolkien, e minha maior dívida de gratidão, portanto, é para com eles: o Rev. John Tolkien, Michael Tolkien, Christopher Tolkien e Priscilla Tolkien. Além disso, todos me dispensaram tempo e atenção irrestrita, discutiram comigo a vida do seu pai, fizeram comentários sobre o manuscrito do livro e, ao longo de todo o meu trabalho nesse projeto, invariavelmente me deram provas de bondade, incentivo e amizade.

De modo semelhante, os testamenteiros do professor Tolkien me prestaram todo o auxílio possível durante o trabalho, e tanto eles quanto os Srs. George Allen & Unwin gentilmente me permitiram citar os escritos de Tolkien, publicados ou inéditos.

Muitas pessoas falaram ou escreveram sobre suas lembranças de Tolkien, tanto para mim quanto para Ann Bonsor, que generosamente permitiu que eu usasse as gravações que realizou para uma série de transmissões radiofônicas sobre a sua vida. A estes devo minha gratidão: a professora Simonne d'Ardenne, Owen Barfield, o falecido John Bryson, o professor Nevill Coghill, o professor e a Sra. Norman Davis, o falecido Hugo Dyson, Elaine Griffiths, Joy Hill, o falecido Rev. Gervase Mathew O. P., o Rev. Robert Murray S. J., Mary Salu, Donald Swann, o Dr. Denis Tolhurst, Baillie Tolkien, Rayner Unwin, o falecido Milton Waldman e Dick Williamson. Vários entre os que mencionei também tiveram a gentileza de ler o manuscrito do livro e fazer comentários a respeito.

Devo agradecimentos a muitos membros da família do professor Tolkien, além dos já mencionados, pela bondade e pelas muitas formas de auxílio que me prestaram. Agradeço também o empréstimo de fotografias da família.

Muitas outras pessoas me ajudaram de diversas maneiras e sou grato (entre outros) a: C. Talbot d'Alessandro, Jonathan Anelay,

Sir Basil Blackwell, C.H.C. Blount e Norman Craig da King Edward's School Birmingham, Alina Dadlez, o professor Glyn Daniel, o Rev. Pascall Dillon O.M.I., Charles Furth, Glen e Bonnie Good-Knight, Juliet Grindle, o Rev. Walter Hooper, Guy Kay, Jessica Kemball-Cook, o professor Clyde S. Kilby, o Rev. R.P. Lynch e o Rev. C.J.G. Winterton, do Oratório de Birmingham, o Sr. e a Sra. Michael Maclagan, A.C. Muffett, o Sr. e a Sra. David Phillips, Oliver Suffield, Graham Tayar, Gwendoline Williams e o Diretor da St Philip's Grammar School Birmingham. Brenda Goodall da Supercopy (Oxford) muito me auxiliou com fotocópias.

Devo agradecimentos aos testamenteiros do falecido C.S. Lewis por me permitirem citar as suas cartas a Tolkien. O copyright na carta de W.H. Auden pertence ao Estate de W.H. Auden.

Durante meus preparativos para escrever o livro, visitei a Marquette University em Milwaukee, nos Estados Unidos, cujos arquivos abrigam muitos manuscritos das obras de ficção de Tolkien. Na Marquette fui muito bem atendido por Paul Gratke, pelo Rev. Robert Callen S.J. e pelo Rev. Raphael Hamilton S.J. Devo agradecimentos também a diversas bibliotecas britânicas: à Biblioteca Bodleiana, à biblioteca do Imperial War Museum, à Evesham Public Library e ao seu bibliotecário, Keith Barber, e à Brotherton Library na Universidade de Leeds.

Consultei vários livros que me auxiliaram, especialmente *Surpreendido pela Alegria* e *Os Quatro Amores* de C.S. Lewis, bem como a coletânea de suas cartas, e ainda a biografia escrita por Roger Lancelyn Green e Walter Hooper. Outros livros que me foram úteis são *The Life of Joseph Wright* de E.M. Wright (Oxford, 1932), *The Rise of English Studies* de D.J. Palmer (Oxford, 1965), *Tolkien Criticism: An Annotated Checklist* de Richard C. West (Kent State University Press) e *A Guide to Middle-earth* de Robert Foster (Nova York, 1974). Agradeço também aos muitos jornalistas e radialistas que entrevistaram Tolkien e cujas entrevistas consultei. Em particular, devo mencionar entrevistas de Keith Brace (*Birmingham Post*, 25 de maio de 1968), Daphne Castell (*Glasgow Herald*, 6 de agosto de 1966 e *Christian Science Monitor*, 11 de agosto de 1966), William Cater (*Daily Express*, 22 de novembro de 1966 e *Sunday Times*, 2 de janeiro de 1972), Don Chapman ("Anthony Wood", *Oxford Mail*, 9 de fevereiro de 1968), John Ezard (*Oxford Mail*, 3 de agosto de 1966), William Foster (*The Scotsman*, 25 de março de 1967), Denys Gueroult (*Now Read On*, BBC Radio 4, 16 de dezembro de 1970), Philip Norman (*Sunday Times*, 15 de janeiro de 1967), Charlotte e Denis Plimmer (*Daily Telegraph Magazine*, 22 de março de 1968) e Richard Plotz (*Seventeen*, 17 de janeiro de 1967).

Devo também acrescentar meus agradecimentos aos membros da minha família pela leitura do livro e pelas valiosas sugestões, e à minha esposa, Mari Prichard, que, além de me aconselhar constantemente, realizou um trabalho vital ao "decodificar" o diário em alfabetos inventados mantido por Tolkien entre 1919 e 1933.

Já mencionei Christopher Tolkien, mas não posso deixar de registrar minha dívida especial para com ele. Como testamenteiro literário do seu pai, teve diante de si a imensa tarefa de organizar a publicação de *O Silmarillion*. No meio desse trabalho, dedicou inúmeras horas para me auxiliar e fez sugestões cruciais e inestimáveis que tiveram considerável influência sobre a forma final deste livro. Além disso, ele, sua esposa Baillie e seus filhos, Adam e Rachel, receberam-me em sua casa cinco dias por semana durante quase oito meses enquanto eu consultava o grande número de documentos e manuscritos que guardavam sob o seu teto nessa época. Graças à sua recepção sempre afetuosa, minha tarefa foi um grande prazer.

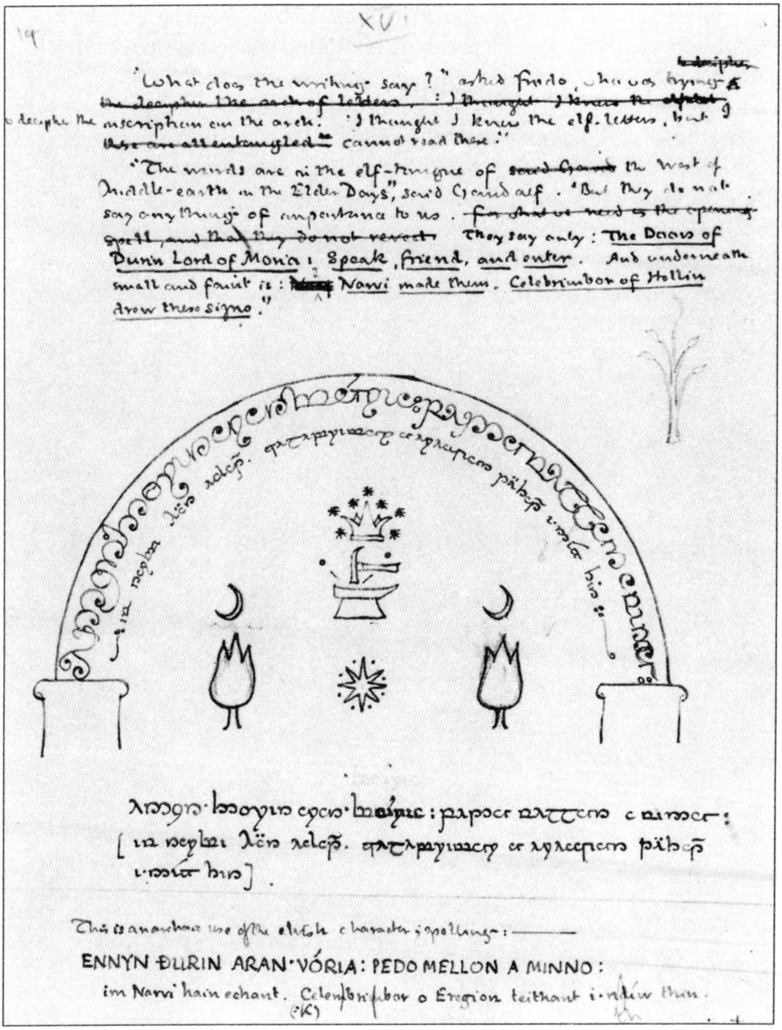

Uma página do manuscrito de *O Senhor dos Anéis* (com permissão da Universidade Marquette, em Milwaukee).

Ronald Tolkien quando recebeu
seu Doutorado Honorário em Letras, 1972
(foto de Billett Potter)